사탄의
전략

Exposing Satan's Playbook

사탄의 전략

페리 스톤 지음 | 박철수 옮김

목차

서문 _6

Chapter 1 예언의 말씀이 무기가 될 때   13

Chapter 2 만일 내가 사탄이라면   45

Chapter 3 적의 사고방식을 배우라   55

Chapter 4 사탄은 우리의 생각을 읽을 수 있을까?   65

Chapter 5 사탄의 속임수 전략   77

Chapter 6 사탄이나 귀신이 믿는 자들을 사로잡을 수 있을까?   91

Chapter 7 은밀한 영들과 싸우는 것의 중요성   105

Chapter 8 사탄은 나와 우리 가족을 해칠 수 있을까?   119

Chapter 9 사탄은 나를 향한 하나님의 뜻을 알고 있을까?   131

Chapter 10 사탄이 믿는 자에게 사용하는 가장 강력한 무기   141

Chapter 11 사탄이 죄인에게 사용하는 가장 강력한 무기	161
Chapter 12 귀신 나오는 집의 진실	171
Chapter 13 사탄은 믿는 자의 가계에 저주를 내릴 수 있을까?	191
Chapter 14 거의 알려지지 않은 허세 전략	211
Chapter 15 포르노-방해의 영 이면에 있는 성적 유혹의 영	223
Chapter 16 방해가 되는 습관 버리기	243
Chapter 17 그리스도를 영접한 이후에도 계속 유혹받는 이유	259
Chapter 18 사탄이 결코 들키고 싶어 하지 않는 세 가지 비밀	283

결론: 사탄이 영향을 미칠 수 없는 하루   299

각주 _304

서문

    1970년대 초 나의 아버지 프레드 스톤은 버지니아 북부의 필모아 애비뉴 교회에서 목회를 하고 계셨다. 어느 날 밤 집으로 홀이란 여성의 전화가 걸려 왔다. 그녀는 전화번호부를 뒤져 순복음교회를 찾았다고 했다. 아버지가 전화를 받자마자 그녀는 요점부터 말했다. 그녀는 정부에서 일하는 남편을 위해 기도해 줄 치유 사역자를 찾고 있었다. 기도의 능력을 믿는 아버지는 사역 가운데 여러 차례 놀라운 기적을 경험하셨던 터라 가족들에게 알리지 않고 그녀를 방문하기로 하셨다. 아버지는 병원으로 찾아가 빌이라는 남자를 위해 간절히 기도하셨다. 하나님의 은혜로 그는 얼마 후 암이 나아 퇴원했고, 그의 가족들은 교회에 등록하여 열심히 신앙생활을 했다.
    아버지와 빌은 대단히 친밀한 사이가 되었다. 아버지는 빌이 CIA에 소속되어 버지니아 북부에 있는 어떤 곳에서 일하고 있다는 사실을 아시게 되었다. 빌은 7개 국어를 구사할 수 있었고 러시아와 중동에서 일한 적이 있었다. 몇 년 전에는 러시아 스파이들이 사우디 정부에 몰래 잠입해서 왕의 조카를 세뇌시켜 왕을 암살하려 한다는 첩보를 파이살 왕에게 경고하기 위해 사우디아라비아에 파견되기도 했었다. 그의 경고에도 불구하고 1975년 사우디 왕은 결국 조카인 파이살 빈 무사드에게 암살당했다.

어느 날 오후 아버지는 빌의 전화를 받으셨다. 그의 목소리는 긴박했다. "목사님, 오늘 저녁에 잠시 뵐 수 있을까요? 어떤 일이 터졌는데 마음이 너무 괴로워서요." 아버지와 빌은 동네의 한 식당에서 만났다. 구석진 자리에 앉아 빌이 말했다. "목사님, 닉슨 정부에 국가적 위기를 초래할 일이 생겼습니다." 빌은 아버지에게 민주당 본사가 있던 워터게이트에서 도청이 있었고, 자신이 녹음된 내용 대부분을 엿듣게 되었다고 말했다. (그는 첩보의 출처에 대해서는 철저하게 함구했다.)

빌의 사망이 확인될 때까지 아버지는 이 사실을 누구에게도 이야기하지 않으셨다. (처음에 아버지는 빌이 죽음을 위장하고 해외로 파견되었을 것이라 생각하셨다.) 2년 후 워터게이트 사건으로 닉슨 대통령이 물러날 때까지 아버지는 빌에게 들은 내용을 결코 입 밖에 내지 않으셨다.

빌은 닉슨 대통령의 반대 세력이 닉슨의 재선 공천을 저지하기 위해 꾸민 계획이 드러났다고 했다. 논란거리인 베트남전을 이용해 그의 무능력을 부각시켜 그에게 치명타를 가한다는 전략이었는데, 결과적으로 전쟁 상황은 악화되었다.

자세한 내용을 나눌 수는 없지만, 베트남전을 지휘하는 미군 고위 간부 한 사람을 새로운 정부에서 부와 명예를 누릴 수 있는 높은 자리에

앞혀 주는 조건으로 매수했다고 한다. 그는 폭격 정보 등 베트남 내 미군 관련 기밀들을 복사해서 워싱턴에 있는 러시아 대사관 측 요원에게 넘겨주었고, 러시아는 그것을 베트남 지도자들에게 전달했다. 러시아 측에서 그 자료를 빼돌린 사람의 신상정보를 수집했을 가능성도 제기되었다. 실제로 러시아 측에서는 그에 관한 정보를 폭로하면 그날로 정부에서 파면될 것이라며 그를 위협하고 있었다.

워터케이트 사건이 《워싱턴 포스트》지에 실리기 전 빌은 아버지에게 말했다. "제가 들은 정보가 이 나라를 사랑하는 미국인들에게 알려진다면 민주당의 미래에 치명적인 영향을 미치게 될 것입니다."

빌이 보고 들은 것들은 미국 내에 있는 사회주의자들과 공산주의자들이 미군의 전쟁 참여에 반대하는 활동을 함으로써 대통령을 불신하게 만들고 있다는 사실을 증거해 주었다. 그는 말했다. "이 사실은 그 당의 고위층이 사회주의를 지지하고 있으며 그들 중에는 공산주의 이념을 가진 자들도 있다는 것을 보여 줍니다." 빌은 닉슨 대통령이 가장 큰 타격을 받아 대통령직에서 물러나게 될 것이라고 예견했다. 며칠 후 그 뉴스는 북부 버지니아를 휩쓸었고 산불처럼 세상에 번졌다.

(아버지가 절대 이야기하지 말라고 하신) 더 많은 이야기들이 있지만, 이 정도면 충분히 이해했으리라 믿는다. 원수가 당신의 전략을 알고 있다면, 당신은 그 전쟁에서 이길 수 없다! 하지만 반대로 당신이 원수의 전략을 알게 된다면 어떻게 될까? 그것은 전쟁의 결과에 어떤 영향을 미칠까?

이제 다른 그림을 그려 보자. 여러 해 전에 그리스도인이 된 당신은 성경과 매일의 실제적 경험을 통해 당신의 적이 생각하고 일하는 방식을 발견하게 되었다. 당신은 전략적인 군인으로서 당신의 취약점과 강점을 모두 파악하고 있다. 그래서 삶의 앞뒷문을 차단해야 할 필요성을 깨닫게 되었다. 앞문은 눈에 보이는 상황들이고, 뒷문은 원수가 몰래 들어올 때 종종 사용하는 은밀한 비밀 통로들이다.

어느 날 당신은 점심을 간단히 때우기 위해 혼자 식당에 갔다. 손님들로 가득한 식당에서 당신은 바 근처에 있는 테이블에 앉았다. 한때 술을 좋아했던 당신은 한 잔 하고 싶은 유혹에 맞서야 한다. 그러나 이미 술의 위험성에 대해 잘 알고 있고 더 이상 그것을 원하지도 않기 때문에 당신의 생각 속으로 들어온 불화살(엡 6:16)은 곧 꺼져 버린다.

자리에 앉자마자 당신은 갑자기 고개를 들어 한 여자가 다가오는 모습을 지켜본다. 당신은 예수님을 영접하기 전까지 그녀와 동거했다. 몇 년간 만나지 못했던 그녀를 보며 당신의 심장은 두근거리기 시작한다. 그녀와 많은 시간을 함께 보냈지만 주말마다 진탕 마시고 노느라 늘 만취해 있었기 때문에 기억나는 사건들은 거의 없다. 눈이 마주치자 그녀는 곧장 당신에게로 온다. 언제나처럼 몸매가 드러나는 그녀의 모습이 유혹적이다. 이제 당신은 선택해야 한다. 어디선가 속삭이는 소리가 들린다. "이봐, 좋은 기회가 왔어. 딱 한 번만 즐기자. 벌써 몇 년이 지났고 회개는 나중에 얼마든지 할 수 있잖아."

그러자 또 다른 목소리가 내면에서 울려 퍼진다. "그게 옳지 않다는 것은 너도 알지? 저 여자는 음녀야. 너를 유혹하려고 무슨 짓이든 할 거야. 인사만 하고 자리를 피해. 아니면 전화해서 다른 친구를 불러 내!" 그리고 이런 생각이 든다. "보디발의 아내가 유혹했을 때 요셉은 달아났

어. 너도 그냥 도망쳐."(참조. 창 39:11-12)

예수님을 영접한 지 얼마 되지 않아 아기같이 연약한 믿음을 가진 당신에게 이런 일이 일어난다면, 내면에서 솟구치는 유혹을 이기지 못하고 굴복하게 될지도 모른다. 하지만 이번은 다르다. 당신은 원수의 계략을 파악했고, 영혼 구원의 중요한 지식으로 무장되어 있다. 당신은 그녀와 인사를 나눈 뒤 곧바로 당신의 삶이 주님의 능력으로 얼마나 놀랍게 변화되었는지 말하기 시작한다. 예상치 못했던 당신의 간증에 마음이 불편해진 그녀는 서둘러 "만나서 반가웠어요" 하고는 자리를 피한다. 당신은 영적인 전략인 "증언(간증)"(계 12:11)을 통해 원수의 공격을 이긴 것이다.

사전 지식을 다운로드하라

컴퓨터 시대에 살고 있는 우리는 노래나 메시지, 영화 등을 다운로드받을 수 있다. 우리는 특정 회사나 사역 단체의 하드 드라이브에 저장되어 있는 정보에 접속하여 그것을 우리의 컴퓨터나 아이팟, 아이패드, 스마트폰 등의 전자 기기로 가져온다. 정보를 다운로드하는 데는 몇 초면 충분하다.

가끔 기도하거나 말씀을 연구하는 중에 설교나 책, 논문에 관한 새롭고 흥미진진한 아이디어가 갑자기 내 생각이나 영에 다운로드될 때가 있다. 이러한 정보는 영의 세계에 보관되어 있는 것으로, 영적 전쟁에 도움이 되는 계시와 정보를 받으려면 반드시 하나님의 영을 통해야 한다.

우리와 우리의 가족을 향한 원수의 정신적, 육체적, 영적인 공격 계획과 관련된 정보를 미리 입수할 수 있다면, 즉 사전 지식을 다운로드 받을 수 있다면 우리의 삶은 어떻게 달라지고 또 얼마나 변화될 수 있을까? 이 책에는 사탄이 절대로 들키고 싶어 하지 않는 계략과 전략들, 결코 당신에게 알리고 싶어 하지 않는 유익하고 은밀한 정보들이 폭로되어 있다. 영적 지식은 전시(戰時)의 날카로운 검과 같으며, 폭풍에도 흔들리지 않는 견고한 요새 안에 자리 잡은 안식처와도 같다. 또한 날아오는 화살을 막는 강한 방패이자, 당신을 넘어뜨리려는 계략을 파쇄하는 무기와도 같다.

이 책은 대다수의 믿는 자들이 궁금하게 여기지만 나누기를 꺼려하는 수많은 질문들에 답을 제시해 줄 것이다. 논란의 여지가 있거나 대답하기 어려운 문제들, 즉 더 깊이 연구해야 하는 것들도 있다. 하지만 원수의 전략을 드러낼 수 있다면, 우리는 모든 영적 전쟁에서 승리할 수 있는 기회를 더 많이 얻게 될 뿐 아니라, 매번 큰 확신과 담대함으로 영적 전쟁에 임하게 될 것이다.

최고의 영적 무기는
기록된 하나님의 말씀이다

Exposing Satan's Playbook

Exposing Satan's Playbook

Chapter 1

예언의 말씀이 무기가 될 때

다음은 지금까지 내가 들은 이야기 중 가장 인상적인 실화 중 하나이다. 내가 로버트 킴벌링 목사 부부를 알게 된 것은 1985년 그들이 사우스다코타 레먼에 소재한 어느 교회에 청빙되었을 때부터이다. (현재 그들은 플로리다 이스트포인트에 있는 이스트포인트 교회를 담임하고 있다.) 당시 그 교회의 관리인이었던 발리 비숍은 이들에게 교회에서 약 32km 떨어진 비손에 살고 있던 나이 많은 교인 리즈 브록웰에 대해 알려 주었다. 고령으로 교회에 출석할 수 없었던 그녀가 심방을 요청하자, 킴벌링 목사는 날을 잡아 아내와 함께 그녀의 집에 찾아갔다. 그들을 맞이한 리즈는 나누고 싶은 중요한 이야기가 있다면서 점심때까지 머물러 달라고 부탁했다.

1928년 리즈와 남편 아담 그리고 두 딸은 목장을 운영하며 열심히 일하고 있었다. 지금은 유명해진 더스트볼(Dust Bowl : 모래바람이 휘몰아치는 미국 대초원의 서부 지대 또는 그런 기간, 매년 12월부터 다음 해 5월에 걸쳐 일어나는 먼지 폭풍 때문에 피해가 크다)은 표토(표면의 흙)를 유실시켜 추수를 어렵게 만들었다. 결핵 진단을 받은 아담은 사우스다코타 래피드 시티에 있는 요양원에서 죽어 가고 있었다. 당시 리즈는 다가오는 주말에 요양원을 방문할 때 남편의 수의로 쓸 양복을 준비해 오라는 담당 의사의 연락을 받은 상태였다. 그는 그녀의 남편이 주말을 넘기지 못할 것 같다고 말했다. 리즈는 아담의 양복을 꺼내어 놓긴 했지만 차마 그것을 병원에 가져갈 수는 없었다.

마침 하나밖에 없는 소에 큰 상처가 생기더니 환부에 구더기들이 들끓었다. 소는 일어나지도 걷지도 못했다. 어느 날 리즈는 죽어 가는 소를 살려 보려고 손수 곡식과 물을 떠먹이고 있었다. 그때 갑자기 거센 회오리 바람이 불었고, 그것은 평소와는 다른 느낌의 모래바람이었다. 초자연적인 현상 같았다. 무슨 일인가 해서 돌아보는데, 놀랍게도 바람 속에서 한 사람이 걸어 나왔다. 그 사람은 주님이 보내신 천사였다. 그는 말했다. "네 남편 아담은 죽지 않을 것이다. 그는 집으로 돌아와 아이(딸) 한 명을 더 낳을 것이며 살아서 가족이 잘되는 모습을 지켜보게 될 것이다." 그리고 또 말했다. "이 일에 대한 증거로 먼저 이 소가 죽지 않고 살아서 스스로 일어나 안마당으로 걸어 들어가게 될 것이다."

놀란 리즈는 이렇게 말했다. "만약 그렇게 된다면 이 소를 팔아 선교 헌금으로 바치겠습니다."

그러자 천사는 곧바로 다음과 같이 대답했다. "리즈, 하나님의 계획에 만약은 없다!"

그날 오후 리즈의 오빠는 소를 마당으로 끌어내어 총으로 쏴 안락사시키려 했다. 그러나 그 순간 소가 벌떡 일어서더니 안마당으로 걸어 들어갔다. 리즈의 아버지는 부엌으로 뛰어 들어오며 외쳤다. "기적이다! 기적이 일어났어!"

"당신은 미쳤어요."

리즈는 주말에 래피드 시티에 가면서 양복을 가져가지 않았다. 화가 난 담당 의사는 그녀를 나무라면서 남편이 곧 죽을 것이라고 말했다. 천사의 계시를 받은 그녀는 담담하게 받아쳤다. 리즈의 이야기를 들은 의사는 "당신은 미쳤어요!" 하며 소리쳤다. 남편은 여전히 자리보전하고 있었지만 그녀는 천사의 약속을 굳게 붙잡았다. 2주 후 아담은 완치되어 요양원을 나왔고, 딸을 한 명 더 낳았으며, 살아서 가족이 잘되는 모습을 지켜보았다. 사실 아담은 의사가 예상한 것보다 훨씬 더 오래 살았다. 그리고 리즈는 소를 판 돈을 세계 선교에 바쳤다![1]

아담이 나을 것이라는 계시를 받은 리즈는 병원을 포함한 그 어떤 상황에도 그 약속을 굳게 붙잡았다. 천사가 전해 준 것은 일종의 예언의 말씀이었다. 예언은 당신의 미래에 일어날 사건이나 상황에 대한 계시의 말씀이다. 장차 일어날 일들을 미리 계시해 놓은 성경의 예언처럼, 당신의 장래에 일어날 사건에 대한 하나님의 약속이 바로 예언의 말씀이다. 리즈의 경우 남편이 죽지 않고 살 것이며 소가 회생할 것이라는 약속을 받았다. 그녀의 인생을 바꿔 놓은 "하나님의 계획에 만약은 없다"는 네 마디 계시가 모든 믿는 자들에게도 동일하게 적용되어야 한다.

예언의 말씀으로 싸우라

바울은 디모데에게 편지를 쓰면서 놀랍고도 중요한 영적 원리를 알려 주었다. 우리는 이 원리를 온전히 이해해야 하는데, 원수는 이것이 실제적인 무기가 될 수 있다는 사실을 당신이 깨닫지 못하기를 바란다. 바울은 다음과 같이 말했다.

> 아들 디모데야 내가 네게 이 교훈으로써 명하노니 전에 너를 지도한 예언을 따라 그것으로 선한 싸움을 싸우며 _딤전 1:18

디모데는 바울이 제2차 전도 여행 중 루스드라로 가는 길에 동행하게 된 젊은 사역자였다(행 16:2). 디모데의 아버지는 헬라인이었으므로(3절), 바울은 유대인 신자들과의 갈등을 피하기 위해 그에게 할례를 행했다. 이 젊은 사역자는 이고니온을 포함한 여러 교회에서 큰 사랑을 받았으며(2절), 외조모 로이스와 어머니 유니게의 확고한 믿음을 이어받은 복된 사람이었다(딤후 1:5). 바울은 디모데를 "주 안에서 신실한" 사람이라고 하였고(고전 4:17), 그를 지도하고 이끌어 준 멘토로서 "(내) 아들"이라고 불렀다(딤전 1:18).

바울은 사악한 도시 에베소에서 3년간 사역했는데, 에베소 교회는 초대 교회 중에서도 견고한 교회가 되었고 요한계시록(계 2:1-7)에서 예수님이 언급하신 교회들 중 하나이기도 하다. 디모데에게 에베소 교회를 맡긴 바울은 그에게 편지를 보내며 중요한 가르침을 주었다.

상황은 이러했다. 디모데는 젊었고 에베소 교회에는 그런 젊은 사역자를 어떤 이유에선가 반기지 않는 연장자(장로)들이 많았다. 바울은 디모데에게 늙은이를 꾸짖지 말라고 권면한다(딤전 5:1).

디모데는 일부 사람들의 의견에 압박감과 두려움을 느끼면서 위축되고 소심해졌던 것 같다. 바울은 "하나님이 우리에게 주신 것은 두려워하는 마음이 아니요 오직 능력과 사랑과 절제하는 마음"이라고 하였다(딤후 1:7). 신약에서는 '두려움'이나 '무서움'을 표현할 때 주로 '포보스'(phobos, 롬 8:15)라는 헬라어를 사용하였는데, 그 어원인 '포비아'(phobia)에는 뭔가 나쁜 일이 일어날까 봐 두려워한다는 의미가 내포되어 있다. 그러나 바울이 디모데후서 1장 7절에서 사용한 헬라어는 '데일리아'(deilia)로, "움츠러들다", "겁먹다", "소심하다"의 뜻이다.[2] 디모데는 장로들이나 회중을 두려워한 것이 아니었다. 그의 사역에 대한 말과 의견들에 위축되어 있었다. 바울은 그의 영적인 아들에게 하나님은 우리가 움츠러드는 마음이 아니라 "절제하는"(훈련된) 마음을 갖기 바라신다고 말한다.

바울은 디모데에게 그가 처한 상황을 극복하는 데 도움이 될 중요한 영적 무기 두 가지를 알려 주었다.

먼저 그는 디모데에게 "나의 안수함으로 네 속에 있는 하나님의 은사를 다시 불 일 듯하게 하라"고 말한다(딤후 1:6). "불 일 듯하게 하라"에 해당하는 헬라어는 꺼져 가는 불을 다시 붙인다는 뜻이다.[3] 디모데전서에서 "네 안에 있는 은사를 가볍게 여기지 말라"(딤전 4:14)고 가르쳤던 바울은 두 번째 서신에서는 그 은사를 일으켜 불타오르게 하라고, 즉 하나님께 대한 뜨거운 열정을 일으키라고 말한다. 두 구절 모두 '은사'를 언급하며 '카리스마타'(charismata)라는 헬라어를 사용하고 있는데, 이것은 성령의 9가지 은사(고전 12:7-10)나 주님께 받은 특별한 은사 또는 바울이 디모데에게 안수할 때 전수된 은사를 뜻하는 것일 수도 있다(딤후 1:6).

강력한 무기

내면의 견고한 진들을 파쇄하는 두 번째 무기는 우리의 삶에 실제적인 영적 무기이다. 바울은 젊은 목회자 디모데에게 그가 전에 받았던 예언의 말씀들을 붙잡고 싸우라고 말한다! 바울은 디모데에게 한 가지 "명령"을 내렸는데(딤전 1:18), 이 말은 군대의 지휘관이 병사에게 명령을 내린다고 할 때 사용하는 용어이다. 바울은 "네게 줄 적절한 충고가 있다"가 아니라 "네가 따랐으면 하는 명령이 있다!"고 말한다.

바울은 디모데에게 "전에 내린 예언들"을 기억하라고 한다. 이것은 디모데가 자신을 향한 하나님의 뜻을 예언의 말씀으로 받았음을, 즉 성령으로 확증받았음을 뜻한다. 또한 에베소 교회에서 사역하는 것이 하나님의 뜻임을 계시해 주었다. 초대 교회에서는 영적 은사를 받은 사도들이 어떤 사역자를 향한 하나님의 뜻을 예언해 주는 것이 일반적인 일이었다. 이를테면 사도행전 15장 28절에서는 "성령과 우리는… 옳은 줄 알았노라"고 하였고, 13장에서는 바울과 사람들이 기도하며 금식할 때 성령께서 전도 여행을 위해 바울과 바나바를 따로 세우라고 지시하셨다(2-4절). 또 성령의 감동으로 다가올 기근과 장래의 위험에 대한 경고를 받기도 했다(행 11:28; 21:11).

바울은 디모데에게 전에 받은 예언의 말씀들을 붙들고 싸우라고 명령했다! 바울은 이것이 혈과 육에 맞서거나 디모데가 너무 어리고 경험이 없다고 생각하는 장로들을 대적하는 싸움이 아님을 명확히 했다. 이것은 그를 향한 하나님의 부르심과 사역에 의문을 품는 디모데 자신과의 영적인 싸움이었다. 그가 다른 사람들의 말에 무너지면 스스로 위축되고 무기력해져서 결국 불이 꺼지고 열정도 사라질 수 있었다. 하지만 성령께서 친히 디모데에게 그 자리를 맡기셨다는 예언의 말씀이 회중 가운데 다시금 선포되자 그것은 젊은 사역자를 공격하는 두려움과 위협에 맞서는 강력한 무기가 되었다!

무기가 되는 예언의 말씀

믿는 자들 대부분은 기록된 말씀을 이해하고 "성령의 검"(엡 6:17), 곧 하나님의 말씀을 사용하는 것의 중요성에 대해 많은 가르침을 받아 왔다. 믿는 자들은 영적, 육체적 혹은 감정적인 갈등을 겪을 때 승리의 약속과 확신을 얻기 위해 다양한 성구들을 인용한다.

40일 동안 원수의 시험을 받으신 예수님의 삶에서도 이러한 모습을 찾아볼 수 있다. "시험하는 자"(마 4:3)는 그분의 마음을 괴롭히며 그분의 정체성과 하나님과의 관계를 의심하게 만들고자 했다. 사탄은 예수님이 진정 하나님의 아들이라면 돌을 빵으로 만들 수 있고, 성전 꼭대기에서 뛰어내려도 다치지 않을 것이라며 도전했다. 또 자신에게 절하면 세상 모든 나라를 다스릴 권한을 주겠다고 유혹했다(마 4:1-11). 그리스도께서는 세 차례의 시험에 그때그때 적절한 말씀을 인용하시며 맞서셨는데, 각 구절들은 토라, 즉 모세가 광야에서 기록한 다섯 권의 책에 기록되어 있다.

원수를 대적하실 때 그리스도께서 인용하신 말씀들	구약 본문
"사람이 떡으로만 살 것이 아니요 하나님의 입으로부터 나오는 모든 말씀으로 살 것이라" (마 4:4)	신명기 8:3
"주 너의 하나님을 시험하지 말라" (마 4:7)	신명기 6:16
"주 너의 하나님께 경배하고 다만 그를 섬기라" (마 4:10)	출애굽기 34:14

예언의 말씀은 금식이나 기도의 시간을 가진 어떤 사람이 영으로 감동받은 특별한 메시지로, 성경 말씀이나 또 다른 사람의 예언을 통해 확증받는 경우도 있다. 많은 나라에서 강력한 예언의 물결이 일어나면서 너도나도 자극을 받아 예언하고 있으며 순식간에 주님의 말씀을 받아

전달하는 경우도 있다. 신중하고 지혜롭게 말하고 싶지만, 이러한 흐름 가운데 특이하고도 정체를 알 수 없는 이들이 많이 나타나고 있다. 그들 대부분은 믿음으로 선포하고 있지만, 맞거나 틀릴 확률은 반반이다. 이것은 소위 영매들이 미래를 점칠 때와 동일한 확률이다!

나는 감사하게도 매일 여러 시간 기도하고 자주 금식하는 가운데 성령님이 확실하고 분명하게 감동하시기 전까지는 결코 입을 열지 않는 훌륭한 하나님의 사람들 사이에서 자랐다. 아버지는 지식의 말씀이나 개인을 향한 경고의 말씀 등 특별한 메시지들을 많이 받으셨는데, 나는 그 예언이 빗나간 경우를 본 적이 없다. 아버지의 예언이 너무도 정확했기 때문에 회중 가운데 경이로움과 주님을 향한 경외감이 임했다.

또한 소위 예언을 한다는 사람들은 삶 가운데 희생이나 거룩 없이도 놀라운 복과 번영을 누릴 수 있다고 말한다. 성경 속 참된 선지자들은 죄 가운데 있는 사람들을 불러 그들의 오만과 교만을 책망했고 눈물을 흘리면서 그들에게 경고했다. 진정한 예언의 말씀이란 덕을 세우고, 권면하고, 위로하는 것(고전 14:3)이 전부가 아니다. 신약을 포함한 성경 전반에 예언에 앞서 경고의 말씀을 주시는 모습을 찾아볼 수 있다.

예언을 분별하라

만일 어떤 사람이 당신을 향한 말씀을 주님으로부터 받았다고 주장한다면, 가장 먼저 이 말씀을 기억하라. "너희 가운데서 수고하고 주 안에서 너희를 다스리며 권하는 자들을 너희가 알라."(살전 5:12) 그 사람이 교회와 그리스도의 몸 가운데 존경을 받고 있는지, "목회자가 영적이지 않다"면서 좋지 않은 모습으로 교회를 대적하고 떠난 자칭 예언자는 아닌지 살펴봐야 한다. 간혹 목회자들이 그들 가운데서 오만과 교만, 잘못된 영을 발견하는 경우가 있는데, 바로 이런 이유로 이들 고독한 예언자들이 성도들의 모임을 떠나는 것이다! 따라서 어떤 사람이 "주님께서 나에게 이렇게 말씀하셨습니다"라고 주장할 때 그것을 그대로 받아들여서는 안 된다. 먼저 그 사람의 평판과 성품을 확인해야 한다.

두 번째로 중요한 것은 그가 전달한 예언이 기록된 말씀과 일치하는지 살펴봐야 한다. 어떤 경우에도 성령님이 주시는 말씀은 성경과 대치되지 않는다. 주님은 갑작스럽게 현재의 배우자를 버리고 "조금 더 영적인" 사람을 찾으라고 말씀하시는 분이 결단코 아니다. 결혼은 언약이기 때문이다. (주님이 말씀하셨다면서 이런 일을 저지르는 사람도 있다.) 주님은 믿는 자의 자유라는 명목으로 어떤 사람이 술 취함이나 중독에 빠지는 것을 허락하시는 분이 아니다. 성경은 "술 취하는 자"는 "하나님의 나라를 유업으로" 받을 수 없다고 기록한다(고전 6:10).

하나님은 혼란을 일으키시는 분이 아니다. 또한 두 마음을 품은 사람들이 야기한 혼란과 불신 때문에 상처받고 분노한 이들을 떠나보내심으로써 교회를 분열시키는 분도 아니다. 그분은 "모든 교회 가운데 화평(평화)의 하나님"이시다(고전 14:33).

세 번째로 중요한 것은 예언의 말씀이 결코 당신의 영에 거슬리지 않으며 당신이 이미 알고 있는 사실을 확증해 준다는 사실이다. 인간은 연약하고 오류를 범하기 쉬운 존재이다. 따라서 예언의 말씀은 교회의 지혜롭고 분별 있는 사람들을 통해 확인받아야 한다. 성경은 "예언하는 자는 둘이나 셋이나 말하고 다른 이들은 분별할 것이요"(고전 14:29)라고 하였다. '분별하다'에 해당하는 헬라어 '디아크리노'(diakrino)는 "철저히 분리하다"의 뜻으로, 선포된 말씀을 해부해서 그것이 옳고 정확한지 확인한다는 의미가 내포되어 있다. 어근인 '크리노'(krino)는 제시된 정보에 근거하여 판결을 내린다는 의미의 법률 용어로, 배심원단이 관련된 정보를 경청한 뒤 판결을 내린다고 할 때 사용하는 표현이다.[4]

예언을 선포한 사람에게 그의 메시지를 분별 있는 자들에게 확인받겠다고 말해 보면, 그 사람이 바른 영을 가지고 있는지 확인할 수 있다. 겸손하고 신실한 사람이라면 동의하겠지만, 자기 뜻대로 예언한 사람들은 분노할 것이다. 그리고 당신은 그들의 영성이나 권위까지도 의심하게 될 것이다!

예언의 말씀은 영적 전쟁을 일으킨다

마지막 때에 대한 성경과 예언의 말씀에 따르면, 우리 세대가 고대 히브리 선지자들이 기록한 수많은 종말론적 예언들이 성취되는 모습을 목격하게 될 것이라고 한다. 주요 예언이 성취될 때에는 항상 영적 전쟁이 치열해지는데, 하나님의 천사들과 타락한 천사들 사이에서 특별히 더 그러하다.

예를 들면, 하나님이 이집트의 노예로 있던 이스라엘을 해방시키실 때가 되자 하나님과 이집트 우상들 간에 충돌이 벌어졌다(출 4-12장). 선지자 다니엘은 바벨론 하늘에서 벌어진 하나님의 천사들과 페르시아 군주(다니엘이 하나님께 받은 이스라엘의 미래에 관한 예언적 계시들이 풀어지지 못하게 막으려는 강력하고 악한 영적 존재) 사이의 초자연적인 전쟁을 경험했다(단 10장). 바벨론에 사로잡혀 갔던 유대인들을 70년 만에 돌아오게 하실 때에도 사마리아 내부에서 통치자들이 예루살렘 성벽의 재건을 방해하는 등 저항이 발생했다(참조. 에스라와 느헤미야).

스가랴 선지자는 사탄이 직접 유대인들의 성전 재건을 막으려고 예루살렘 제단 위에 서 있는 모습을 환상 가운데 목격했다(슥 3:1-2). 천사들은 목자들과 동방박사들에게 그리스도의 탄생 소식을 전하여 미래의 왕께 경배드릴 수 있게 하였다(마 2:9-11; 눅 2:13-20). 동방박사들이 예루살렘을 떠난 직후 헤롯은 로마 군인들에게 라마 지역 즉, 베들레헴에서 반경 16킬로미터 내에 있는 두 살 이하의 모든 영아들을 죽이라는 명령을 내렸다(마 2:16-18). 이처럼 주요 사건들이 성취될 시기가 되면 사탄의 활동이 활발해진다.

하나님의 예언이 성취되는 것을 사탄이 막을 수 있다면, 그는 하나님을 믿을 수 없는 거짓말쟁이라고 비난할 것이다. 나는 원수가 유대인들의 대학살을 자행한 이면에는 그들이 본토로 돌아와 이스라엘을 재건하기 전에 그들을 멸망시키려는 사악한 음모가 도사리고 있었다고 믿는다. 왜냐하면 메시아가 이스라엘이라는 나라의 수도 예루살렘에서 재림하실 것이기 때문이다(시 102:16; 사 66:8).

때로는 한 사람의 미래에 관한 예언의 말씀이 선포될 때 영적 전쟁이 시작되기도 한다.

사무엘이 장차 이스라엘의 왕이 될 다윗에게 기름을 붓자 형들은 그를 부정적인 태도로 대하기 시작했다(삼상 17:28-29). 또한 다윗은 새로운 전쟁에 휘말리게 되었다. 그는 곰과 사자를 무찔렀고 나중에는 골리앗과 대결하게 되었다(삼상 17장). 게다가 질투에 눈이 멀어 자신을 죽이려고 하는 장인을 피해 유대 광야에서 약 13년을 허비해야 했다(삼상 18-28장). 다윗은 지속되는 전투 가운데 마침내 시글락에 이르게 되었다. 그러나 도시 전체가 불에 탔고, 아내와 아들딸들은 사로잡혀 갔으며, 다윗과 군사 육백 명의 소유도 약탈당했다(삼상 30장). 다윗의 삶에서 가장 비참한 순간이었다. 하지만 그는 여호와를 힘입고 용기를 얻었으며(6절) "그를 쫓아가라 네가 반드시 따라잡고 도로 찾으리라"(8절)는 예언의 말씀을 받았다.

다윗은 이스라엘과 하나님의 원수들에게 위협적인 존재였던 것이 분명하다. 그래서 그가 다음 왕이 될 것이라는 말씀이 선포되자 어둠의 왕국이 그것을 막으려고 총력을 기울였던 것이다. 그러나 하나님이 승리하셨고 원수는 패했다!

예수님은 또 다른 예이다. 우리는 그리스도께서 12세부터(눅 2:42) 30세까지(눅 3:23) 갈릴리 나사렛에서 거하셨다는 사실(마 2:23)을 잘 알고 있다. 하지만 그 기간에 어떤 활동을 하셨는지에 대해서는 알려진 바가 거의 없다. 공생애가 시작되기 전까지 그분은 이 은밀한 산중에 숨어 계셨다. 그러나 30세에 세례를 받으신 예수님은 즉시 사탄과 대면하셨고 40일간 시험을 받으셨다(눅 4:1-13). 세례를 받으신 직후 하늘에서 "이는 내 사랑하는 아들이요 내 기뻐하는 자라"는 음성이 들렸고 곧바로 전쟁이 시작되었음을 주목하라(마 3:17; 4:1).

개인이나 국가의 미래에 대한 예언적 계시가 선포될 때 영적 전쟁이 시작될 수도 있다. 그리스도께서 세례를 받으실 때 공포된 말씀처럼 어떤 사람의 사명에 대한 예언적 계시가 선포되면 영적 세력들은 경계 태세를 취한다.

당신을 향한 하나님의 목적, 곧 사명을 계시받을 때 영적 전쟁이 뒤따른다는 사실 때문에 기록된 말씀과 선포된 예언의 말씀을 통해 격려와 권면, 명령을 받는 것을 두려워할 필요는 없다. 하나님은 그분의 뜻을 알려 주심으로써 당신에게 확신을 심어 주시고, 원수가 당신의 생각 속에 던지는 의심의 화살을 떨쳐 버릴 수 있는 무기로 삼게 하시는 경우가 많다.

받은 예언으로 싸우라

성경의 약속이나 예언의 말씀은 그것이 성취될 때까지 당신을 굳건히 붙들어 준다. 디모데는 예언의 말씀으로 싸우라는 명령을 받았다. 그것은 디모데 자신과 다른 사람들에게 그를 지금의 그 자리에 세우신 분은 주님이라는 사실을 상기시켜 주었다. 디모데는 낙심할 때면 항상 주님이 주신 말씀으로 돌아가서 자신이 하나님의 온전한 뜻 가운데 있기 때문에 결국에는 모든 것이 잘될 것이라는 확신을 얻을 수 있었다.

아주 오래전 나는 놀라운 꿈을 꾸었다. 꿈속에 아만다라는 소녀가 나타나서 자신이 장차 나의 딸이 될 것이라고 말해 주었다. 나는 아내에게 꿈 이야기를 들려주었는데, 당시 우리는 임신 사실을 모르고 있었다. 하지만 우리는 꿈과는 달리 사랑스러운 아들을 낳았다.

11년 후 39세의 나이에 임신한 아내는 7주 만에 아기를 잃고 말았다. 나는 주님이 딸에 대한 꿈을 주셨다고 강하게 확신하고 있었기 때문에 실망이 컸다. 사십이 다 된 나이와 의사들의 경고에도 불구하고 우리는 기도하며 지속적으로 주님을 신뢰했고, 아내는 다시 임신하게 되었다. 그러나 임신 7개월 무렵 위험하다는 이야기를 듣게 되었고, 아내는 하루 종일 침대에 누워 있어야 했다. 나는 아내에게 말했다. "당신은 내가 수년 전에 본 딸을 임신한 거야. 내가 본 우리 딸은 아프거나 잘못된 데 없이 아주 건강했어. 그래서 나는 사람의 말이 아니라 주님의 말씀을 붙들고 싸우기로 했어!" 나는 오래전 성령 안에서 보았던 것을 믿었고 확신했다. 그리고 2001년 8월 2일 건강하고 예쁜 딸 아만다가 태어났다.

사도행전 27-28장에서 또 다른 예를 찾아볼 수 있다. 바울이 로마로 가는 배를 탔을 때는 매년 지중해에 최악의 폭풍이 부는 시기였다. 그는 위험이 닥칠 것이라고 선장에게 경고했지만, 그의 말을 귀담아듣는 사람은 아무도 없었다. 배가 바다 한가운데에 있을 때 거센 폭풍이 몰아쳤고, 먹구름 때문에 14일 동안 태양과 별이 보이지 않았다. 사람들은 짐을 배 밖으로 던지기 시작했고, 마침내 어느 가까운 섬 해안 모래톱에 걸려 파선될 지경이 이르렀다. 사도행전의 저자인 누가는 파선되기 전의 상황을 다음과 같이 기록했다. "구원의 여망마저 없어졌더라."(행 27:20) 모든 소망이 사라졌다는 이 위대한 믿음의 사람의 기록을 보면서, 결국 배는 침몰했을 것이라고 확신하는 사람도 있을 것이다!

그러나 이 끔찍한 위기의 순간에 주의 천사가 바울에게 나타나 배는 파선하겠지만 한 사람도 죽지 않을 것이라고 말해 주었다(23-26절). 배가 깨지기 시작하자 죄수들이 도망가지 못하게 모두 죽이라는 명령이 떨어졌다(42절). 바울은 누구도 죽지 않을 것이라는 천사의 예언을 주님께 상기시켜 드릴 필요가 있었을 것이다!

결국 바울과 모든 선원 및 죄수들은 섬에 닿아 살아남았을 뿐 아니라, 바울이 그리스도의 이름으로 행한 기적들 때문에 섬의 모든 원주민들을 그리스도께 인도하는 쾌거를 거둘 수 있었다(행 28장).

전쟁 가운데 우선적으로 기억해야 할 것은 승리에 대한 성경 속 약속의 말씀들과 기도 가운데 또는 믿는 자들을 통해 성령의 감동으로 받은 약속들을 붙잡아야 한다는 사실이다. 당신이 마지막으로 해야 할 일 역시 주님의 말씀과 그분이 당신에게 선포하신 예언의 말씀을 잊지 않는 것이다! 하나님의 말씀은 모든 것이 흔들릴 때 당신을 굳건히 세워 주는 견고한 반석이자 폭풍 가운데 견딜 수 있게 붙들어 주는 닻이다.

영적 전쟁과 관련된 유행을 조심하라

순복음에서 자란 나는 "처음부터 끝까지" 성경 전체를 믿으며, 그리스도는 "어제나 오늘이나 영원토록 동일한" 분이라고(히 13:8) 믿는다. 우리는 기본적으로 천사와 악한 영들의 세계가 실재하며 이 땅과 그 안에 거하는 사람들이 지속적인 전쟁 가운데 있다고 믿는데, 이것을 영적 전쟁이라고 부른다. 바로 이러한 믿음 때문에 영적 전쟁에 대한 수천 가지 책들과 메시지들이 나오게 된 것이다. "통치자들과 권세들과 이 어둠의 세상 주관자들과 하늘에 있는 악의 영들을 상대로" 싸운다는 이 개념(엡 6:12)은 수세기 동안 그리스도의 몸에 절대적으로 필요한 진리를 제공해 주었지만, 동시에 악한 영들과의 싸움과 관련하여 아주 이상한 유행을 양산해 내기도 했다.

지난 수년 동안 나는 여러 가지 유행들을 목격했다. 첫 번째 유행은 비행기를 타고 구름 속까지 날아올라 공중의 통치자들을 꾸짖는다는 것이다. 믿는 자가 악한 영들이 통치하는 세계(하늘에 있는 악한 영들, 엡 6:12)까지 올라감으로써 그들보다 더 큰 권세를 행사한다는 개념이다. 어리고 미성숙한 신자들에게는 이것이 어느 정도 논리적으로 여겨질 수도 있다. 그러나 주님이 주신 선한 지각을 사용하여 다음과 같이 질문해 보라. "만일 예수님이 공중의 통치자들과 권세들을 무력화하시고 우리에게 그들을 다스릴 권세를 주셨다면 주님은 비행기도 없이 어떻게 그 일을 하셨을까?" 주님은 보혈을 흘리고 죽으심으로 그리고 부활하심으로 원수를 정복하셨다. 다음 말씀을 보자.

> 우리를 거스르고 불리하게 하는 법조문으로 쓴 증서를 지우시고 제하여 버리사 십자가에 못 박으시고 통치자들과 권세들을 무력화하여 드러내어 구경거리로 삼으시고 십자가로 그들을 이기셨느니라 _골 2:14-15

이런 영들이 하늘에서 다스리고 있으며, 사탄이 공중의 권세 잡은 자라는 것은(엡 2:2) 분명한 사실이다. 하지만 그보다 월등히 높은 셋째 하늘에 하나님의 보좌가 있다는 것 또한 진리이다(고후 12:2). 그리스도는 모든 통치와 권세와 능력과 주권 위에 앉아 계신다(엡 1:20-21). 따라서 하나님께 기도할 때 원수가 있는 하늘 본부에 더 가까이 가기 위해 비행기를 타고 10킬로미터 상공으로 날아갈 필요가 없다!

다윗은 아무도 하나님 앞에서 도망칠 수 없다고 했다. "내가 주의 영을 떠나 어디로 가며 주의 앞에서 어디로 피하리이까 내가 하늘에 올라갈지라도 거기 계시며 스올에 내 자리를 펼지라도 거기 계시니이다 내가 새벽 날개를 치며 바다 끝에 가서 거주할지라도 거기서도 주의 손이 나를 인도하시며 주의 오른손이 나를 붙드시리이다."(시 139:7-10) 모든 악한 영들보다 더 높은 곳에 좌정하신 하나님께서 당신이 땅에서 드리는 기도를 들으실 수 있다면, 사탄도 당신이 땅에서 꾸짖는 소리를 들을 수 있다!

어떤 사람이 기도팀과 함께 비행기를 타고 날아올라 공중의 권세 잡은 영들에게 "높은 곳에서 내려와 땅으로 떨어질지어다!" 하고 명령했다고 말했다. 나는 생각했다. '도대체 자기를 뭐라고 생각하는 거지? 천사장 미가엘이라도 된다고 생각하는 건가?' 이것은 대환난 때에 미가엘이 사탄의 무리들과 싸워 그들을 땅으로 내쫓을 때 벌어질 일이다(계 12:7-10). 성경은 사탄이 천상에서 미가엘과 전쟁을 벌인 뒤 "자기의 때가 얼마 남지 않은 줄을 알므로 크게 분 내어 너희에게 내려갔다"고 기록한다(12절).

강한 영들은 땅으로 쫓아내는 것보다 공중 가운데 머물게 하는 편이 훨씬 좋다. 나중에 이 일이 실제로 일어날 때에는 지옥의 모든 세력이 이 땅 곳곳으로 풀려나게 될 것이다. 실제로 하나님은 당신의 기도를 언제 어디서나 들으실 수 있고, 원수도 당신이 꾸짖는 소리를 언제 어디서나 들을 수 있다. "원수의 견고한 진을 무너뜨려야 한다"고 말하는 사람도 있는데 맞는 말이기는 하지만, 이것은 내면의 견고한 진과 하나님을 아는 지식을 가로막는 개인의 생각과 상상력에 대한 구절이다(참조. 고후 10:3-5).

몇 년 전에는 성령이 주신 기도의 언어를 믿는 사람들 사이에서 은사주의가 유행하면서 북미 전역을 휩쓸었다. 그들은 "전쟁 방언"으로 기도하라면서 원수를 향해 큰 소리로 방언을 했다. 이것 역시 영적으로 그럴듯하게 들릴 수도 있다. 하지만 성경이 방언에 대해 무엇이라고 말씀하는지 살펴보자. 성령이 주신 기도의 언어, 곧 방언으로 말하라는 데는 여러 가지 이유가 있다. 바울은 "방언을 말하는 자는 사람에게 하지 아니하고 하나님께 하는 것"이며 "비밀을 말하는 것"이라고 명확하게 말했다(고전 14:2). 그리고 "알아듣는 자가 아무도 없다"고도 했다.

원수를 향해 "전쟁 방언"으로 외치며 기도하라고 지시하는 사역자들은 사탄과 그의 왕국이 선포된 방언을 알아들을 수 없기 때문에 방언 기도가 중요하다고 가르친다. 이것은 조금도 틀린 말이 아니다. 하지만 사탄이 방언을 알아듣지도 못한다면서 왜 원수를 향해 큰 소리로 방언을 하라는 것인가?

성경에서는 전쟁 방언 혹은 전투 방언에 대한 근거를 찾아볼 수 없다. 방언 혹은 기도의 언어는 믿지 않는 자들을 위한 표적(고전 14:22)이며, 믿는 자들을 영적으로 세워 주고(4절), 그들의 믿음을 일으키며(유 1:20), 하나님의 뜻이 궁금하거나 어떻게 기도해야 할지 모르겠을 때(롬 8:26-28), 그분의 뜻대로 기도할 수 있게 도와준다. 이제 본격적으로 살펴보겠지만, 우리는 매일 육신 및 생각과 전쟁을 벌인다. 믿는 자가 성령의 언어로 깊은 중보에 들어갈 때가 있는데, 이것은 하나님께 드리는 것이지 사탄을 향한 것이 아니다.

실질적인 영적 전투

신약 성경에는 전쟁(싸움 또는 전투)이라는 말이 세 번 정도 언급되는데, 그중 두 번은 믿는 자의 싸움에 대한 것이다(고후 10:4; 딤전 1:18). 고린도후서 10장 4절에서 바울은 "우리의 싸우는 무기는 육신에 속한 것이 아니요 오직 어떤 견고한 진도 무너뜨리는 하나님의 능력이라"고 말한다. 또 이러한 견고한 진들은 바로 우리의 삶 가운데 하나님을 아는 지식을 대적해서 높아진 상상력과 생각을 가리킨다고 덧붙인다(5절). 당신은 사람들이 그리스도를 영접하지 않는 이유가 무엇인지 궁금할 것이다. 그것은 사람들이 하나님을 아는 지식과 반대되는 생각이나 사상에 사로잡혀 있는 경우가 많기 때문이다. 즉 하나님을 대적하는 이미지들, 곧 생각과 상상력이 견고한 진이 된다.

바울은 또한 디모데에게 선포된 예언의 말씀으로 두려움을 이기고 선한 싸움을 싸우라고 권면할 때도 '싸움'이라는 말을 사용했으며(딤전 1:18), 디모데후서 2장 4절에서는 생활의 염려에 얽매이지 말라는 의미로 사용하기도 했다. 야고보는 "너희 지체 중에서 싸우는 정욕"에 대해 언급했고(약 4:1), 베드로는 "영혼을 거슬러 싸우는 육체의 정욕을 제어하라"(벧전 2:11)고 말했다. 이들 구절들은 진정한 영적 전쟁이란 생각, 육신의 정욕, 삶의 염려와의 싸움이며, 이러한 내면의 견고한 진들이 하나님의 말씀을 가로막는다는 사실을 알려 준다.

고린도후서 10장 4절에 사용된 '싸움'이란 단어를 살펴보자. 싸움의 헬라어는 '스트라테이아'(strateia)로 영어 strategy(전략)의 어원이며, 군대에서 지휘관과 병사들이 전투를 벌이기 전에 적군의 전략을 조사한다고 할 때 사용하는 용어이다. 원수는 당신이 태어날 때부터 당신을 향한 하나님의 뜻을 방해하거나 무너뜨리기 위해 철저한 계획을 세워 당신을 대적하기 시작했다. 따라서 당신은 전투가 치열해지기 전에 그들의 전략을 무력화할 계획을 수립해야 한다.

경영은 의논함으로 성취하나니 지략을 베풀고 전쟁할지니라 _잠 20:18

지혜가 무기보다 나으니라 그러나 죄인 한 사람이 많은 선을 무너지게 하느니라
_전 9:18

사탄의 전략의 3단계

신약 성경의 저자들은 원수가 모든 사람들을 대적하기 위해 고안한 세 단계의 전략에 대해 알려 준다. 첫 번째 단계는 사람들을 영적 소경으로 만드는 것이다. 바울은 사람들이 복음을 깨닫지 못하게 가로막는 이 세상의 신에 대해 언급했는데(고후 4:4), 물리적으로 눈을 가려 보지 못하게 한다는 말이 아니라 깨닫지 못하게 하는 영적 문맹, 무분별에 대해 말한 것이다.

두 번째 단계는 첫 번째 단계의 연장선상에 있다고 볼 수 있다. 어떤 사람을 영적 무지 상태에 빠뜨리는 것으로(고후 2:12), 이것은 특히 원수의 교묘한 계략으로 속임과 관련이 있다. 어떤 사람이 자신은 그런 상태가 아니라고 생각한다면 그는 계속 그 상태에 갇혀 있게 될 것이다.

이어지는 사탄의 세 번째 단계는 바로 속임이다. 예수님과 사도들은 마지막 때의 속임(미혹)에 대해 경고하시며 이것이 종말의 징조 중 하나라고 말씀하셨다.

영적 무지에서 벗어나려면 하나님의 말씀의 빛으로 조명받아야 한다. 영적 진리에 대한 무지는 사람이 깨닫지 못하게 하여 결국 속임의 문을 열어 주게 된다. 우리는 죄인들에게 "그런 행동은 옳지 않아요" 혹은 "계속 그렇게 하다가는 결국 죽게 될 거예요!"라고 말하는 것보다 행동으로 보여 줘야 한다. 우리가 경고하는 내용에 대한 확실하고 올바른 성경적 증거를 제시해야 한다. 1970년대에 엄격한 순복음교회에서 성장한 나는 사람들이 믿음대로 행하지는 않지만 교리적으로는 믿는다는 사실을 깨닫게 되었다. 즉 우리는 항상 반드시 해야 하는 일 대신 하지 말아야 할 것에 집중한다. 그래서 대학을 마치고 돌아온 우리 세대는 어둠 속의 빛 역할을 감당할 만한 기본적인 교육이 되어 있지 않았다.

만일 원수가 당신을 계속 어둠 가운데 둘 수 없다면, 그는 당신을 무지에 빠뜨릴 것이다. 즉 걸려 넘어지지 않을 만큼만 빛을 주되 완전한 자유를 누리지 못할 정도로 무지하게 만들 것이다. 만일 원수가 그 빛을 막는 데 실패하여 당신이 영적 진리를 배우게 된다면, 세 번째 단계인 속임의 덫이라는 전략을 세울 것이다.

대표적인 예로 수년 전 큰 교구를 담당하던 기혼의 감독이 교회 내 젊은 여성과 오랫동안 부적절한 관계를 맺은 적이 있었다. 자매는 자신들이 죄를 짓고 있으며 간음은 잘못된 행동이라고 그에게 말했다. 그러나 그는 오히려 자신은 일반 감독들보다 높은 대감독이기 때문에 낮은 지위의 감독들과 똑같은 성경적 의무를 지지 않아도 된다고 하면서 그녀를 설득했고, 결국 그녀는 그의 욕구를 섬겨 주었다. 성적 유혹은 교회사 전반에서 나타난다. 그러나 이것은 극단적인 유혹을 넘어 속임 곧 미혹에 빠진 경우이다.

예수님은 마태복음 24장에서 마지막 때의 속임이 거짓 선지자 및 거짓 그리스도와 관련 있음을 알려 주셨다. 그들은 믿는 자들을 끌어들이려고 그리스도의 이름을 사용하지만 실상은 거짓된 가르침으로 속인다(마 24:11, 24).

예수님은 "너희가 사람의 미혹을 받지 않도록 주의하라"고 하셨고(마 24:4), 바울도 교회 내 믿는 자들에게 "누구든지 헛된 말로 너희를 속이지 못하게 하라고 경고했다."(엡 5:6; 살후 2:3) 성경은 많은 거짓 선지자들과 거짓 그리스도가 일어나 사람들을 속일 것이라고 경고한다(마 24:11, 24). '속임'(또는 미혹)의 헬라어는 '플라나오'(planao)로, "외부의 영향을 받아 방황하다, 비틀거리다, 정도에서 벗어나다"의 뜻이다. 신약에서는 거짓 교사가 어떤 사람을 진리에서 벗어나게 하여 영적인 노예로 만든다고 할 때 이 단어를 사용하였다.[5]

하나님은 궁극적으로 당신의 영, 혼, 육을 완전히 구원하시기 원하신다. 원수는 하나님이 당신을 영적, 정신적, 감정적 감옥에서 해방시키실 수 있고, 기꺼이 그렇게 하실 분이라는 사실을 당신이 깨닫지 못하게 하려고 총력을 기울인다. 여기에 중요한 진리가 있다. 원수는 결코 당신이 질문하기 바라지 않는다.

예수님 시대의 사람들은 메시아에게 와서 그분이 사람들을 고치시고 온전하게 하실 수 있는지 질문했다(마 8:2; 막 1:40; 눅 5:12). 예수님은 그들의 질문에 그렇다고 대답하셨다. 그분은 모든 믿는 사람을 고치실 수 있었고, 기꺼이 고쳐 주셨다! 일단 어떤 죄인이나 사람이 자신의 필요를 위해 "하나님, 나를 도와주실 수 있나요?", "내가 치유받는 것이 주님의 뜻인가요?", "내 기도에 응답하실 만큼 나를 사랑하시나요?" 하고 질문하게 되면, 반드시 응답받게 되어 있다. 그리고 그것은 언제나 원수의 거짓말이나 미혹과 상반된다! 사람들은 지식이 없어 망한다(호 4:6). 그리고 깨닫지 못해서 불필요하게 고통받는다.

승리의 기도 방식

만일 구속의 언약을 받지 못한 사람을 위해 기도하다가 그 사람이 진리에 눈을 뜨지 못했고 영적인 깨달음도 둔하다는 사실을 깨닫게 되었다면, 나는 다음과 같이 기도한다. 첫째, 에베소서 1장 18절에서 바울이 에베소 교인들을 위해 기도했던 것처럼 먼저 "마음의 눈이 밝아지기를" 기도한다. '밝아지다'에 해당하는 헬라어 '포티조'(photizo)는 어떤 것에 밝은 빛을 비춘다는 의미로, 히브리서 10장 32절에서는 "빛을 받다"로 번역되었다.

수동 카메라를 예로 들고 싶다. 빛에 민감한 필름은 완전히 빛이 차단된 어두운 카메라 안에 장착된다. 하지만 셔터를 누르는(여는) 순간 빛에 민감한 필름은 음화(陰畵)라는 이미지를 만들어 내는데, 이것이 나중에 사진으로 현상되는 것이다. 사진이 너무 어둡게 나왔다면 셔터를 통해 들어온 빛의 양이 충분하지 않았기 때문이다. 여기서 필름은 당신의 생각이고, 셔터는 마음(깨달음)의 눈이며, 빛은 놀라운 성경의 계시이다. 만일 당신이 마음의 셔터를 열어 하나님의 말씀의 빛을 받아들인다면, 자유에 이르는 첫 단계인 올바른 이미지와 생각이 당신의 마음에 새겨지게 될 것이다!

어떤 사람의 마음의 눈(지각)을 열어 달라고 기도한 다음에는 그 사람이 주님을 아는 지식으로 충만해지도록 기도해야 한다. 바울은 에베소 교인들의 지각(마음의 눈)이 열려 "알게 되기를" 기도했다(엡 1:18-19)!

영적인 견고한 진들은 하나님을 아는 지식을 대적해서 스스로 높아지면서 구축된다(고후 10:5). 나는 유럽을 여행하며 여러 성곽과 요새들을 돌아보았다. 이 강력한 석조 건물들은 내부에 있는 것을 보호하고 반갑지 않은 외부의 적을 막기 위해 피땀 흘려 세운 것이다. 마찬가지로 내면의 견고한 진들도 안쪽에 매여 있는 희생자들을 단속하면서 외부의 지식이 스스로 만들거나 사탄이 세운 방어막을 뚫고 들어오지 못하게 하려고 세워진 것이다. 하나님을 아는 지식은 빛이다. 이 빛이 어두운 마음과 생각을 비추면 그 사람을 묶고 있던 거짓과 속임이 드러나기 시작한다.

우리는 한 사람의 생각을 자유롭게 드나드는 수많은 속임과 미혹의 영들을 대적하는 기도도 해야 한다. 물론 그 사람이 악한 영을 기꺼이 받아들인 경우라면 쫓아내기 어려울 것이다. 탕자가 바닥까지 내려갔던 것처럼, 마귀는 결코 그 사람의 상황이 나아지게 내버려 두지 않는다. 그 사람을 이용하고 학대해서 결국 절망의 늪으로 끌고 간다. 바로 이 순간이 어둠 가운데 하나님의 빛을 비출 때이고, 말씀을 전하여 그 사람을 이끌어 낼 때이다!

돼지우리의 죄 해결하기

사탄은 궁극적으로 믿는 자들과 하늘 아버지의 관계를 단절시키고, 그들의 영적 유산을 빼앗으며, 그들을 탕자처럼(눅 15장) 완전한 절망의 나락에 빠뜨리려고 한다. 이 젊은 유대인 청년은 가족을 버리고 사랑하는 아버지의 품을 떠나면서 자기 몫의 유산을 미리 청구했고 그것을 결국 창기와 방탕한 생활로 탕진해 버렸다(눅 15:13, 30). 돈이 바닥나자 그는 결국 돼지우리에서 돼지를 치면서 돼지가 먹는 쥐엄 열매를 먹는 신세가 되었다. 유대인들은 어떤 형태든 돼지고기를 혐오하고 먹지 않는다(레 11:7). 따라서 돼지를 치는 것은 유대인들에게 가장 천한 일이었다.

이 반항아는 아버지 앞에서 떠났지만 아버지의 사랑에서 분리된 것은 아니었다! 당신에게 "돼지우리의 죄"를 처리해야 할 자녀나 손주들이 있다면, 이것을 온전히 이해해야 한다. 돼지우리의 죄는 혐오스러울 정도로 비도덕적이고 변태적인 욕망과 관련된 죄들을 가리킨다.

모든 죄가 가증하고 비도덕적이라고 보는 사람도 있지만, 사실 정상적인 애정 관계의 죄와 비정상적인 애정 관계의 죄가 있다. 남자와 여자가 육체적으로 끌리는 것은 정상적인 일이다. 그래서 자제력이 없거나 훈련되지 않은 사람들은 혼전 성관계나 간통을 저지르기도 한다. 하지만 남자가 남자에게 혹은 여자가 여자에게 끌리는 것, 즉 동성애는 비정상적인 것이다. 바울은 이런 행위를 하는 사람을 "본성의 애정이 없는 자"라고 하면서(롬 1:31) "남자들도 이와 같이 본래대로 여자 쓰기를 버리고 서로를 향해 욕정이 불 일 듯하여 남자가 남자와 더불어 보기 흉한 짓을 행하여"(27절) 결국 스스로를 "수치스러운 애정"에 내주었다고 하였다(26절, 한글 킹제임스 성경).

이 완고한 아들은 가장 비참한 밑바닥까지 떨어졌지만, 그의 아버지는 단 한 번도 그를 잊은 적이 없었다. 아버지는 분명 아들을 위해 기도

했을 것이고, 변함없이 그를 사랑했다. 그는 아버지의 곁을 떠났지만 아버지의 마음속에는 항상 그가 있었다. 믿던 자가 말씀을 버리고 돼지우리에 빠졌다면, 그는 하늘 아버지의 식탁에 있는 영적인 음식을 스스로 거절한 것이다. 하지만 상한 마음으로 부르짖는 부모의 소리에 귀 기울이고 돌보시는 하나님의 마음에서 벗어난 것은 아니다.

젊은 아들의 돈이 바닥나자 친구들도 사라졌다. 진흙 바닥을 뒹굴며 꿀꿀거리는 한 무리의 돼지 떼가 그의 친구가 되었다. 그는 돼지를 치는 일을 했다. 마침내 아들은 바닥에서 고개를 든다. 그러자 집으로 돌아가고 싶은 갈망이 용솟음친다. 좋았던 시절이 떠오른다! 아버지 집에 있을 때에는 돼지를 치는 대신 종들의 섬김을 받았다. 마른 곡물 껍데기 대신 최고의 음식을 먹었다. 추위에 떨며 밤하늘을 보는 대신 따뜻한 침대에서 편안히 잤다. 원수가 자녀들의 몸을 차지하고 학대할 수도 있다. 하지만 당신과 자녀가 함께 만든 추억을 빼앗을 수는 없다.

누가 그들을 집으로 데려올 것인가?

이 이야기를 현대판으로 바꿔 보자. 어떤 부자에게 두 명의 아들이 있었다. 아는 바와 같이 고집스럽고 완고한 막내는 유산을 요구하고 집을 떠나 도시로 간 뒤 부모의 통제를 벗어났다. 슬픔과 걱정에 잠긴 아버지는 아들이 무사히 집으로 돌아오기를 밤낮으로 쉬지 않고 기도한다.

그렇게 몇 달이 지난 어느 날 문 두드리는 소리가 들렸다. 문을 열어 보니 빛나는 눈을 가진 사람이 이렇게 말한다. "당신이 아들을 위해 기도하는 소리를 들었어요. 저는 믿음(Faith)이에요. 저를 아들이 있는 곳에 보내 주시고 그가 돌아올 것을 전심으로 믿으세요." 아버지는 믿음을 보냈고, 아들의 돌파를 위해 이전에 한 번도 가져 본 적 없는 믿음을 품기 시작했다. 몇 달이 지난 후 믿음이 돌아와 소식을 전했다. "제가 노력해 봤지만 불신으로 가득 찬 아드님께 지치고 말았어요."

그러나 아버지는 기도를 멈추지 않았다. 얼마 지나지 않아 또다시 문을 두드리는 소리가 들렸다. 이번에는 소망(Hope)이라는 사람이 서 있었다. 그가 말했다. "선생님, 믿음 씨가 저를 보내며 아들을 포기하지 말라는 말을 전해 달라고 했어요. 절대로 소망을 잃지 마세요. 저를 보내 주시고 가장 좋은 것을 기대하세요!" 그렇게 소망을 보낸 아버지의 마음에는 좋은 소식에 대한 기대감이 넘쳤다. 몇 달 후 소망이 돌아와 이렇게 말했다. "당신 아들을 찾았지만 그는 너무 완고해요. 소망이 없다고 말하고 싶지는 않지만, 저에게는 그를 감당할 힘이 없네요."

상심한 아버지는 통곡하기 시작했다. 몇 달 후 또다시 문 두드리는 소리가 들렸고 긍휼이 가득한 아름다운 눈을 가진 사람이 문 앞에 서 있었다. 그가 말했다. "선생님, 믿음과 소망 씨가 당신을 도와주라고 저를 이곳에 보냈어요. 제 이름은 사랑(Love)이에요. 아들을 무조건적으로 사랑하셔야 해요. 조건 없는 사랑을 거부할 사람은 없어요. 그러니 그에게 사랑을 보내세요." 아버지는 기뻐하며 다시 힘을 얻었다. 아들을 찾아간 사랑은 부모님의 사랑과 가족이 함께했던 좋은 시간들을 전부 생각나게 만들었다. 하지만 아들은 함께 어울리는 친구들이 진정한 사랑이라고 여기며 가족의 사랑을 거부했다. 사랑이 돌아와 아버지에게 말했다. "드릴 말씀이 없네요. 아드님의 반항과 가출 문제를 해결할 사람은 아무도 없을 거예요!"

아버지가 이제 포기하려고 할 때 누군가 또다시 문을 두드렸다. 문을 열자 아주 나이가 많은 노인이 서 있었다. 길고 하얀 수염에 물결치는 긴 머리를 가진 그의 눈은 바다처럼 푸르고, 검게 그을린 피부에는 지난 세월을 말해 주는 주름이 져 있었다.

"누구십니까?" 아버지가 물었다.

"저는 믿음과 소망 그리고 사랑의 친구입니다. 이제 제가 당신 아들을 데리러 갈 때가 되었습니다. 제가 그를 반드시 데려오겠습니다!" 아버지는 노인의 다음 말을 듣기 전까지는 너무나 기뻤다. "그래요. 제가 그를 데려올 것입니다. 하지만 그의 상태는 약속드릴 수 없습니다. 건강하든 병들었든, 힘이 있든 없든, 온전하든 망가졌든지 간에 제가 그를 데려올 수 있습니다."

아버지는 말했다. "선생님, 제발 제 아들을 찾아서 데려와 주세요." 노인이 돌아서자 아버지가 물었다. "선생님의 이름을 알려 주시겠습니까?"

노인이 대답했다. "제 이름은 시간(Time)입니다. 시간 맞춰 당신 아들을 집으로 데려오겠습니다!"

시간은 길을 떠나 술집에서 술을 마시고 있는 아들을 발견했다. 그는 아들의 귀에 속삭였다. "이제 집으로 돌아갈 시간이야." 아들은 자신의 마음에 떠오른 생각을 비웃었다. 그리고 정신을 잃고 바닥에 널브러질 때까지 진탕 술을 마셔 댔다. 정신을 차려 보니 낯선 여자들의 침대

위였다. 시간은 그의 옆구리를 쿡 찌르며 말했다. "상황이 좋지 않아. 아버지 집으로 돌아가야 해." 몇 달이 지났지만, 시간은 거기에 있었다. 시간은 그가 태어났을 때에도 그 자리에 있었다. 모든 사람이 결국 죽는 것처럼 시간의 흐름은 결국 무덤에서 끝나게 된다.

아들은 모든 것을 잃고 인생의 밑바닥을 헤맬 때에야 정신을 차렸다. 이미 여러 해가 지났고, 술과 마약, 성병으로 만신창이가 되었지만, 시간은 그를 집으로 데리고 왔다! 반항아들은 바닥을 쳐야만 정신을 차리고 육신의 부모와 하늘 아버지의 선하심을 깨닫는 경우가 많다.

심지어 돼지우리의 죄 가운데 있거나 더러운 환락이 영혼을 뒤덮고 무지가 그들의 지각을 사로잡았을지라도 절대로 포기하지 마라. 마가복음 5장의 군대 귀신 들린 남자처럼 그들도 구원받을 때가 온다. 예수님은 돼지 떼를 내쫓으시고, 속박을 끊으시며 그리고 사람들이 정신 차리게 하는 법을 아신다. 하나님이 당신에게 주신 모든 약속과 말씀 그리고 꿈을 기억하라. 그리고 예레미야 29장 11-13절 말씀처럼 하나님의 약속으로 싸우라.

> 여호와의 말씀이니라 너희를 향한 나의 생각을 내가 아나니 평안이요 재앙이 아니라 너희에게 미래와 희망을 주는 것이니라 너희가 내게 부르짖으며 내게 와서 기도하면 내가 너희들의 기도를 들을 것이요 너희가 온 마음으로 나를 구하면 나를 찾을 것이요 나를 만나리라

최고의 영적 무기는 기록된 하나님의 말씀이다. 성경의 어떤 구절들

은 갈등과 은혜에 대한 하나님의 직접적인 말씀으로 우리를 견고히 세우고 우리의 영을 소생시켜 준다. 우리는 직접 계시받거나 선포받은 예언의 말씀으로 디모데처럼 선한 싸움을 싸울 수 있다(딤전 1:18).

만일 내가 사탄이라면

우리의 최대 적인 사탄의 신비한 과거를 자세히 살펴보기 전에 먼저 그의 내면과 "기본적인 전략" 세 가지를 들여다보자. 그리고 "내가 만일 사탄이라면 어떻게 할까?" 상상해 보자.

영으로 하나님을 예배하는 것의 중요성을 부정할 것이다

예수님 시대의 유대인들은 예루살렘의 모리아 산에 있는 성전에서 예배를 드렸다. 유대인과 이방인의 혼혈 종족인 사마리아인들은 사마리아의 그리심 산에 예배처를 마련했다. 유대인이신 그리스도께서 야곱의 우물에서 만난 사마리아 여인에게는 다섯 명의 남자가 있었고, 당시 함께 사는 사람도 남편이 아니었다. 그러나 주님은 그녀의 도덕적 결함을 지적하지 않으셨다. 종교에 대하여 논할 줄 알았던 그녀는 어떤 산이 진정한 축복의 산이냐고 질문하면서 "참된 교회"는 모세가 축복을 선포했던 야곱의 우물 위쪽에 있는 언덕이라는 것을 논증하려 했다(요 4:4-29). 예수님은 이 여인과 열띤 논쟁을 벌이는 대신 예배의 핵심을 알려 주셨다.

> 하나님은 영이시니 예배하는 자가 영과 진리로 예배할지니라 _요 4:24

만일 내가 원수라면, 하나님을 전심으로 예배하는 것의 중요성을 간과하게 만들 것이다. 우리가 믿는 것을 "또 하나의 세계 종교"로 전락시켜서 천국에 이르는 수많은 방법 중 하나로 각인시켜 버릴 것이다. 그런 다음 예배를 지루하고 아무런 활력이나 능력도 없는 메마른 의식으로 만들어 버릴 것이다. 지루하기 짝이 없는 설교와 장례식에나 어울리는 음악, 마음에서 우러나는 말 대신 판에 박힌 기도문으로 기도하게 할 것이다. 그래서 근사한 석조 예배당에 들어간 사람들이 60분 후 아무런 도전이나 변화 없이 성전을 빠져나오게 만들 것이다. 영으로 드리는 진정한 예배가 하나님의 임재를 끌어당기고 그분의 임재가 모든 필요를 채운다는 사실을 알기 때문이다.

나는 바리새인들을 부추겨 예수님이 귀신의 왕 바알세불을 힘입어 기적을 일으켰다고 참소했던 것처럼(마 12:24-27), 예배 가운데 감정을 표현하는 무리를 조롱하고 예배에 참석한 다른 사람들을 주눅 들게 하는 광신자로 만들어 버릴 것이다. 만일 사람들이 예배를 두려워하게 만들 수 있다면, 삶을 변화시키는 하나님의 임재를 경험하지 못하게 막을 수 있기 때문이다.

성령의 기름부음의 중요성과 능력을 부인할 것이다

예배의 필요성을 부정한 것처럼 성령의 기름부음도 부인하게 만들 것이다. 성령을 부인하지 않고도 그 능력을 부인할 수 있다는 사실에 주목하라. 예수님은 제자들에게 다음과 같이 약속하셨다. "오직 성령이 너희에게 임하시면 너희가 권능을 받으리라."(행 1:8) 또 그들이 "위로부터 능력으로 입혀질" 것이라고 말씀하셨는데(눅 24:49), 말 그대로 '능력을 받게 된다'는 의미이다! 사탄은 한때 하나님의 영광과 빛으로 옷 입었고, 믿는 자는 성령의 권능의 옷을 입는다.

성경은 하나님께서 그리스도에게 "성령과 능력을 기름 붓듯 하셨으매 그가 두루 다니시며 선한 일을 행하시고 마귀에게 눌린 모든 사람을 고치셨다"고 기록한다(행 10:38). 믿는 자가 풀어 내는 성령의 능력은 성령의 기름부음과 동일하다. 기름부음은 믿는 자 안에 거하며 하나님의 신비를 깨닫게 돕는다(요일 2:10, 27). 또한 기름부음은 멍에를 부러뜨린다(사 10:27).

순복음교회들은 대부분 예배 가운데 역사하시는 성령의 기름부음과 능력을 믿고 받아들인다. 예배나 설교 가운데 형성된 기름부음은 사람이 경험할 수 있는 전류 또는 특별히 충전된 영적 기류를 만들어 낸다. 원수는 어떤 사람의 멍에와 속박을 깨뜨리려면 기름부음이 필요하다는 사실을 잘 알고 있다.

사탄은 결국 일부 기독교인들이 성령의 능력을 부인하게 만들었다. 바울은 말세에 많은 사람들이 경건의 모양은 있으나 경건의 능력은 부인할 것이라고 하면서 그러한 자들에게서 돌아서라고 경고했다(딤후 3:5). '능력'에 해당하는 헬라어는 그리스도께서 믿는 자들이 성령의 능력을 받으리라고 말씀하셨을 때 사용하신 단어와 동일하다. 나는 여러 해 동안 순회 사역을 하면서 일부 기독교인들이 성령의 9가지 은사가 오늘날에도 역사한다는 것과 믿는 자가 마귀를 제압할 권세를 받았다는 사실 그리고 그리스도를 통해 병자를 고칠 수 있다는 하나님의 치유 언약을 부인한다는 이야기를 들었다.

내가 사탄이라면 최대한 많은 기독교인들이 성령의 능력과 기름부음을 부인하게 만드는 데 총력을 기울일 것이다. 회중에게 성령의 능력과 기름부음은 과거의 일이지 오늘의 은혜가 아니라고 가르칠 것이다. 이 이론을 믿는 사람들은 "종교의 모양"은 있지만 "능력은 부인하는 것이다." 바울은 하나님의 능력을 부인하는 사람들에게서 "돌아서라"고 했다!

영적 권위자 밑에 거하는 것의 중요성을 부인할 것이다

사탄의 소망은 "지극히 높으신 분"(사 14:14)처럼 되는 것이었다. 그는 모든 천사들보다, 심지어 하나님보다 더 높은 자리에 오르고 싶어 했다(13절). 사탄은 모든 피조물을 홀로 다스리고 싶어 했고 하나님보다 자신이 더 잘할 수 있다고 생각했다. 심지어 에덴동산에 들어와 하와를 유혹할 때에도 선악을 알게 하는 나무의 열매를 먹게 되면 그녀도 하나님과 같이 될 것이라고 말했다(창 3:5). 사실 아담은 하나님의 형상과 모양대로 창조되었으므로(창 1:26), 이들 부부는 이미 하나님의 일부이자 가족이었다!

명심해야 할 것은 사탄의 마음이 교만해져서(겔 28:17) 죄를 범하게 되었다는 사실이다. 선지자 이사야는 루시퍼가 자신을 하나님보다 높이면서 언급한 다섯 마디를 계시해 주었다.

1. "내가 하늘에 올라가리라."(사 14:13)
2. "하나님의 뭇별 위에 내 자리를 높이리라."(사 14:13)
3. "북극 집회의 산 위에 앉으리라."(사 14:13)
4. "가장 높은 구름에 올라가리라."(사 14:14)
5. "지극히 높은 이와 같아지리라."(사 14:14)

주목해야 할 사실은 그가 '우리' 또는 '그들'(다른 천사들)이라고 말하지 않았다는 것이다. 이 천사는 자신의 아름다움에 반해 "교만해졌고" 스스로를 높였다(겔 28:17). "내가 말이야… 나는… 나라면…" 하면서 항상 자기 이야기나 자신의 업적을 쉬지 않고 떠들어 대는 사람을 본 적이 있는가? 분별력 있는 사람들은 속으로 이렇게 생각할 것이다. "이 사람은 완전히 자아도취에 빠졌군." 사탄은 자신이 할 수 없는 일을 하려고 했고, 결국 하나님처럼 되려는 시도는 물거품이 되고 말았다.

내가 사탄이라면 삶 가운데 목사나 교사 등과 같은 영적 권위자는 필요 없다고, 혼자서도 모든 일을 할 수 있다고 믿게 만들 것이다. 사실상 지도층의 문제로 회중들을 분열시키려고 지속적으로 음모를 꾸밀 것이다. 이것은 원수가 분열을 조장하는 데 사용하는 주요 방법이다.

다양한 경우가 있겠지만, 한 가지 예를 들자면 다음과 같다. 교회는 보통 가족 단위, 즉 아이들과 청소년을 포함한 가족들이 다닌다. 교회의 중직을 맡고 있는 부모가 집에서 교회의 문제에 대해 지혜롭지 않게 이야기하는 것을 자녀들이 엿듣게 될 수도 있다. 화가 나서 교회를 떠나는 부모들은 자신들이 자녀의 마음에 나쁜 씨앗을 심고 있다는 사실을 모른 채 이전의 목회자나 리더들에 대해 나쁘게 말하는 경우가 많은데, 이렇게 성장한 자녀들은 교회나 사역자들을 신뢰하지 않게 된다.

모세가 이스라엘 민족을 이집트에서 인도해 낸 것은 일종의 가족 잔치였다. 모세는 담임목사였고, 형은 대제사장이었으며, 누나 미리암은 찬양 인도자, 장인인 이드로는 영적 상담자였다! 회중의 리더 중 한 사람이었던 고라는 모세가 너무 많은 책임을 맡고 있으며 혼자서 중요한 자리를 차지하려 한다고 불평했다. 이 반역자와 그의 가족은 땅이 갈라져 산 채로 삼켜져 멸망할 때에야 누가 진정한 지도자인지 깨닫게 되었다(민 16장). 그분은 바로 하나님이셨다!

모세는 40년간 리더의 자질을 의심받았다. 하지만 반역자들은 언제나 패했고, 선지자 모세는 항상 승리했다.

믿는 자들의 약점을 이용할 것이다

주말마다 치열한 영적 전투를 경험하는 신자들이 있다. 그리스도를 만나기 전까지 금요일과 토요일 밤은 언제나 파티 타임이었던 그들은 주말이 되면, 혹시 원수가 과거의 삶으로 돌아가도록 유혹할까 봐 틈을 보이지 않으려고 일부러 바쁘게 보낸다. 잊지 말아야 할 것은 사탄의 목적은 변함없지만, 그것을 이루기 위한 전략은 계속 바뀌고 있다는 사실이다.

믿는 자가 주님 안에서 성장하면, 미성숙에서 성숙으로, 육적 욕망은 영성으로, 죄악스러운 삶에 대한 갈망은 하나님의 임재를 경험하고자 하는 갈망으로 바뀐다. 초신자들에게는 전에 없었던 새로운 싸움이 시작될 수 있는데, 원수가 과거의 삶으로 돌이키게 하려고 지속적으로 미끼를 던지기 때문이다. 그 죄를 극복하면 미끼가 바뀐다. 낚시에서 입질이 없으면, 모양과 색깔, 스핀 형태가 다른 미끼를 던져 물고기의 시선과 호기심을 자극하는 것과 마찬가지이다. 한때 당신을 넘어뜨렸던 함정과 덫이 발각되면 이제 그것을 피할 만큼 성숙한 당신에게는 무용지물이 된다. 하지만 당신이 미처 눈치채지 못한 새로운 함정과 덫을 주의해야 한다! 사탄은 미끼를 바꾸어 새로운 물고기를 유혹하려 할 것이다.

내가 어릴 때만 해도 뒷골목에서 불법 마약상이 취급하던 것들을 고등학생 및 대학생들이 판매하더니, 이제는 청소년들이 일반 약국에 가서 처방전 없이 구입할 수 있게 되었고 약물 과다 복용으로 사망하는 경우도 생겨났다. 마약은 예나 지금이나 계속 거래되고 있지만, 전략상 그것을 손에 넣는 것은 훨씬 쉬워졌다.

음란물도 마찬가지이다. 내가 자랄 때만 해도 약국 카운터 아래에 감춰져 있던 포르노 잡지가 표지 사진의 은밀한 부위에 갈색 종이를 덮어 선반에 진열되기 시작하더니, 수년이 지난 지금은 유료 영화 채널이나 케이블 방송을 통해 집에서도 쉽게 음란물을 접할 수 있게 되었다. 문제는 비용을 지불해야 한다는 것인데, 믿는 자들 대부분은 이런 유료 TV 채널들을 거부했다. 오늘날 최악의 음란물은 인터넷에서 클릭 한 번이면 접속할 수 있다. 지난 수년간 이미지 형태나 표현 방식은 달라지지 않았지만, 그것을 배포하거나 접할 수 있는 방법은 변하고 있다.

만일 내가 사탄이라면 가장 취약한 점을 찾아 공격할 것이다. 승산이 없다는 것을 알면서도 한 나라의 영토를 차지하기 위해 침략을 감행하는 적군은 없을 것이다. 적이 우리의 강점을 공격하는 경우는 극히 드물다. 그들은 언제나 우리의 약점을 노린다.

예수님이 사탄의 시험을 받으셨을 때는 40일 동안 주리신 상태였다. 시험하는 자는 바로 그것을 노렸다(마 4:2). 주리신 예수님께 첫 번째 화살이 날아들었다. "네가 만일 하나님의 아들이어든 명하여 이 돌들로 떡덩이가 되게 하라."(3절) 배고픔은 자연스러운 욕구였고, 빵(떡)을 먹는 것은 이스라엘 백성들의 일상이었다. 그러나 시험은 정상적이고 자연스러운 모습이 아니라 (돌을 빵으로 만드는 것처럼) 비정상적이고 부자연스러운 것을 증명해 보이라는 것이었다. 예수님의 약점은 배고픔이었다. 사탄은 예수님과 하나님의 관계에 의문을 던짐으로 그 순간을 과장했다. 과연 하나님이 자신의 아들이 주리는 것을 원하시겠는가!

우리는 모두 자신의 약점과 연약함에 대해 잘 알고 있다. 만일 우리가 성령과 함께한다면 어둠의 왕이 미리 세운 계략을 파헤칠 수 있다. 그의 은밀한 계략이 실행되기 전에 그것을 드러낼 수 있다. 미국은 전쟁을 치르기 전에 항상 군 계좌로 천문학적인 돈을 송금하고, 기차, 항공기, 배 등의 운송 수단으로 장비를 이동시킨다. 이것은 곧 전쟁이 발발한다는 징후이다. 자신의 약점을 알고 있고 원수가 그것을 악용하기 위해 사용하는 도구가 무엇인지 깨달았다면, 반드시 그 연결 고리를 끊어야 한다.

나는 SNS를 통해 옛 연인과 연락하다가 그들과의 환상적인 관계를 회복하기 위해 결국 수년간 동고동락한 배우자를 버리고 떠난 사람들을 알고 있다. 반면 동일한 함정에 빠지는 대신 단순히 자신의 이름이나 페이지를 삭제함으로써 불륜을 일으킬 가능성을 제거한 사람들도 있었다.

큰 전환기를 맞거나 사역의 급성장을 경험할 때, 또는 수많은 사람들 앞에서 복음을 전해야 할 때 나는 이렇게 자문하곤 한다. "원수는 어떤 식으로 이 일을 방해하려고 할까? 또 어떤 문을 통해 들어올 수 있을까?" 우리는 전쟁터를 지속적으로 살피고 살펴야 한다. 그리고 멀리 떨어져 있는 폭탄뿐 아니라 가까운 곳에 있는 지뢰도 철저히 찾아내야 한다.

Exposing Satan's Playbook

Chapter 3

적의 사고방식을 배우라

전시 상황에 있는 군인들이 놓치지 말아야 할 핵심 요소 중 하나는 적의 생각을 파악하는 법을 배우는 것이다. 여기에는 적이 누구이고, 어떻게 생각하며, 강점과 약점은 무엇인지 그리고 그들이 어떤 무기를 사용하는지 등이 포함된다. 믿는 자들은 거룩한 지침서인 성경을 연구하면서 하나님의 뜻과 생각을 끊임없이 구하고, 삶 가운데 적용할 영적, 도덕적, 실제적 진리를 배워야 한다. 하지만 우리는 운명을 찾는 데만 지나치게 몰두해서 우리의 운명을 방해하려는 삶의 전쟁이 있다는 사실을 망각한다. 영적 깨달음을 얻는 방법 중 하나는 적의 전략을 파악하여 그것을 이용하는 것이다.

먼저 적의 정체를 파악해야 한다. 내가 사탄이라면 우선적으로 나의 실체를 철저하게 감출 것이다. 그래서 내가 활동하고 있다는 사실을 모르게 할 것이다. 완벽하게 위장해서 아무도 나의 존재를 눈치채지 못하게 할 것이다. 원수는 에덴동산에서 바로 이 방식을 사용하였다. 그는 뱀의 형상과 목소리로 하와를 속였다(창 3:1-2). 뱀은 아담 부부에게 친근한 피조물이었다. 요세푸스는 이 뱀에 대해 다음과 같이 기록했다.

> 모든 피조물들이 하나의 언어를 사용하던 시절 뱀은 아담과 그의 아내와 함께 살고 있었다. 뱀은 그들의 행복한 삶을 부러운 시선으로 바라보았다… 뱀은 그들에게 저기에 있는 나무가 선악을 알게 하는 나무라고 알려 주면서 악의적인 의도로 여자를 설득하여 그 열매를 맛보게 했다.[1]

성경은 "뱀이 간계로 하와를 미혹했다"고 말한다(고후 11:3). 우리는 사탄이 뱀의 형상을 사용한다는 사실을 알고 있다(계 12:9, 14-15). 만일 사탄이 본래의 모습으로 동산에 들어갔더라면 그는 무단침입자이자 불청객으로 금방 들통이 났을 것이다. 그러나 원수는 결코 자신의 진짜 모습을 보여 주지 않는다. 바울은 사탄이 자신을 광명의 천사로 가장할 수 있다고 경고했다(고후 11:14).

지속적인 사역의 방해를 경험한 바울은 고린도후서 11장 23-28절에 물리적이고 영적인 장애물들을 정리해 놓았다. 하지만 그는 보이지 않는 은밀한 대적이 바로 "사탄의 사자"라는 사실을 깨달았다(고후 12:7). 그는 로마 교회와 데살로니가 교회에 보내는 서신에 두 교회를 방문하려고 했지만 사탄이 "여러 번" 그리고 "한 번 두 번" 막았다고 기록했다(롬 15:22; 살전 2:18).

우리는 삶의 모든 어려움들을 사탄의 탓으로 돌려서는 안 된다. 어떤 일들은 삶의 일부이다. 사탄이 구멍 난 타이어를 준 것이 아니다. 길에 못이 있었던 것뿐이다. 사탄이 차의 기름을 바닥낸 것이 아니다. 당신이 채워 넣는 것을 잊은 것이다. 그가 도로에 나무를 넘어뜨린 것이 아니라 폭풍 때문에 그렇게 된 것이다. 마귀가 당신의 배를 아프게 한 것이 아니라 당신이 과식을 한 것이다! 이처럼 일상의 단순한 장애물들을 모두 사탄 탓으로 돌리는 경우가 많은데, 복음에 대한 극단적인 반대와 핍박은 사탄이 개입한 결과일 수 있다.

그러면 사탄은 누구인가?

사탄의 실체를 제대로 파악하려면 구약의 선지자들이 기록한 말씀들을 살펴보아야 한다. 대부분의 학자들은 타락한 사탄이 천국에서 축출된 정황이 이사야 14장에 상세하게 기록되어 있다고 믿는다. 이사야 14장 12절은 다음과 같다.

> 너 아침의 아들 계명성이여 어찌 그리 하늘에서 떨어졌으며 너 열국을 엎은 자여 어찌 그리 땅에 찍혔는고

계명성의 원어인 '헤일렐'(heylel)은 성경 전체에서 오직 여기에서만 사용되었다. 히브리 학자들 사이에서 논쟁이 되고 있는 이 단어는 사실 "밝음"을 뜻한다. 즉 계명성은 누군가의 이름이라기보다 "아침의 빛나는 아들" 혹은 "밝은 아침의 별(계명성)"을 뜻한다.

에스겔 28장에서 또 다른 선지자의 통찰을 살펴볼 수 있다. 26장과 27장에서 세상의 지도자인 두로 왕을 향해 말씀을 선포한 에스겔은 28장에서도 계속 말씀을 이어 가다가 인간이 아닌 어떤 피조물에 대해 묘사하기 시작한다. 그는 "기름부음을 받은 그룹"에 대해 다음과 같이 언급한다.

> 너는 기름부음을 받고 지키는 그룹임이여 내가 너를 세우매 네가 하나님의 성산에 있어서 불타는 돌들 사이에 왕래하였도다 _겔 28:14

에스겔은 이 그룹을 두 차례 언급하는데(14, 16절), 그룹은 많은 얼굴을 가진 천사로 창조되었으며 하나님의 임재와 영광을 지키는 임무를 부여받았다. 그룹들은 동산에서 쫓겨난 아담이 동산에 다시 들어와 죄를 지은 상태로 생명나무 열매를 먹지 않도록 불칼과 더불어 동산 동쪽을 지켰다(창 3:24). 언약궤의 시은좌(황금 덮개)를 덮고 있는 금으로 쳐서 만든 두 개의 그룹은 매년 대속죄일에 하나님이 강림하시는 보좌를 상징적으로 지키고 있었다(출 25:19, 22; 37:8).

에스겔은 이 천사가 "기름부음을 받은 그룹"이라고 계시하고 있는데(겔 28:14), 여기서 기름부음은 우리에게 익숙한 성령의 기름부음(행 10:38)이나 "기름을 바르다"(약 5:14)의 뜻이 아니다. '밈샤츠'(mimshach)라는 이 히브리어는 "확장" 또는 "날개를 펼치다"의 뜻으로, 에스겔은 이 천사가 "덮는다", 즉 "울타리를 치고 보호한다"고 말했다. 두 단어를 조합해 보면 펼친 날개로 보호하는 역할을 수행하는 중요한 천사의 모습이 그려진다.

이 특별한 천사는 하나님의 임재와 영광의 빛을 수호하는 역할을 했던 것으로 보인다. 에스겔 28장 13-16절에 나타난 이 기름부음을 받은 그룹의 모습을 자세히 살펴보면, 그의 과거 활동을 조금 더 들여다볼 수 있다. 그는 "하나님의 동산 에덴"에 있었다고 하는데(13절), 이곳은 천상의 낙원이거나 땅의 에덴일 수도 있다. 어느 쪽이든 그는 타락 전에 기름부음을 받은 그룹으로 지상의 에덴에 있던 뱀, 아담, 하와 이외의 존재였다(창 3:1-2).

에스겔은 그가 "각종 보석으로 단장했다"고 하면서(겔 28:13) 아홉 개의 아름답고 진귀한 보석들을 언급하는데, 이것들은 구약 시대 대제사장의 흉패에 물린 열두 개의 보석과 동일한 방식으로 만들어진 것이었다(출 28장). 그는 또한 창조될 때 소고와 비파를 가지고 있었다고 한다. 소고(작은 북)는 일종의 탬버린으로, 리드미컬한 소리를 내는 작고 둥근 타악기를 가리킨다. 그러나 비파에 해당하는 히브리어 원문은 사실 악기가 아니라 '베젤'(bezel) 또는 '보석'을 뜻하는 말이다. 그를 이러한 모습으로 창조하신 분은 바로 하나님이셨다.

하나님은 그를 성산에 "두셨다"고 하는데(겔 28:14), "성산", 곧 거룩한 산은 두 곳에 나타난다. 하나는 하늘에 있는 하나님의 산으로 시온 산(히 12:22)이라 불리며, 다른 하나는 이후에 등장하는 이 땅의 예루살렘(단 9:16)

이다. 그러나 이 구절에서는 하나님의 성전이 있는 천상의 거룩한 산을 가리키는 것이 분명하다. 이 천사는 하늘의 성전에서도 어느 특별한 장소인 "불타는 돌들 사이를 드나들었다"고 한다(겔 28:14). 죄가 드러나 (하늘의) 거룩한 산에서 쫓겨나기 전까지 그는 완벽한 피조물이었다(16절). 그는 자신의 지혜를 더럽혔고, 자신의 영화와 아름다움 때문에 교만해졌다(17절). 에스겔은 그를 '그룹'이라고 부른다.

그룹의 네 얼굴

여기에 주목할 만한 신비가 있는데, 학자들 대부분은 바로 이 기름부음을 받은 그룹을 사탄 혹은 광명한 별(계명성)이라고 본다. 그룹에 대해 언급하고 있는 성경의 다른 구절들을 살펴보자. 요한계시록 4장 7절에는 소, 독수리, 사자 그리고 사람의 얼굴을 가진 "네 생물"이 하나님의 하늘 보좌를 둘러싸고 있는 모습이 묘사되어 있다. 범상치 않은 외모의 이 천사들은 "생물"로 번역되었는데, "거룩하다, 거룩하다, 거룩하다, 주 하나님 곧 전능하신 이여"(8절)라고 외치며 밤낮 쉬지 않고 경배하는 사명을 받았다.

에스겔도 환상 가운데 이들과 유사한 형태의 천사들을 보았고, 요한계시록 4장 7절과 비슷하게 그들의 모습을 묘사해 놓았다. 에스겔은 1장과 10장, 28장에서 그룹을 보았다. 또 41장 18절에서는 미래의 예루살렘 성전 벽에 새겨져 있는 그룹의 모습도 보았다. 에스겔은 10장에서 환상 가운데 본 그룹의 모습을 묘사하면서, 23번이나 '그룹'이라는 단어를 사용했다. 에스겔 10장 14절 말씀을 읽어 보자.

> 그룹들에게는 각기 네 면이 있는데 첫째 면은 그룹의 얼굴이요 둘째 면은 사람의 얼굴이요 셋째는 사자의 얼굴이요 넷째는 독수리의 얼굴이더라

요한과 에스겔 모두 네 얼굴에 대해 묘사하는데, 에스겔은 요한이 "송아지" 같다고 표현한 것을 "그룹의 얼굴"(겔 10:14)이라고 부른다. 두 환상은 동일한 천상의 생물을 묘사한 것이다. 따라서 일치하는 세 얼굴(독수리, 사자, 사람)을 제외한 나머지 "그룹의 얼굴"은 요한이 환상 가운데 본 것처럼 송아지의 얼굴일 것이다. 요한계시록의 "생물"은 사실상 에스겔서에 묘사되어 있는 그룹이었던 것이다! 이 네 생물은 하나님 앞에서 지속적으로 섬긴다. 학자들은 그룹의 네 얼굴과 사복음서에 나타난 그리스도의 상징이 유사하다는 사실에 주목하고 있다.

네 생물의 유사점

그룹	복음서	그리스도
사자의 얼굴	마태복음	유다의 사자이신 예수님
소(송아지)의 얼굴	마가복음	종이신 예수님
사람의 얼굴	누가복음	인자이신 예수님
독수리의 얼굴	요한복음	영원한 말씀이신 예수님

사탄 역시 네 개의 얼굴을 가지고 있다. 그는 사람의 모습으로 인류를 유혹한다. 즉, 사람을 이용해서 다른 사람들을 유혹하여 죄에 빠지게 만든다. 또한 사탄은 "삼킬 자"를 찾는 "우는 사자"(벧전 5:8)의 모습으로 묘사된다. 독수리의 얼굴에는 특별한 의미가 있다. 하늘의 제왕으로 가장 높이 날 수 있는 독수리는 "공중의 권세 잡은 자"(엡 2:2)인 사탄을 연상시킨다. 멍에를 메는 땅의 피조물인 소는 사람들을 사로잡고 속박하려는 목적을 가진 사탄의 또 다른 얼굴이다.

정리하자면, 사탄은 본래 기름부음을 받은 그룹이었으나 신이 되기를 갈망했다. 그는 하나님과 동등한 존재가 아니다. 하지만 인간의 영원한 영혼을 두고 하나님과 끊임없이 경쟁하고 있다.

천사의 종류

유대교와 기독교에는 천사들의 숫자 및 이름과 관련된 수많은 전승들이 있다. 하지만 성경에는 오직 세 천사의 이름만 나타나는데, 천사장 미가엘(단 10:13, 21; 12:1), 가브리엘(단 8:16; 9:21) 그리고 기름부음을 받은 그룹, 즉 사탄(계 12:9)이다. 요한계시록 12장은 "미가엘과 그의 사자(천사)들", "용(사탄)과 그의 사자들"(7절)이라는 표현을 사용하고 있는데, 이것은 수장의 위치에 있는 천사들 수하에는 그들을 섬기는 천사들이 있음을 말해 준다.

수년간 천사들과 그들의 직무에 대해 연구하고 내가 내린 결론은 그들의 직무에 따라 세 부류, 곧 전쟁하는 천사들, 일꾼 천사들 그리고 예배하는 천사들로 구분할 수 있다는 것이다. 미가엘은 전쟁을 수행하는 천사들의 수장이다. 그는 성경에 전쟁과 싸움의 천사로 나타나는데, 모세의 몸을 두고 사탄과 논쟁을 벌였고(유 1:9), 페르시아(바사) 왕국의 군주와 전쟁을 치렀으며(단 10:13, 21), 장차 임할 대환난 기간에는 그를 따르는 천사들과 함께 사탄과 그의 악한 군대를 둘째 하늘에서 땅으로 쫓아낼 것이다(계 12장). 이처럼 미가엘과 그의 사자들은 어둠의 왕국에 맞서 싸우는 전사의 영들이다.

일꾼 천사들은 "섬기는 영들"로서 믿는 자들을 섬기기 위해 파견된다(히 1:14). 특별한 사명을 부여받은 가브리엘이 나타날 때에는 하나님의 계시가 직접 선지자들에게 전달되었다. 그는 하늘과 땅의 세계를 연결하는 사역자로, 사가랴와 엘리사벳 그리고 마리아(눅 1장)에게 임신과 출산 소식을 계시하도록 명령받았다. 야곱은 땅에서 하늘까지 뻗어 있는 사다리 위로 천사들이 오르락내리락하는 모습을 보았는데, 어쩌면 이들도 일꾼 천사들일 수 있다(창 28:12).

마지막으로 예배의 천사들이 있다. 기름부음을 받은 그룹은 하나님의 성산에 있는 불타는 돌들 사이로 드나들었고 대제사장의 흉패에 물린 아홉 가지 보석으로 치장하고 있었다고 하는데, 예배의 천사들은 하늘에서 추방된 후 사탄이란 이름으로 불리게 된 이 특별한 천사의 수하에 있었던 것으로 보인다.

사탄의 사명이 정확히 무엇이었는지는 확실하지 않다. 분명한 것은 그가 사람들이 하나님의 임재 속으로 들어가서 구원의 기쁨과 평강을 누리기를 바라지 않는다는 사실이다. 그는 진정한 예배를 막으려고 애쓰고 있다!

이 타락한 천사가 바로 우리의 최대 적이다.

열여덟 이후로 전 세계를 다니며 다양한 배경의 수많은 신자들로부터 동일한 질문을 받으면서 사탄의 계략과 수법에 대해 폭로할 필요성을 느끼게 되었다. 원수는 상상 이상으로 생각을 통해 우리의 삶에 개입하는 경우가 많으며, 우리의 상황 안팎으로 자유롭게 드나들고 있다. 문제는 원수가 우리의 생각을 알거나 읽을 수 있느냐는 것인데, 이것이 정말 가능한 일인지 다음 장에서 살펴보자.

Exposing Satan's Playbook
Chapter 4

사탄은 우리의 생각을 읽을 수 있을까?

만일 장차 일어날 일이 미리 드러난다면, 그것의 출처는 다음의 세 가지 중 하나이다.

미래 일에 대한 정보의 출처

때로는 사람들이 미래의 일을 계획하고, 그 정보를 공개하기도 한다. 첨단 기술이나 일급비밀로 제작된 군사장비 같은 것이 그 예이다. 간혹 기밀이 유출되어 가까운 장래에 출시될 첨단 기기나 신형 무기 때문에 놀라는 경우도 있다.

성경이 성령의 감동으로 기록되었다는 사실을 믿는 사람들은 하나님이 친히 성령님을 통해 인류에게 66권의 책을 주셨고, 꿈과 환상, 선지자들에게 감동하신 말씀으로 장래에 있을 일들을 계시해 주셨음을 잘 알고 있다. 성경의 예언에는 하나님이 수천 년 전에 예보하신 주요 뉴스들이 포함되어 있다! 성령님은 인간 전달자들에게 필요한 계시를 주셔서 말로 선포하게 하시고, 영감을 주셔서 하나님의 경고의 말씀들을 기록하게 하셨다. 또한 장차 하나님의 왕국에서 일어날 사건들에 대해 말씀해 주심으로 격려해 주신다.

세 번째 방법은 태고부터 감춰진 정보를 드러낼 때 사용하던 방식으로 현자, 점성술사, 신탁, 친숙한 영(familiar spirits)을 통하는 것이다. 이집트에서 로마에 이르는 성경 시대의 왕들과 지도자들은 그들의 장래 일을 알아보기 위해 이상한 방법을 사용하는 주술사들을 관리로 발탁했다.

이처럼 미래의 일을 드러내는 세 근원은 인간의 영, 하나님의 영, 사탄 왕국의 영들이라고 볼 수 있다. 미래를 알고 싶어 하는 사람들 중에는 정확하기만 하다면 그 정보의 출처는 중요하지 않다고 말하는 사람도 있다. 바로 이것이 중요하고도 심각한 문제이다. 사람의 방법을 통한 예측은 빗나가는 경우가 많으며, 영매들은 속임과 미혹으로 이끄는 친숙한 영들을 의지하기 때문이다.

영매들은 친숙한 영들을 통해 희생자를 조종하고 위협하며 통제하려 한다. 또한 속임과 미혹을 통해 순진한 사람들을 정신적 혼란과 거짓 예언의 덫에 걸려들게 만들어 결국 영적인 묶임과 우울, 눌림에 빠 뜨린다.

진짜와 가짜

영적인 세계에도 진짜와 가짜가 있다. 3달러짜리 위조지폐를 본 사람은 아무도 없을 것이다. 3달러짜리 지폐 자체가 존재하지 않기 때문이다. 은행 직원들에게 위조지폐를 구별하는 방법을 질문하면, 한목소리로 다음과 같이 답한다. "많은 시간을 들여 진짜 지폐를 연구하면 위조지폐를 감별할 수 있습니다." 쉽게 말해 위조지폐는 뭔가 아니라는 느낌이 든다는 것이다!

일부 교회의 사역자들은 성도들에게 순복음교회들에서 나타나는 초자연적인 현상들을 피하라고 겁을 주거나 경고하는 경우가 많다. 자유주의 신학자들은 이러한 현상을 악한 영의 현혹이라고 여긴다. 그러나 진짜가 있는 곳에는 그것의 모조품이 생겨난다. 즉 진품 없이는 모조품도 없다!

사도 바울은 9가지 성령의 은사들에 대해 계시했다(고전 12:8-10). 여기서 각각의 은사들을 다룰 수는 없지만, 이들은 세 범주, 곧 능력의 은사, 선포의 은사, 직관의 은사로 나눌 수 있다.

직관의 은사에는 지혜의 말씀, 지식의 말씀, 영분별의 은사가 있다(고전 2:8, 10). 탁월한 지혜를 받은 솔로몬은 놀라운 통찰력으로 복잡한 문제들을 해결할 수 있었다. "계시적 지식"이라고도 하는 지식의 말씀의 은사는 성경을 깊이 들여다보고 "하나님의 깊은 것"(고전 2:10)을 계시해 주는 역동적인 실례들, 그림자, 양식, 신비 등을 끌어낸다. 영분별의 은사는 악하고 더러운 영들을 간파할 뿐 아니라 사람의 영을 분별해 그 마음의 진짜 동기와 숨은 의도를 들여다볼 수 있다. 이러한 은사들은 믿는 자들이 어렵고 힘든 상황에 있는 사람들을 돕고, 사람과 환경을 통해 활동하는 원수의 권세를 물리칠 수 있게 도와준다. 이것은 또한 초자연적인 돌파가 필요한 사람들에게 사역할 때 효과적이다.

영적 세계의 정보

이제 질문을 던져 보자. "사탄은 우리의 생각을 읽을 수 있을까?" 때로는 분명 그런 것 같다는 생각이 들 때가 있다. 마음속에 갈등이 있을 때는 특별히 더하다. 하나님은 우리의 내면의 생각을 잘 아신다. 예수님은 사람의 믿음이 적은 것과(마 16:8) 악함(마 22:18) 그리고 생각을(막 2:8; 눅 5:22) 아셨다. '알다'에 해당하는 헬라어는 보통 "지적으로 아는 정보가 아니라 영적인 통찰을 통한 깨달음"을 의미하는 말로 사용되었다. 예수님이 오늘날 이 땅에 계셨다면 사람들은 그분을 영매 혹은 사람의 마음을 읽는 독심술사라고 몰아붙였을 것이다. 하지만 그것은 사탄이 아니라 성령의 기름부음으로 인한 성령의 은사였다(행 10:38).

사탄이 사람의 생각을 읽을 수 있는지 많은 믿는 자들이 궁금하게 여기는 이유는 소위 심령술사라는 사람들이 TV 프로그램에 출연하여 청중 가운데 (한 번도 만난 적이 없다는) 어떤 사람들의 과거에 대해 정확히 알아맞히기 때문이다. 성령의 세계가 월등하다는 사실을 깨닫게 되면, 이런 식으로 사람들의 삶을 꿰뚫어 보는 영들의 정체를 쉽게 간파할 수 있게 된다.

이미 알려져 있는 정보

24시간 보도되는 뉴스 채널, 인터넷, 페이스북, 트위터, 그 외 다양한 매체 등의 발전으로 더 이상 비밀은 없다. 어떤 사건을 한 사람이 목격하고 몇 분 만에 수백만 명의 사람들이 그 정보를 알게 되는 경우도 있다. 지나간 정보는 역사가 된다. 당신의 가족사는 소수의 집안 사람들만 알 수도 있지만, 그것들은 이미 과거의 정보가 되었다.

탁월한 독심술사가 방 안으로 들어온다. 그는 눈을 감고 고개를 살짝 갸우뚱 하더니 몇 번의 신음소리를 낸 후 접신 상태에 빠져든다. 그는 청중 가운데 한 여성을 바라보더니 갑자기 그녀의 부모나 자녀의 이름을 대거나 최근 사랑하는 사람이 죽었다고 이야기한다. 울기 시작한 여성은 거의 말을 하지 못한다. 청중들은 감탄하며 박수를 친다. 어떻게 이런 일이 일어났을까? 한 가지 가능성은 이 독심술사가 친숙한 영과 접촉했다는 것이다. 이 사람의 과거에 대해 잘 알고 있는 영들이 이미 알려져 있는 정보를 단순히 그에게 제공해 준 것이다.

이 독심술사는 확신에 차서 객석을 배회하다가 청중 가운데 무작위로 사람들의 이름을 부르더니 사회보장번호(미국에서 출생과 함께 개인에게 공식적으로 부여되는 신원 번호) 마지막 네 자리와 차 번호, 그 외에 다른 놀라운 정보를 말했다. 그리고 한 여성을 지목하며 그녀의 성을 말한다. 하지만 이번에는 틀렸다. 이어서 그녀의 사회보장번호 마지막 네 자리를 말했지만, 또 틀렸다. 그녀가 타고 온 차량 번호마저도 틀렸다. 이제 그는 퇴출이다!

그러나 바로 순간 그는 또 다른 사실을 밝힌다. 비서인 이 여성은 사장의 차를 몰고 이곳에 왔다. 그가 밝힌 성, 사회보장번호 마지막 네 자리, 차량 번호 모두 그녀가 아닌 사장의 것이었다. 그녀는 주차할 때 보안이라고 표시된 골프 카트에 타고 있던 한 남자가 떠오른다. 그의 노트북에는 견인차 회사에서 사용하는 컴퓨터 프로그램이 깔려 있었는데, 차량 번호를 입력하면 이런 종류의 정보를 쉽게 알아낼 수 있었다. 이 독심술사는 귀에 장착한 작은 수신기를 통해 객석 뒷방에서 전달해 주는 정보를 듣고 있었다. 정말 놀라운 "은사" 아닌가![1]

미래에 대한 정보

우리는 장래 일을 아시는 분은 오직 하나님밖에 없다고 알고 있다. 비록 사탄이 그리스도의 십자가를 통한 하나님의 궁극적인 구속 계획을 알지는 못했지만(고전 2:6-8), 천사와 사탄을 포함한 영의 세계에서는 미래에 대해 부분적으로 알고 있다. 이를테면 귀신들은 자신들이 무저갱에 들어갈 운명이라는 것을 안다(눅 8:31). 그들은 사탄이 하늘에서 쫓겨나 이 땅에 잠시 동안 머물 것이라는 사실도 알고 있다(계 12:12). 아합 왕의 죽음은 이미 하늘에서 계획되어 있었으며, 또 "거짓말하는 영"을 포함해 여러 천사들이 그의 죽음을 위해 준비하고 있었다(대하 18:18-22).

요지는 사탄의 수하들의 활동 계획이나 천사들의 임무와 관련된 영계의 정보가 풀어질 때 사람이 그것을 받을 수 있다는 것이다. 이 정보를 받을 수 있는 방법은 두 가지이다. 이를테면 사탄의 공격에 대해 성령님이 경고해 주실 수도 있고 친숙한 영들을 통해 공개될 수도 있다.

우리의 입에서 나온 정보

믿는 자들은 입술을 지키는 것의 중요성을 인식하지 못하는 경우가 많다. 사람을 체포할 때에는 다음의 내용을 포함한 미란다 원칙(경찰이 범죄 용의자 연행 시 용의자에게 연행 사유, 변호인 도움 요청 권리, 진술 거부권 등이 있음을 미리 고지해야 한다는 원칙)을 행사할 수 있다는 사실을 알려 줘야 한다. "당신은 묵비권을 행사할 수 있으며 당신이 하는 모든 말은 법정에서 불리하게 적용될 수 있습니다." 만일 어떤 사람이 자신에게 불리한 정보를 말하기 시작하면 그것은 법정에 증거로 제시될 수 있다.

교통사고가 날 것 같다거나 젊어서 암으로 죽을 것 같다든지, 자녀들이 문제아가 될 것 같다는 두려움의 말을 내뱉고는 그것들이 공중에 흩어져 사라질 것이라고 생각한다면 오산이다. 그런 말들은 영의 세계에 풀어진다. 생명과 죽음이 혀의 권세에 달려 있다(잠 18:21). 원수는 이런 식으로 당신을 공격할 무기나 공포심을 조장할 전략에 관한 정보를 수집하며, 당신이 두려워하는 일들을 성취할 개별적인 계략을 꾸밀 수 있다!

욥에게는 7명의 아들과 3명의 딸이 있었다(욥 1:2). 욥기 1장 6절에 따르면 욥은 자녀들이 잔치를 벌일 때마다 "마음으로 하나님을 욕(저주)했을까 봐" 가축을 제물로 바쳤다. 사탄은 욥이 하나님을 저주할까 봐 두려워한다는 사실을 깨달았다. 그래서 부와 건강을 잃으면 욥이 하나님을 저주할 수도 있겠다 싶어 공격 계획을 세웠다(욥 1:11; 2:5). 사탄이 욥의 부정적인 미래를 계획할 때 사용한 것은 바로 그의 말과 행동이었다.

욥 이야기를 믿는 자들의 삶에 대입해 보자. 만일 의심이나 불신, 두려움, 당신을 화나게 만든 사람들에 관한 정보를 스스로 내뱉었다면 사탄이나 그 누구도 당신의 마음을 읽을 필요가 없다. 즉 당신이 부정적인 말들을 쉬지 않고 내뱉는다면 굳이 당신의 생각을 읽으려고 애쓸 필요가 없다.

나는 사탄이 내 생각을 읽을까 봐 두려워하지 않는다. 하지만 입술을 조심하지 않으면 영의 세계에서 내 말을 듣고 하늘의 법정에서 나를 참소하는 데 그 말들을 사용한다는 사실을 깨닫게 되었다. 사탄은 하나님 앞에서 밤낮으로 형제자매들을 참소하고 있다!

입술과 마음을 지키라

믿는 자들은 누구나 보이는 것이나 들리는 것을 거절함으로 마음속으로 들어오는 정보를 통제할 수 있다. 그러나 사탄이 하나님 앞에서 우리를 참소하는 자라는 사실을 망각한 채 입술을 지키지 못하는 경우가 많다. 사탄이 제시하는 증거 자료는 우리의 행동과 말 두 가지이다. "입을 가볍게 놀리면 배가 가라앉는다"는 말이 있다. 나는 이것을 다음과 같이 바꾸고 싶다. "입을 가볍게 놀리면 영적인 돌파가 막힌다."

몇 년 전 나는 개인적인 문제로 힘들어 하던 친구를 위해 열심히 기도하고 있었다. 그는 도움을 요청하기는커녕 사실 자신을 옭아매고 있는 속박으로부터 벗어나고 싶은 갈망도 없어 보였다. 나는 믿음으로 기도하며 고백했다. 한 발자국 전진할 때도 있었지만, 이틀 후에는 세 발자국 뒤로 물러났다. 나는 이러한 주기가 있다는 것을 깨닫게 되었는데, 어떤 진전이 보일 때면 갑자기 일이 생겨 그 친구가 다시 넘어졌다는 급한 전화를 받곤 했다.

그즈음에 몇 가지 일로 스트레스를 받은 나는 화가 나서 나답지 않은 말들을 입 밖으로 쏟아내기 시작했다. "기도해 봐야 아무 소용도 없잖아. 기도해서 뭐해!", "이제 지쳤어. 안 좋은 일이 생겨도 나는 몰라." 이런 식의 말들을 내뱉고 10분도 지나지 않아 나는 아주 우울해졌고 완전히 패배한 느낌이 들었다. 바로 그때 성령께서 낮은 음성이지만 강하고 단호하게 내 영에 말씀하셨다. "너의 돌파를 무산시키지 말아라!" 나는 깜짝 놀랐고 즉시 마음이 찔렸다. 나는 경험을 통해 이 사실을 깨닫게 되었다.

기도 응답을 무산시키지 말라

나는 영원한 세계에 거하시는 하나님께서 우리가 입을 열어 기도하는 그 순간 혹은 바로 그날(단 10:12)로 그것을 들으신다고 배웠다. 낮과 밤의 주기는 하루, 달의 주기는 한 달, 지구의 공전 주기는 1년이지만, 하늘의 시간 개념은 땅과 다르다. 시간은 땅에 속한 것이지 하늘의 개념이 아니다.

주께는 하루가 천 년 같고 천 년이 하루 같으시다(벧후 3:8). 이를테면 우리에게 귀 기울이시고 응답하시는 하나님을 믿는다고 고백하며 기도하고 한 달이 지나도록 아무 일도 생기지 않는다. 슬슬 우리 입에서 "기도해도 소용없어. 하나님은 내 기도에 응답하지 않으셔. 이제 그만둘 거야"라는 말이 나오기 시작한다. 그러나 땅에서는 30일이 지났지만, 하늘에서는 당신의 기도와 동시에 그 말이 하나님께 들리는 것이나 마찬가지이다!

믿음으로 기도한 후 그것과 반대되는 말을 계속 내뱉는다면, 형제들을 참소하는 자(계 12:10)가 하늘의 법정에서 그것들을 불리하게 사용해도 아무 문제가 되지 않는다는 사실을 나는 잘 알고 있다.

그리스도는 천국에서 당신이 거할 집을 짓고 있는 건축가가 아니다. 예수님은 "내 아버지 집에 거할 곳이 많다"(요 14:2)고 말씀하실 때 현재 시제를 사용하셨다. 즉 우리가 거할 집들은 이미 그리스도 때부터 존재했다. 예수님은 "우리를 위해 한 처소를 예비하러" 올라가셨다. 우리는 그곳에서 아버지와 함께 영원히 거하게 될 것이다! 그리스도는 지금도 우리의 믿음의 대제사장이시며 대언자로서 하나님의 보좌에서 우리를 위해 중보하고 계신다(히 7:1-28; 요일 2:1).

우리는 이러한 이유로 "믿음으로 구하고 조금도 의심하지 말아야"(약 1:6) 하며 "우리가 믿는 도리의 소망을 움직이지 말며 굳게 잡아야" 한다

(히 10:23). 또한 어떻게 받았으며 어떻게 들었는지 생각하고 굳게 지켜야 한다(계 3:3). 바울은 우리에게 하늘에 올라가신 대제사장 그리스도가 계신다고 하면서 "우리가 믿는 도리를 굳게 잡으라"고 가르쳤다(히 4:14). "굳게 잡는다"는 것은 무엇을 꼭 붙잡는다는 뜻이며, 아무에게도 빼앗기지 않도록 어떤 영역을 힘써 지킨다는 의미이다. "모든 일을 행한 후에 서기 위함이라. 그런즉 (굳건히) 서라"는 바울의 말처럼(엡 6:13-14), 흔들리지 말고 견고히 서라.

이미 당신 안에 선하고 경건한 생각들로 가득하다면, 사탄은 당신의 생각을 읽거나 조종할 수 없다. 하지만 당신이 입으로 내뱉은 두려움이나 불신의 말 등에 근거하여 그는 계략을 수정할 수 있다. 야고보는 혀의 능력에 대해 포괄적으로 기록하고 가르쳤다. "오직 너희가 그렇다고 생각하는 것은 그렇다 하고 아니라고 생각하는 것은 아니라 하라."(약 5:12) 말을 적게 할수록 원수는 우리에 대해 아는 것이 없어지고, 원수가 적게 알수록 우리는 더 나은 삶을 살 수 있다.

영적인 비전은

속임을 차단한다

Exposing Satan's Playbook

Exposing Satan's Playbook
Chapter 5

사탄의 속임수 전략

　전시 상황에서는 알 수 없는 전략을 펼치는 보이지 않는 적보다 분명한 전략과 계획을 가진 보이는 적과 싸우는 편이 쉽다. 하지만 공격자가 착시의 대가라면 상황은 달라진다.

　에릭 바이스는 1874년 헝가리 부다페스트에서 랍비 마이어 사무엘 바이스의 아들로 태어났다. 그의 가족은 미국 중서부에서 잠시 머물다가 1887년에 뉴욕에 정착했다. 마술을 시작한 에릭은 해리 후디니로 개명했고, 최고의 마술사로 명성을 떨쳤으며, 추종자들은 그를 마법사라 부르기도 했다. 하지만 그가 전 세계를 순회하며 사람들을 놀라게 한 수법은 사실 마법이 아니었다. 제임스 가필드 대통령의 암살자가 수감되었된 워싱턴시 감옥에서 탈출한 유명한 사건을 포함해서 그는 수갑을 차거나 갇힌 상황에서 빠져나오는 탈출 마술의 대가로 유명했다.[1]

뉴욕시 동강(東江)에서의 수중 탈출은 그의 가장 탁월한 기술 중 하나로, 《사이언티픽 아메리칸》(Scientific American: 대중과학 잡지로 일반인이 이해할 수 있는 수준에서는 가장 전문적인 내용으로 유명하다)은 "지금까지의 마술 중 가장 탁월한 기술"이라고 격찬했다. 일명 중국식 물고문 통 탈출 마술은 후디니의 가장 경이로운 묘기였다. 그는 수영복 하나만 걸친 채 온몸에 무거운 사슬을 휘감은 후 커다란 자물쇠로 단단히 채웠다. 사람들은 그를 투명한 물탱크에 거꾸로 빠뜨린 다음 물을 가득 채워 탈출이 불가능하게 만들었다. 3분간은 숨을 참을 수 있었지만, 만일 실패하면 익사하고 말 것이었다. 하지만 해리는 수많은 군중들의 환호를 받으며 젖은 몸으로 걸어 나왔다.[2]

그의 묘기를 설명할 수 있는 사람은 아무도 없었다. 1912년 어느 날 해리는 뉴욕 동강에서 사슬에 묶인 채 1kg의 납을 매단 상자 안에 감금된 뒤 강물에 던져진 상황에서 탈출하는 묘기에 도전했다. 그는 상자 안에 수갑을 남겨둔 채 57초 만에 탈출에 성공했다. 주요 자물쇠의 열쇠를 본 사람은 아무도 없었다. 다만 물속에 던져지기 직전 후디니의 아내가 만일의 실패에 대비해 그에게 달려와 한 번 더 작별의 입맞춤을 했을 뿐이다. 이때 그녀는 가장 중요한 자물쇠를 열 수 있는 마스터키를 남편의 입에 넣어 주었던 것으로 보인다![3]

그는 교묘한 속임수를 쓰는 마술사에 불과했다. 그의 탈출 묘기에는 이상하거나 신비한 요소가 전혀 없었다. 단지 구경꾼들의 눈에 마술사의 기술과 타이밍이 절묘하게 보였을 뿐이다. 나는 이 이야기에서 세계 최고의 마술사인 사탄과 관련된 몇 가지 흥미로운 개념들을 발견하였다. 사탄이 믿는 자를 공격할 때 사용하는 최고의 전략은 오랜 경험과 기술에서 나온 것으로 그 사람이 영적, 감정적, 육체적으로 가장 약해진 순간에 공격을 가하는 것이다. 예를 들면 40일간 광야에서 금식하신 그리스도께 시험하는 자가 등장한 것은 "주리신" 후였다(눅 4:2-3).

영적으로 보지도 듣지도 못하는 상태가 되면 미혹될 수 있다

예수님은 보아도 보지 못하며 들어도 듣지 못하는 것에 대해 말씀하셨다(마 13:14-15). 이것은 실제로 듣지 못하거나 보지 못하는 상태를 말하는 것이 아니라, 영적 분별이 없거나 영적 진리를 깨닫지 못하는 사람들을 가리키는 것이다. 예수님은 자신과 자신의 목적을 알아보지 못하는 바리새인들을 꾸짖으셨다. 그들의 귀는 듣기에 둔하며 그들의 눈은 감겨 있었다(마 13:15). 부활하신 그리스도와 엠마오 도상에서 자세한 이야기를 나눈 두 명의 제자들도 그분을 알아보지 못했다. 성경은 그들의 "눈이 가려졌다"고 말씀한다(눅 24:16). 그들은 나중에 그리스도께서 기도 후 빵을 떼어 나누어 주실 때에야 눈이 밝아져 그분인 줄 알아보았다(눅 24:30-31).

속임은 영적인 눈을 멀게 하고 귀(혹은 지각)를 둔하게 만든다. 속임에는 내적 속임과 외적 속임이 있다. 내적 속임은 자기기만으로, 자신의 부정적인 행동을 묵인하는 것이다. 외적 속임은 동료들의 기만이다. 주변 사람들이 어떤 사람에게 자신들처럼 불순종하도록 강요하는 것이다. 동료들의 압력은 외적 속임(미혹)이 틈타는 주요 통로가 된다.

자기기만에 빠진 사람은 악을 선으로, 선을 악으로, 빛을 어둠으로, 어둠을 진정한 빛으로 확신한다. 예를 들어 사람들은 흡연이 건강에 좋지 않은 습관이라는 사실을 알고 있다. 그들은 담뱃갑에 표기된 경고 문구를 무시하거나 누가 흡연으로 암에 걸려 죽었다는 이야기를 들으면서도 계속 담배를 피운다. 그들은 그런 일은 다른 사람에게나 일어나는 일이라며 스스로를 속인다. 음주 운전도 마찬가지이다. 매년 음주 운전으로 수천 건의 교통사고가 발생한다. 자기기만은 뇌신경을 마비시켜 술에 취해도 운전할 수 있으며, 사고는 절대 일어나지 않을 것이고, 경찰에 걸리는 일 없이 안전하게 집에 돌아갈 수 있다고 속삭인다.

이러한 자기기만 때문에 밧세바를 임신시킨 다윗은 전장에서 그녀의 남편을 죽게 만들었고 아무도 그 일을 모를 것이라고 생각했다. 내적 속임은 두 명의 청소년에게 혼전 성관계를 맺을 수 있고 성병은 전혀 걱정할 필요가 없다고 속삭인다.

동료들의 기만은 일종의 집단 히스테리(mass hysteria)로, 어떤 사람에게 집단의 파괴적이고 위험한 행동들을 따르도록 압박하는 것이다. 주변에서 정신적 압박과 감정적 부담을 지워 옳지 않은 행동에 동조하도록 강요하는 것이다. 어느 목사는 약물 과다 복용으로 사망한 청소년 21명의 장례를 치렀다고 하는데, 그들의 사인(死因)은 뒷골목에서 구입한 불법 마약이 아니라 부모의 서랍에서 발견한 처방전으로 구입한 약을 섞어 사용했기 때문이었다. 마지막 파티가 있던 밤 합법적인 환각제를 복용한 후 해 뜨기 전 구급차에 실려 영안실로 들어가게 될 것이라고 생각한 아이들은 아무도 없었다. 동료들의 기만이 아이들에게 괜찮다고, 아무 문제 없을 것이라는 확신을 준 것이다. 이처럼 기만은 쾌락만 보여 주고 그 결과는 감춘다.

착각이 미혹이 된다

이스라엘을 안내해 준 기드온 쇼어로부터 착각이 빚은 속임의 위력과 관련된 놀라운 이야기를 듣게 되었다. 1917년 이전까지 팔레스타인은 터키인들의 땅이었다. 영국은 400년간 터키의 지배하에 있던 팔레스타인을 해방시키기 위해 뛰어들었다. 터키 군인들은 훈련도 되어 있지 않았고 배급과 임금도 형편없었다. 그러나 그들의 가장 큰 약점은 담배를 지나치게 좋아한다는 것이었다.

비밀리에 군대를 이집트에서 팔레스타인으로 이동시켜 예루살렘을 점령할 계획을 세운 영국은 먼저 남부 지역의 주요 도시인 브엘세바를 점령해야 했다. 그들은 조금 이상하지만 효과적인 전략을 세웠는데, 마리화나와 아편을 섞어 담배를 만 다음 국경 지역에 비행기로 투하했다. 터키 군인들은 그것을 발견하자마자 피우기 시작했고 몸이 나른해지는 것을 느꼈다.

거의 동시에 가짜 전투 계획서가 담긴 가죽 가방을 든 영국군 장교 한 사람이 말을 타고 브엘세바 접경 지역으로 갔다. 그는 피를 바르고 터키 군인들 쪽으로 다가갔다. 장교를 발견한 터키군이 먼 거리에서 발포하자 그는 피 묻은 가죽 가방을 떨어뜨린 후 말을 돌렸다. 가방을 발견한 터키군은 부상당한 영국군이 그것을 떨어뜨리고 갔다고 생각했다. 그들은 사령관에게 가방을 전달했는데, 안에는 브엘세바 남부 지역인 가자 공격에 대한 영국군의 비밀 계획서가 들어 있었다.

터키군 지휘관들은 이 정보를 공유했고, 급습이 예정된 날 브엘세바 접경 지역에 최소 인원만 배치한 뒤 나머지 대군을 가자 지구로 이동시켰다. 그들은 이동하는 도중 이상하게도 좋은 담뱃값이 많이 떨어져 있는 것을 발견했다. 그들은 마약이 가미되어 있다는 것을 눈치채지 못한 채, 전쟁 직전까지 담배를 심하게 피워 댔고 약 기운이 신경에 퍼지기 시작했다.

그들은 마약의 효과를 인식하지 못했지만, 마리화나와 아편의 조합은 서서히 몸의 반응과 감각을 둔화시켰다. 점점 늘어지고 노곤해지더니 어지럼증이 생겼다. 결국 터키군이 가자 지구에 있는 동안 영국은 브엘세바를 장악했다. 모든 것이 속임수 전략이었다. 비밀 계획은 가짜였고, 담배 속에는 마약이 섞여 있었으며, 장교는 부상당한 적이 없었다! 브엘세바는 영국군이 이집트에서 예루살렘으로 진군하기 위한 전략적 교두보로 반드시 점령해야 하는 곳이었다![4]

권태와 무료감을 느낄 때 속임이 들어온다

술이나 환각제에 중독되기 시작한 사람들은 대부분 무리를 지으며 다른 중독자들에게 힘을 얻는다. 그들의 무료한 삶과 불안한 마음에 잠시나마 기분 좋은 느낌을 안겨 주기 때문이다.

무료함은 부도덕하고 위험한 행동을 유발하는 온상이다. 이를테면 우리는 소돔에 남색이 만연했다고 생각한다(창 19장). 사실이지만, 에스겔 선지자는 소돔의 수많은 죄악 중 하나로 "태평함"(한가함, 겔 16:49)을 지적한다. 사람의 모습을 한 천사 두 명이(히 13:2) 롯의 집에 들어가 문을 걸어 잠그자 "소돔 백성들이 무론 노소하고" 일어나 그들과 성관계를 가지려 했다(창 19:4). 분명 노인들이 젊은이들에게 영향을 미쳤을 것이다. 게으름을 피울 만큼 한가해지면, 우리의 생각은 원수의 화살에 더 많이 노출된다. 옛 어른들은 말했다. "게으른 자의 머리는 악마의 일터가 된다."

언젠가 죄수들에게 수감 생활 중 가장 힘든 점이 무엇이냐고 질문한 적이 있는데, 나는 그들의 대답에 깜짝 놀랐다. "반복되는 무료함입니다. 남는 게 시간이지만 정말 분주하게 보내거나 생산적인 생각을 할 수 있는 긍정적인 활동은 부족해요." 사탄의 무기 중 하나는 일정하고 단조로운 톤으로 가르치는 선생님의 목소리처럼 틀에 박힌 일상으로 인생을 따분하게 만드는 것이다.

미래에 대한 아무런 기대도 없을 때 권태나 무료감을 느끼는 경우도 있다. 알 게 뭐야 식의 태도를 가진 사람은 누구를 만나서 어디를 가고 무슨 일을 해도 지루하고 따분해한다. 우리는 더 나은 미래를 꿈꾸며 오늘과 매일을 살아가야 한다.

부모는 자녀들의 삶에 도움을 주고 싶어 한다. 하지만 그들이 범하는 가장 큰 실수 중 하나는 항상 아무런 대가 없이 돈이나 물질을 제공한다는 것이다. 어린 시절 나는 잔디 깎기나 세차, 교회 청소 등으로 용돈을 벌어 사고 싶은 것을 사고 데이트 비용을 마련했다. 부모님의 수입으로는 네 명의 자녀를 키우기에도 빠듯했다. 그래서 나는 부모님께 손을 벌리지 않고 스스로 용돈을 벌어 썼다.

게으름과 태만에서 시작된 공허는 사람들을 마약으로 이끈다. 그것이 기분을 좋게 해 준다고 속이면서 말이다. 마약은 잠시 당신에게 만족을 줄 수는 있지만, 장기적으로는 당신의 뇌와 폐, 심장을 약화시켜 죽음을 재촉한다.

전의 상실시키기

버스를 타고 브엘세바 시내를 여행하는 동안 터키군을 무찌른 영국군 이야기를 들으면서 나는 "전의를 빼앗아 싸우지 못하게 만드는 것이 바로 원수의 전략"이라는 것을 깨달았다. 여기서 전의란 자신을 보호하거나 다가올 공격에 맞서려는 의지를 말한다. 나는 이 말의 의미를 즉시 이해했다. 믿는 자가 "믿음의 선한 싸움"(딤전 6:12)을 중단하면, 원수는 부전승을 거두게 된다. 자신을 보호하지 않았기 때문에 원수에게 패배하게 된다는 말이다. 영적 전쟁에서 패하는 가장 확실한 방법은 아무것도 하지 않는 것이다. 사탄은 바로 이 방법으로 이 시대의 수많은 젊은이들을 넘어뜨리고 있다. 약물에 취한 터키군이 영국군에 맞서 싸울 수 없었던 것처럼, 약물을 주입하여 전투 능력을 약화시키거나 중독을 통해 투지를 상실하게 만들고 있다.

중독은 오늘날 가장 치열하고도 중요한 싸움 중 하나이다. 알코올이나 헤로인, 마리화나 같은 불법 마약, 환각제 등은 한껏 기분을 들뜨게 했다가 우울하게 만들어서 결국 감각을 무디게 하고 생각을 흐려 현실을 직시하지 못하게 만든다. 나는 수년간 해리 후디니처럼 결박되어 있는 다양한 연령대의 사람들 수천 명을 만나 사역했다. 그러나 그들을 묶고 있는 결박은 착시가 아니라 엄연한 현실이며, 보이는 것이 다가 아니었다.

우리는 매인 자들, 중독된 자들 그리고 영적, 정신적으로 사로잡힌 사람들을 본다. 하지만 이것은 결과물에 불과하며 근본적인 원인은 따로 있다. 마음의 상처, 깨어진 관계, 상한 마음과 영, 때로는 정죄와 죄책감, 수치 등이 그것인데, 중독자는 자신의 생각과 감각을 마비시켜 이러한 고통이나 부정적 기억, 현실에서 벗어나려고 한다. 하지만 정해진 규칙 없이 퍼부어 대는 적의 공격에 맞서지 않으면 중독자는 원수의 칼과 불화살의 희생자가 되고 만다.

상처받은 자녀들

나는 8-13세 정도의 아이들을 데리고 와서 그들을 사로잡고 있는 거역의 영을 쫓아내 달라고 요청하는 어머니들을 수도 없이 만났다. 가끔 성령께서 그들에게 이렇게 물어보라고 하실 때가 있다. "아이 아빠와 언제 이혼하셨습니까?" 그들은 깜짝 놀라며 묻는다. "어떻게 아셨어요?"

나는 이렇게 대답한다. "아이의 눈과 얼굴에 고통이 서려 있네요. 이 아이는 거역하고 싶어서 거역하는 것이 아니라 마음이 아파서 거역하고 있어요. 이혼으로 깊이 상처받은 아이가 당신이 재혼한 사람에게 적개심을 느끼고 있고 거역으로 그것을 표현하고 있는 거예요. 근본적인 문제는 거역이 아니라 거절감입니다." 이러한 상처가 아물지 않거나 그대로 방치되면 이미 절망한 마음에 더 많은 감정적 앙금이 쌓이거나 더 깊은 좌절을 경험하면서 어두운 속임의 영이 틈타는 뒷문이 될 수도 있다.

오늘날 많은 아이들이 어른들의 학대에 노출되어 있다. 동성 어른에게 언어적 혹은 육체적 학대를 받기도 하고, 아버지에게 학대당하며 자라는 딸도 있으며, 아버지 없이 자라는 아들도 있다. 거절의 영은 항상 거절의 영을 끌어당긴다. 이를테면 알콜 중독자 아버지 밑에서 자란 딸이 결국 알콜 중독자와 결혼한다. 사귀던 남자에게 육체적, 성적, 언어적 학대를 받고 결국 모든 남자를 증오하게 된 여자들은 자신을 이해해 줄 유사한 경험을 가진 다른 여자들을 찾는다. 둘 다 남자에게 상처받았고, 언어적으로 학대받았으며, 거절당했기 때문에 서로를 잘 이해하는 것이다.

여기까지는 괜찮다. 그들의 애정이 자연스럽고 순수한 것이라면 서로의 상처를 치유받을 수도 있다. 하지만 이런 관계가 수년간 지속되면 동성애에 빠지는 경우가 많다. 이것이 바로 마술의 대가가 쓰는 수법이다. 오른쪽에 상처가 보인다. 당신은 오른편에서 느껴지는 고통에만 신경 쓰지만, 진짜는 왼편에 있다. 뿌리와 열매는 다르다. 즉 보이는 것은 껍데기에 불과한 경우가 많다.

우리는 상처는 보지 못하고 중독만 본다. 거역 이면의 거절감을 보지 못한다. 술 취함 이면의 우울을 보지 못한다. 마찬가지로 보이는 것이 전부인 줄 알고 미혹을 깨닫지 못한다. 후디니의 아내가 남편의 결박을 풀어 줄 열쇠를 입에 물고 있었던 것처럼, 구원의 열쇠는 기꺼이 그리고 능히 도우실 하나님을 마음으로 믿고 그것을 고백하는 것이다.

> 사람이 마음으로 믿어(그리스도께 붙어/신뢰하여/의지하여) 의롭게 되고(의롭다고 선포되고/하나님께 받아들여지고) 입으로 시인하여(그의 믿음을 공개적으로 선포하고 자유롭게 외침으로) [그의] 구원을 확증하느니라 _롬 10:10 (확대번역성경)

영적 비전이 삶의 이유가 된다

하나님이 주신 약속들과 아직 이루지 못한 꿈, 비전은 당신의 삶에 동기를 부여한다! 나의 경우 주님으로부터 세 가지 과제를 받았는데, 이것들을 성취하려면 시간이 걸릴 것이다.

첫 번째는 개혁 예배와 청소년 컨퍼런스, 청소년 멘토링 사역을 위한 국제오메가센터를 세우는 것이다. 센터를 완공한 뒤에는 청소년 여름 캠프를 위한 시설을 세워야 한다는 감동을 받았다. 이미 진행 중인 세 번째 프로젝트는 성경 전체에 대한 개인 주석을 쓰는 것이다. 이 세 가지는 내 사역 가운데 가장 중요하고도 비용이 많이 드는 프로젝트들이다.

아침에 일어나면 나는 늘 말씀을 연구하고 기도한 뒤 책이나 잡지,

인터넷에 올릴 글을 쓴다. 하지만 내 삶의 주요 목적은 주님께서 주신 세 가지 특별한 꿈을 추구하고 성취하는 것이다. 나는 여호수아처럼 되고 싶다. 성경은 그에 대하여 "여호와께서 모세에게 명하신 모든 것을 하나도 행하지 아니한 것이 없었더라"고 기록한다(수 11:15).

영적인 비전은 속임을 차단한다. 보디발의 아내가 요셉을 유혹했을 때 그는 자연스럽게 음행을 저지를 수도 있었다. 하지만 그렇게 했다면 투옥되는 대신 처형을 당했을 것이다. 요셉은 온 가족의 구원과 관련된 두 번의 꿈을 기억하고 있었다(창 37:6-10). 그리고 자신이 이집트에 있는 것은 그 꿈의 성취와 어느 정도 관련이 있다는 사실도 알고 있었다. 요셉의 이러한 꿈은 아름다운 여인이 빼앗거나 대신할 수 있는 것이 아니었다.

다음은 소중한 친구 월터가 레스터 섬롤이라는 분의 놀라운 믿음에 대해 들려준 이야기이다. 월터는 어느 교회의 사역자였던 레스터의 개인 비서로 섬기고 있었다. 예배를 마치고 집무실로 돌아온 레스터는 월터에게 말했다. "자네에게 믿음의 경주를 잘 마치는 법을 알려 주겠네." 월터는 삶을 변화시킬 놀랍고 가치 있는 계시와 정보들을 기대하며 곧바로 적을 준비를 했다. 그러나 레스터는 다음과 같이 열정적으로 외쳤다. "죄를 짓지 말게!" 이것이 바로 놀라운 계시이다.

죄 때문에 인류 최초의 부부가 에덴동산에서 쫓겨났고, 온 세상이 물바다가 되었으며, 소돔과 고모라가 멸망했다. 죄로 인해 이스라엘 민족이 원수에게 사로잡혀 갔고 왕들은 권좌에서 쫓겨났다. 속임을 물리치려면 음모를 폭로하고 중단시켜야 한다. 그렇게 하면 따로 영적 전쟁을 치르지 않아도 된다.

구원의 열쇠는 하나님의 말씀이다. 하나님의 말씀이 마음속 깊은 곳까지 스며들어 그분의 약속을 기쁨으로 받아들이고, 삶 가운데 구원을 베푸시는 하나님의 능력을 입으로 고백하는 단계까지 나아가야 한다. 입으로 선포한다는 것은 마음으로 받아들인다는 것이다. 이렇게 하면 성령의 법이 당신의 삶 가운데 마음껏 역사하게 된다.

마귀를 대적하라

그리하면 너희를 피하리라

약 4:7

Exposing Satan's Playbook

Exposing Satan's
Playbook

Chapter
6

사탄이나 귀신이 믿는 자들을 사로잡을 수 있을까?

    1970-1980년대에 오순절 교회와 은사주의 교회는 보통 마귀라 부르는 악한 영의 조종과 통제를 받고 있다고 여겨지는 사람들을 대상으로 사역을 했다. 하지만 정통 오순절계 지도자들과 은사주의계 지도자들 사이에는 귀신에게 눌리는 것이나 사로잡히는 것과 관련하여 신학적으로 견해를 달리하는 경우가 많았다. 오순절 쪽에서는 참된 크리스천은 마귀에게 사로잡힐 수 없다고 확신했다. 반면 은사주의 쪽에서는 자주 집회를 열어 귀신 들린 크리스천들을 대상으로 축사 사역을 했다. 과연 크리스천이 마귀에 사로잡힐 수 있는가는 가장 뜨거운 논쟁거리 중 하나로, 때로는 분열을 초래하기도 했다.

이 문제와 관련하여 양극단에 서 있는 친구들을 알고 있는데, 양쪽 모두 그리스도를 깊이 사랑한다는 사실을 먼저 말해 두고 싶다. 하지만 나는 이 주제와 관련하여 성경에 충실하려고 최선을 다할 것이다.

믿는 자는 어떤 존재인가?

눌림이나 사로잡힘, 사람의 영, 혼, 육에 대해 이야기하기 전에 우리가 반드시 짚고 넘어 가야 할 것이 있다. 우리는 먼저 참된 그리스도인에 대해 정의해야 한다. 그리스도인이란 구속의 언약을 받고 신약의 가르침을 따르며 순종하는 사람, 곧 그리스도의 진실한 제자를 가리킨다(행 11:26). 사도행전 26장 28절과 베드로전서 4장 16절에서도 사용된 그리스도인이라는 말은 기본적으로 "그리스도를 따르는 자"를 뜻한다. 그러나 초대교회 그리스도인들의 희생과 헌신은 오늘날 서구 교회의 자칭 그리스도인이라는 사람들과는 차원이 다르다.

오늘날은 어떤가? 주일 아침 예배에 참석하여 영접 기도를 드린 어떤 사람이 교회 문밖을 나간 뒤 돌아오지 않는다. 하지만 그 사람이 죽으면 그의 모교회에서 장례가 진행된다. 그리고 그는 그리스도인이었기에 영원한 천국에 들어갔다는 말씀이 선포된다.

이집트 같은 이슬람 국가에서는 무슬림이 아니거나 무슬림 가정에서 태어나지 않은 사람은 자동적으로 기독교인으로 간주한다. 비록 그 사람이 공개적으로 그리스도를 고백하거나 세례와 성찬에 참여한 적이 단 한 번도 없을지라도 말이다. 무심한 구경꾼으로 주일 아침 예배에 참석하는 수많은 사람들이 자신을 기독교인이라고 생각한다. 그러나 그들은 전도한 적도, 한 주에 두 시간 이상 교회에 있어 본 적도 없으며, 십일조와 헌금도 전혀 하지 않는다. 그들은 성경도 모르고 마치 파선당해 무인도에 갇힌 사람처럼 믿지 않는 사람들과 다를 바 없는 삶을 살아간다.

핵심은 그리스도의 대속의 보혈로 죄를 용서받고 정결해진(벧전 1:18-19) 사람, 즉 진정으로 거듭나고 구원받은 사람은 삶 가운데 성령의 열매가 나타난다는 것이다(요 15:8). 구속함을 받은 후 그리스도를 진실로 따르는 자가 되면, "이전 것은 지나갔으니 보라 새것이 되었도다"가 된다(고후 5:17). 바울은 우리가 "새로운 피조물"이 되었다고 말한다. 우리는 사탄의 권세에서 자유롭게 되었다.

> 그가 우리를 흑암의 권세에서 건져 내사 그의 사랑의 아들의 나라로 옮기셨으니 그 아들 안에서 우리가 속량 곧 죄 사함을 얻었도다 _골 1:13-14

이 점은 사탄이 믿는 자를 사로잡고 조종할 수 있는지와 관련하여 아주 중요하다. 만일 어떤 사람이 영접 기도를 했고 가끔 교회에 출석하거나 기독교 가정에서 자랐다는 이유만으로 자신을 크리스천이라고 생각한다면, 그것으로는 악한 영들의 조종과 통제를 막을 수 없다. 이름만 크리스천인 사람은 그리스도께 헌신된 삶을 살지도, 죄에서 자유로운 삶을 살지도 않는다. 그런 크리스천에게는 원수를 이길 권세가 없다.

악한 영들도 "하나님이 한 분이심을 믿고 떤다."(약 2:19) 그렇다고 그들이 회심했거나 구속의 언약 속으로 들어온 것은 아니다. 귀신들도 하나님을 안다. 사탄과 그의 수하에 있는 타락한 천사들도 한때는 하나님을 경배하며 그분을 뵈었기 때문이다. 하지만 귀신들의 믿음은 구원의 믿음이 아니다. "믿음은 바라는 것들의 실상이요 보이지 않는 것들의 증거이다."(히 11:1) 악한 영들은 심지어 예수님이 하나님의 아들이신 것을 알아보기도 했다(마 8:29; 막 3:11). 이것은 크리스천이 되기 위한 필수 요건이지만(요일 5:10-11), 예수님을 알아본 이 악한 영들에게는 비참한 운명이 예정되어 있을 뿐이다.

사탄의 영향을 받는 믿는 자들

신약은 크리스천이 특히 생각의 유혹과 원수의 화살을 통해 사탄의 영향을 받을 수 있다고 가르친다. 사탄이 생각을 집어넣은 세 가지 예를 신약에서 찾아볼 수 있다.

첫 번째 예는 예수님의 제자 시몬 베드로이다(마 4:18-19). 마태복음 16장에서 예수님은 제자들에게 장차 십자가를 지실 일에 대해 미리 말씀하셨다. 열정적인 베드로는 그리스도를 한쪽으로 데리고 가서 질책하며 말했다. "주여 그리 마옵소서 이 일이 결코 주께 미치지 아니하리이다."(22절) 그리스도께서 베드로를 바라보며 "사탄아 내 뒤로 물러가라!"(23절) 하고 말씀하셨을 때 아마도 그는 큰 충격을 받았을 것이다. 사탄은 타락한 천사들을 이끄는 수장의 이름으로, 베드로는 바로 이 사탄이 넣어 준 생각을 말한 것이었다. 그래서 예수님은 사탄을 직접 지칭하시며 꾸짖으셨던 것이다.

두 번째 예는 가룟 유다이다. 사탄이 가룟 유다에게 심은 악한 생각은 그의 심장 정중앙에 꽂힌 화살이 되었다. 유다는 이미 그리스도를 배신할 음모를 꾸미고 있었다. 최후의 만찬 때 사탄은 "유다의 마음에 예수를 팔려는 생각을 넣었다."(요 13:2) 유다는 그리스도를 배신하려고 생각했을 뿐 아니라 그것을 행동으로 옮겼다. 그의 생각은 마귀가 준 것이었다(요 6:70). 사탄은 결국 유다를 자살까지 몰고 갔다(행 1:18-19).

세 번째 예는 아나니아와 삽비라 부부이다. 이들은 그들의 땅을 판 돈을 사역에 심고자 했다. 하지만 사도 베드로 앞에 바치기 직전 그들은 돈의 일부를 감췄다. 베드로는 부부를 각각 대면하면서 어째서 사탄에게 마음을 빼앗겨 성령을 속이느냐고 물었다(행 5:3, 9). 베드로가 한때 사탄의 교활한 속삭임에 굴복해서 고난을 예언하시는 예수님을 꾸짖은 적이 있다는 사실을 기억하라. 나는 베드로가 날카로운 분별력과 성령의 민감함으로 이 부부의 마음에 있는 거짓과 기만의 영을 알아챘다고 믿는다.

여기서 중요한 것은 가룟 유다와 이들 부부 모두 믿는 자였고 열심히 섬기던 자들이라는 사실이다. 가룟 유다는 예수님의 제자 중 한 사람이었고, 아나니아와 삽비라 부부는 교회 내에서 유력한 인물들이었다. "사탄이 너희 마음에 가득하다"는 표현에서 사탄이 두 사람의 생각을 사로잡고 있었던 것으로 짐작된다. 즉 믿는 자라도 악한 영에 사로잡힐 수 있다. 그러나 진정으로 믿는 자들이라면 아나니아와 삽비라처럼 거짓말을 하거나 속이지 않을 것이다. 두 사람의 삶에 원수가 들어올 수 있게 문을 열어 준 것은 바로 거짓과 기만이었다.

열심히 믿는 자였던 시몬 베드로가 갑자기 잘못된 소리를 들었다는 사실도 중요하다. 유다는 예수님을 배신하고(사실 그는 도둑이었다, 요 12:6) 잘못된 소리를 따라갔다. 아나니아와 삽비라는 교회 일에 열정적인 사람들이었지만 서원한 것으로 사도들과 하나님을 속일 음모를 꾸몄다.

핵심은 참된 크리스천은 악한 영에 완전히 사로잡히지는 않지만 마귀의 영향을 받을 수 있다는 것이다. 바울은 사탄에게 속지 말고 그의 계책에 무지하지 말라고 교회에 경고했다(고후 2:11).

어떤 젊은이가 계모와 음행을 범하고 있다는 소식을 들은 바울은 그것을 내버려 둔 성도들을 질책하며 "그러한 자를 당장 사탄에게 넘겨주어서, 그 육체는 망하게 하고 그의 영은 주님의 날에 구원을 얻게 해야 할 것"이라고 명령했다(고전 5:1-5, 새번역). 이 사람은 교회의 성도였고, 교회 전체가 그의 죄를 알고 있다. 기독교인이었던 이 젊은이는 음행, 곧 회개하지 않은 죄로 인해 사탄에게 육신을 공격할 수 있는 문을 열어 주었다. 바울은 사탄의 공격으로 젊은이가 회개하기 바랐다. 즉 그의 영혼이 그리스도의 날에 구원받기를 소망했다.

믿는 자들을 향한 사탄의 공격

믿는 자로서 심령을 지속적으로 새롭게(엡 4:23) 하지 않고 정욕을 따르는 생각과 상상을 버리지 않는다면(고후 10:5), 마귀에게 눌림을 당할 수도 있다. 성령의 기름부음을 받으신 예수님은 "마귀에게 눌린 모든 자들을" 치유하셨다(행 10:38). "눌리다"에 해당하는 헬라어는 "어떤 사람에 대한 지배권을 행사하다"의 의미이다. 눌림이라고 하면 보통 마음이 공격받는 것을 생각하지만, 영적으로 눌릴 수도 있고, 그리스도께서 사람들을 고치셨다는 말씀(행 10:38)으로 보아 육체적 공격일 수도 있다.

눌림은 사로잡힘과 다르다. 신약 성경에서 "사로잡힘"이라는 말은 두 구절(행 4:32; 고전 7:30)을 제외하고 모두 악하거나 더러운 영에 사로잡힌 사람들을 언급하며 사용되었다. '사로잡히다'의 헬라어는 '디아모니조마이'(diamonizomai)로 마귀의 지배나 조종을 받는 것을 가리킨다. 신약에서는 귀신에 사로잡힌 사람이 이상하고도 때로는 난폭한 모습으로 묘사되곤 한다. 마가복음 5장에 등장하는 군대 귀신 들린 남자는 밤낮으로 소리 지르고, 자해하였으며, 초자연적인 힘을 가지고 있었다고 한다(막 5:1-9). 이것을 근거로 귀신에 사로잡힌 사람의 특징을 정리하면 다음과 같다.

* 밤낮으로 큰 소리를 지르고 있었던 것으로 보아 정신적으로 고통받고 있었다(5절).
* 잠을 이루지 못하고 밤새 깨어 있었다(5절).

* 자해하고 있었다. 스스로 상처를 내면서 자살을 시도했던 것으로 보인다(5절).
* 쇠사슬을 끊었고 아무도 그를 제어할 수 없을 만큼 초자연적인 힘을 가지고 있었다(4절).
* 무덤에서 살았다. 즉 산 자들과 함께 거하지 않았다(3절).

아버지의 손에 이끌려 그리스도께 나아온 귀신 들린 소년도 있다. 소년을 사로잡은 영은 그를 죽이려고 물과 불 속에 던졌다(막 9:22). 귀신에 사로잡힌 사람들은 난폭하고, 자기 파괴적이며, 정신적으로 고통받고 있고, 자신은 물론 주변 사람들을 해하려고 한다. 그러나 눌림은 생각과 몸, 영이 압박을 받거나 이상하게 마음이 무거운 것이다. 사로잡힌 사람은 영에게 조종당하지만, 눌린 사람은 생각에 영향을 받는다.

믿는 자들도 병에 걸린다

아버지는 병든 자를 위해 기도해 주시고 놀라운 결과들을 경험하셨다. 고통받는 자들을 향한 아버지의 열정은 누구와도 견줄 수 없었다. 아버지는 고통받는 사람들의 치유를 위해 한 번에 여러 시간을 기도하셨다. 복음 전도자와 컨퍼런스 강사로 오랜 기간 나와 동역하신 아버지는 16명의 암 환자가 치유되는 것을 보셨다. 젊은 시절 아버지의 멘토는 기도를 통해 경이로운 기적들을 행한 삼촌 루퍼스 던포드였다. 내가 그를 만난 것은 사역 초년병이자 서투른 복음 전도자였던 18세 때였다. 나는 웨스트버지니아에 있는 그의 자택에서 그와 대화하면서 수많은 기도 응답의 비결과 사역하는 동안 그토록 많은 사람들이 치유된 이유를 물었다.

그날 루퍼스가 설명해 준 바에 따르면, 대부분의 질병과 고통은 악한 영들의 공격에 의한 것이었다. 그는 개인이 자초한 것들도 있다고 했다. 이를테면 잘못된 식습관으로 인한 동맥경화가 심장마비를 일으킬 수도 있고, 스트레스 등의 이유로 혈압이 높아지거나 다양한 질병에 걸릴 수 있다는 것이다. 하지만 암과 같이 몸을 파괴하는 심각한 병들은 질병의 영이 일으킨 것이라고 확신했다. 질병의 영은 인간의 몸 안에 있는 세포들을 뒤흔든다. 대부분의 사역자들은 암 환자가 치유되도록 기도하고 간구하지만, 루퍼스는 항상 세포를 공격하는 암의 영을 꾸짖었다. 그리고 몸의 건강한 세포들에게 강건하라고 명령했다. 어쨌든 그는 암 환자들을 위해 기도해 주고 좋은 결과를 얻었다.

인간의 몸에 고통을 줄 수 있는 소위 질병의 영들이 있다. 성경에 나타난 가장 좋은 예는 의사인 누가의 기록에서 찾아볼 수 있다. 누가복음 13장에는 18년 동안이나 질병의 영에 묶여 있던(귀신 들려 앓던) 한 여인이 등장한다(11절). 예수님은 그녀를 "아브라함의 딸"이라고 말씀하시는데, 이것은 그녀가 아브라함 언약을 믿는 여인이었음을 암시한다(16절). 그녀는 허리가 굽어져서 몸을 펼 수 없었다(11절). 아마도 그녀는 관절염이나 척추 질환 또는 뼈 질환을 앓고 있었던 것으로 보인다. 그러나 예수님은 그것이 질병의 영에 의한 것이며, 그녀가 "사탄에 매여 있었다"고 계시해 주신다(16절).

Chapter 6   사탄이나 귀신이 믿는 자들을 사로잡을 수 있을까?

질병의 헬라어는 '아스떼니아'(asthenia)로 몸이나 마음의 연약함을 나타내는 말이다. 여인은 바로 이 연약함 때문에 고통받았고, 그 영을 꾸짖기 전까지는 몸을 펼 수 없었다. 예수님이 "여자여, 네가 네 병에서 놓였다"고 말씀하시자 그녀는 그 영의 매임에서 풀려났고(12절), 바로 서서 허리를 곧게 펴게 되었다(13절). 예수님은 "놓였다(풀려났다)" 말씀하심으로 이 여인을 질병의 권세와 통제에서 해방시키셨다.

나는 질병이 아담의 타락 때 세상에 들어왔다고 믿는다. 그러나 모든 질병이 악한 영의 결과라고 생각하지는 않는다. 유전적인 질병도 있고, 신자든 불신자든 운동 부족이나 잘못된 식습관, 스트레스, 정죄감, 기타 여러 부정적인 감정들로 인해 병에 걸릴 수도 있다.

악한 영들이 믿는 자들의 육신을 공격할 수 있다는 것은 성경적이다. 바울은 고린도 교회에 보내는 편지에 주의 만찬(빵과 포도주의 성찬)을 언급하면서, 믿는 자들이 주의 몸을 분별하지 않고 "합당하지 않게" 성찬을 하면 그것이 부정적인 영향을 줄 수 있다고 경고했다. 그는 그들이 주의 몸을 분별하지 않아서 "너희 중에 약한 자와 병든 자가 많고 (이미 죽어) 잠자는 자도 적지 아니하다"고 하였다(참조. 고전 11:27-30).

믿는 자가 귀신에 사로잡힐 수 있을까?

유명한 기독교대학의 교수가 크리스천이 귀신 들릴 수 있느냐는 질문을 받았다. 그는 잠시 생각한 뒤 이렇게 대답했다. "크리스천은 누구나 자신이 원하는 것은 무엇이든 가질 수 있습니다."

나는 이 말의 의미를 이해한다. 성경은 "하나님께로부터 난 자마다 죄를 짓지 아니하나니 이는 하나님의 씨가 그의 속에 거함이요 그도 범죄하지 못하는 것은 하나님께로부터 났음이라"고 기록한다(요일 3:9). 또 이런 말씀도 있다. "만일 우리가 죄가 없다고 말하면 스스로 속이고 또 진리가 우리 속에 있지 아니할 것이요."(요일 1:8) 두 말씀은 상충되는 것처럼 보인다. 우리는 죄를 지을 수 없지만, 죄가 우리 가운데 있다. 이 문제는 "예수님이 죄를 지으실 수 있을까?"라는 질문으로 해결할 수 있다. 예수님은 우리와 마찬가지로 시험을 받으셨지만, 죄를 짓지는 않으셨다(히 4:15).

인간 남자와 마찬가지로 예수님도 육신으로 죄를 범하실 수 있었다. 하지만 아버지의 뜻을 따르고자 하는 열망과 철저한 순종으로 죄의 권세를 통제하실 수 있었다. 주님은 죄를 범하실 수도 있었지만, 악을 거절하심으로 죄를 이기셨다! 우리 모두는 죄를 지을 수 있다. 하지만 악에 대한 갈망보다 선을 향한 결단이 강하고 단호하다면, 마귀를 이길 수 있다! 사탄이 사로잡을 수 있는 것은 오직 의지뿐이다. 믿는 자들은 다음과 같은 명령을 받았다. "마귀를 대적하라 그리하면 너희를 피하리라."(약 4:7)

악한 영은 믿는 자들의 무엇을 공격하는가?

사람은 영, 혼, 육의 세 부분으로 구성되어 있다. 따라서 원수가 공격할 수 있는 영역도 바로 이 세 부분이다. 믿는 자의 몸은 "하나님의 성전"이며, 하나님의 성령이 믿는 자 안에 거하신다(고전 3:16). 바울은 유대인들에게 익숙한 예루살렘 성전 구조를 믿는 자와 비교했다. 믿는 자가 몸, 혼, 영을 가지고 있듯이 예루살렘 성전도 성전 뜰과 성소, 지성소 세 영역으로 구성되어 있었다. 성전 뜰은 몸, 성소는 혼, 지성소는 인간의 영에 비유할 수 있었고, 전체가 하나님의 집을 구성했다. 하지만 하나님의 거룩한 임재는 언약궤가 있는 지성소 안에 머물렀다.

하나님의 율법에 따르면 지성소는 대단히 민감한 곳으로 성소에 들어가서 금 향단에 분향한 유다 왕이 나병에 걸리기도 했다(대하 26:16-21). 이스라엘 백성들은 놋 제단에 희생제물을 바치기 위해 성전 뜰에는 들어갈 수 있었지만, 성소에는 들어갈 수 없었다. 오직 제사장인 레위인들만 들어갈 수 있었다. 또한 레위인들은 일 년에 한 번 대속죄일(욤 키푸르)을 제외하고는 지성소에 들어갈 수 없었다.

믿는 자들은 이것이 상징하는 바를 이해할 필요가 있다. 구약에는 사탄이 제단 우편에 서서 대제사장 여호수아를 대적했다는 내용이 나온다(슥 3:1-2). 사탄은 하나님이 제사장과 만나 주시는 지성소에는 들어갈 수 없다. 하나님은 더러운 죄 때문에 하늘에서 쫓겨난(눅 10:18) 사탄과 같은 공간에 머무시지 않는다.

그리스도와 구속적 언약을 맺은 사람의 영은 그리스도의 보혈로 정결케 된다. 이러한 정결함은 출애굽기 12장에서 새끼 양의 피가 멸망의 천사가 히브리인들의 집에 들어가지 못하게 차단했던 것처럼 보호의 울타리를 만든다.

바울이 믿는 자들에게 불신자들과 함께 멍에를 메지 말라고 엄중히 경고했다는 사실에 주목하라.

> 너희는 믿지 않는 자와 멍에를 함께 메지 말라 의와 불법이 어찌 함께하며 빛과 어둠이 어찌 사귀며 그리스도와 벨리알이 어찌 조화되며 믿는 자와 믿지 않는 자가 어찌 상관하며 하나님의 성전과 우상이 어찌 일치가 되리요 우리는 살아 계신 하나님의 성전이라 이와 같이 하나님께서 이르시되 내가 그들 가운데 거하며 두루 행하여 나는 그들의 하나님이 되고 그들은 나의 백성이 되리라 _고후 6:14-16

하나님께서 진정한 신자를 어두움 가운데 있는 불신자들과 분리하신다면, 그리스도 안에 거하는 참된 신자가 어떻게 악한 영들에 사로잡힐 수 있다는 것일까? 크리스천이 그리스도의 가르침을 따르지 않고 은밀히 혹은 드러내 놓고 죄의 문을 연다면 원수의 세력은 그 사람의 생각과 삶에 들어갈 수 있다.

정리하자면 믿는 자의 영은 모두 구원받았고, 성전의 지성소와 같아졌다. 매년 대속죄일이면 주님은 지성소 안에 있는 언약궤 날개 사이에 강림하사 대제사장과 친히 만나 주셨다. 하나님과의 언약을 유지하는 한 믿는 자의 영은 사탄이나 귀신 세력의 침입 금지 구역이 된다.

믿는 자의 생각은 성소와 연결되어 있다. 성소 안에는 메노라(등잔대 또는 촛대)가 안을 비추고 있고, 금 향단에서 기도의 향연이 올라가고 있으며, 상 위의 진설병은 하나님의 말씀으로 혼(마음)을 먹인다. 방 안에 있는 메노라에는 날마다 새로운 기름이 공급된다. 심지를 교체하고 메노라의 등잔마다 신선한 기름이 부어진다. 아침저녁으로 향이 금 향단 위에서 타고 있는데, 이것은 믿는 자들의 기도의 삶을 상징한다. 안식일마다 신선한 빵으로 교체되었던 것처럼, 신자들은 주일마다 주님이 주시는 신선한 말씀을 먹어야 한다.

우리의 생각은 원수의 불화살(정욕과 부정적인 생각들)로부터 새로워져야 한다(엡 6:16). 사탄은 진실한 신자들의 생각을 사로잡을 수는 없지만, 생각이나 아이디어, 상상력을 던질 수 있다. 우리는 이런 것들을 떨쳐 버림으로써 날마다 생각을 새롭게 해야 한다.

성전 뜰은 몸에 해당한다. 놋 제단과 바다는 이곳에 있는 주요 기구이다. 이곳은 일반 이스라엘 백성들이 출입할 수 있었고, 성경에 의하면 사탄이 대제사장을 대적하기 위해 서 있던 제단이 여기에 있었다(슥 3:1-2). 성전 뜰은 육체에 비유할 수 있다. 앞서 이야기한 바와 같이 질병의 영들은 믿는 자의 몸을 공격할 수 있지만, 믿는 자나 기름부음 받은 사역자가 영적 권세를 행사하며 꾸짖으면 쫓겨난다. 그리스도는 그분을 따르는 자들에게 "원수의 모든 능력을 제어할 권능을" 주셨다(눅 10:19). 사탄의 모든 권세를 다스리는 이 합법적인 권능은 원수가 언약을 가진 신자의 삶이나 영에 침입하여 그의 삶을 마음대로 휘두를 수 없는 또 하나의 이유이다. 그리스도의 권세가 그것을 차단하기 때문이다!

Exposing Satan's Playbook

Chapter 7

은밀한 영들과 싸우는 것의 중요성

오래전 목회자 친구로부터 전화를 받았다. 그는 여러 가지로 힘든 상황이었다. 몇 달 사이에 교회 세무 조사와 재정난, 친구들의 배신, 자녀의 끔찍한 질병, 자신에 대한 지역 신문의 폄하 등 외부에서 집중포화를 받았다. 정신없이 휘몰아치던 문제들이 통제 불능의 폭풍이 되자 그는 심각한 우울에 빠졌고, 주치의가 탈진해서 쓰러지기 일보 직전이라고 진단할 지경에 이르렀다.

이 기간에 그는 원수의 병기 중 가장 강력한 미사일을 맞았다. 그는 외부적인 전쟁을 치르고 있었지만, 동시에 은밀한 영(private demon)과도 싸우고 있었다. 교회와 지역 사람들이 보도된 내용을 알고 있었지만, 진정한 씨름은 혼자 있을 때 원수가 그의 생각에 집중적으로 화살을 날리면서 시작되었다. 이런 공격들은 갑작스럽고 복합적이며 예상치 못한 것들이지만, 사실 이런 맞춤형 전략들은 일찍부터 계획되었을 가능성이 크다.

우리는 원수의 공격이 즉흥적이거나 어쩌면 "지금이 공격할 때입니다"라는 비밀 요원의 보고를 받은 뒤 지옥의 작전실에서 계획되었을 것이라고 생각한다. 사실 원수는 몇 주, 몇 달, 심지어 몇 년 전에 음모를 꾸민다. 그리고 그 사람을 덫에 빠뜨릴 적기를 기다리며 적절한 장소와 환경을 마련하고 적절한 사람을 배치한다. 원수는 당신의 육신적 연약함이나 이전의 습관들, 영적으로 위험한 옛 친구들, 당신을 영적인 감옥에 다시 집어넣을 수 있는 죄의 습관들이 무엇인지 알고 있다. 즉 원수는 약점을 이용한다.

아카이로스

40일 동안 금식하시고 사탄의 시험을 받으신 예수님을 예로 들어 보자. 성경은 시험이 끝난 후 사탄이 그분을 "얼마 동안 떠났다"고 기록한다(눅 4:13). "얼마 동안"에 해당하는 헬라어는 '카이로스'(kairos)로, "정해진 시간" 혹은 "적절한 때"을 의미한다. 적절한 때는 항상 있는 것이 아니다. 환경, 사람, 장소가 원수의 계획에 적합하지 않을 수도 있다는 말이다.

카이로스에 접두어가 붙으면 의미가 달라진다. 접두어 유(eu)가 붙은 '유카이로스'(eukairos)는 "행복하거나 즐거운 때, 기분 좋은 때"를 의미한다. 하지만 접두사 아(a)를 붙인 '아카이로스'(akairos)는 부정적인 의미로 "나쁜 때" 혹은 "좋지 않은 기간"을 가리킨다.[1]

하나님은 당신을 위해 유카이로스(행복한 시간)를 준비해 두셨다. 하지만 원수는 가능한 많은 아카이로스(안 좋은 시간)를 만들고자 전략을 세운다. 일례로 누가복음 4장을 보면 사탄은 그리스도께 "하나님의 아들이라면…" 이라는 말로 도발의 화살을 쏘아댄다(눅 4:1-11). 사람들이 십자가에 달리신 그리스도를 향해 "만일 당신이 하나님의 아들이라면 십자가에서 내려와 보라"고 요구한 것은 그로부터 대략 삼 년 반이 지난 후였다(마 27:40; 막 15:30; 눅 23:39). 첫 번째 시험(눅 4장) 이후 십자가까지, 즉 그리스도를 공격하기에 좀 더 적절하고 알맞은 때가 되기까지 거의 삼 년 반이 걸렸다. 사탄은 그리스도의 사역 전반을 지켜보면서 아카이로스를 설정해 나가고 있었던 것이다!

광야에서 원수가 여러 날 금식하시고 주리신 그리스도를 처음 시험할 때(눅 4:2) "만일 당신이 하나님의 아들이라면…"이라는 의심의 말로 시작했음을 주목하라. 42개월 후 십자가에 달리신 예수님은 채찍에 맞아 쇠약해진 몸으로 손과 발, 등과 머리에 피를 흘리시며 고통 가운데 계셨다. 바로 이 아카이로스에 원수가 돌아와 사람들을 확성기 삼아 동일한 질문을 던진다. "만일 당신이 하나님의 아들이라면… 증명해 보라!" 예수님께는 원수의 공격을 받아칠 절호의 기회였다(마 27:40-43).

40일간 금식 후 주릴 때가 음식으로 사람을 유혹할 최적기이다. 수치와 매 맞음, 학대를 받으신 그리스도는 육신적으로 쇠약해진 상태였고 사탄이 첫 번째 시험을 다시 시도해 볼 적기이자 그것이 통하는지 확인할 수 있는 시기였다. 그리스도는 결코 사탄이나 사람의 소리에 굴복하지 않으셨다. 그리고 사망과 지옥을 정복하셨다!

원수는 좋지 않은 환경, 사람이나 가족 간의 갈등, 자녀들의 거역, 다양한 형태의 혼란이나 소란, 낙심을 틈타 일격을 가한다. 롯은 "악한 자들의 더러운 행실로 고통받았다."(벧후 2:7) 다윗은 자신이 비록 "기름부음을 받은 왕이지만 약한" 존재라고 고백했다(삼하 3:39). 원수는 주리신 그리스도께 돌을 떡이 되게 함으로써 하나님의 아들임을 증명해 보이라고 도전했다(마 4:3).

또 다른 예는 삼손이다. 그는 블레셋 여인에게 끌렸다. 이 강인한 이스라엘 남자는 국경을 넘어 적국의 땅에 들어가서 들릴라라는 아름다운 블레셋 여인의 집에서 밤을 보냈다. 그녀는 삼손이 지닌 육체의 힘의 비밀을 알아내려고 말로 그를 "번뇌하게" 만들었다. "날마다 그 말로 그를 재촉하여 조르매 삼손의 마음이 번뇌하여 죽을 지경이라 삼손이 진심을 드러내어 그에게 이르되…"(삿 16:16-17) 들릴라는 그의 가장 큰 비밀을 알려 달라고 졸라 대면서 삼손을 감정적으로 지치게 만들었다. 어쩌면 그녀는 "당신이 정말로 나를 사랑한다면 내게 말해 줄 거예요!" 하는 식의 진부한 말을 했을지도 모른다.

사람은 개인적으로 연약한 영역에서 유혹에 넘어지는 경우가 많다. 은밀한 영이 드나들 수 있게 문을 열어 주게 되면, 아무도 모르게 은밀히 씨름하는 개인적인 전쟁이 시작된다. 마귀가 반드시 영의 형태일 필요는 없다. 우리의 생각과 감정을 지배할 만큼 강력한 속박이나 중독이 마귀일 수도 있다.

남자가 은밀히 싸우는 이유

남자와 여자 모두 개인적이고 은밀한 싸움을 싸우지만, 여자들보다 남자들이 자신의 연약함을 드러내는 것을 조금 더 힘들어하는 듯하다. 남자들은 본성적으로 사냥꾼 기질을 가지고 있으며, 하나님의 피조물을 통치하고 다스리게 창조되었다(창 1:26-28). 남자들의 이러한 욕구는 8킬로그램짜리 농어를 잡으려고 뙤약볕 아래 8시간 동안 앉아 있는 모습이나 벽난로에 장식할 뿔을 구하겠다며 영하 6-7도의 날씨에 매복하여 여러 시간 사슴을 기다리는 모습에서 드러난다. 사냥이나 낚시, 스포츠, 심지어 완벽한 배우자를 얻기 위해 교회 복도까지 쫓아 들어갈 정도로 남자들은 사냥꾼 본성과 권력을 추구하는 성향을 타고났다. 그들은 사슴(deer) 또는 연인(dear)을 차지해야 만족한다!

아내의 친구 중 한 명이 결혼 전까지만 해도 꽃과 엽서도 보내고, 차 문도 열어 주고, 애칭으로 불러 주고, 전화도 자주 하던 남편이 신혼여행 이후 달라졌다며 혼란스럽다고 말했다. 나는 아내에게 이렇게 말해 주었다. 그녀의 남편은 그녀를 얻기 위해 추격하며 희열을 느꼈지만, 이제 목표물을 잡았으니 추격은 끝났고 흥미도 잃어버렸을 것이라고 말이다. 이제 막 사냥 시즌을 마친 사냥꾼처럼, 그들은 다음 시즌을 기다릴 뿐이다. 은밀한 싸움과 관련하여 남자들의 이러한 정복욕은 실제적인 올무가 될 수도 있다.

대부분의 남자들은 스트레스나 유혹, 부가적인 압박과 부정적인 환경을 감당할 수 있다고 인식한다. 운전 중 길을 잃었을 때는 20분 동안 같은 곳을 헤매고 있으면서도 다음 번 모퉁이만 돌면 될 것이라고 생각한다! 자녀들과 게임을 할 때는 "한 번만 더 하자", "딱 한 번만 더", "좋아, 이번이 마지막이야"라고 한다. 이길 수 있다는 것을 보여 주기 위해 천 원짜리 게임에 만 원을 쏟아붓는다. 본성적으로 남자들은 자신의 이성과 힘으로 정복하고 싶어 한다.

마귀와의 은밀한 싸움에서 남자와 여자의 두드러진 차이점은 다음과 같다. 여자들은 다른 사람, 보통 친구나 상담자를 찾아가 자신의 감정과 어려움을 감추지 않고 세세하게 나눈다. 반대로 남자는 아무 말도 하지 않고 몇 날, 몇 주, 몇 달을 버티며 이렇게 말한다. "이 문제는 조금만 더 버티면 해결될 거야" 또는 "이깟 문제는 내가 처리할 수 있어. 나는 이것만 안 하면 돼. 저것만 멈추면 돼. 더 이상 그곳에 안 가면 되잖아." 그러면서 이성적으로 사고한다. 이것이 바로 사냥과 정복(hunt-and-conquer)의 사고방식으로, 남자들은 힘이 있는 한 자신의 힘으로 모든 것을 할 수 있다고 확신한다!

아무에게도 말할 수 없었던 목회자

수년 전 세계적으로 유명한 사역자가 심각한 범죄 혐의로 체포되었다. TV와 신문, 잡지마다 그의 사진과 기사로 도배되었고, 그의 죄는 만천하에 드러났다. 나중에 이 사역자는 여러 명의 친구들과 사적으로 이야기를 나누는 가운데 어째서 그의 고민을 신뢰할 만한 누군가에게 털어놓지 않았느냐는 질문을 받았다. 그는 이렇게 대답했다. "신뢰할 만한 사람이 있어야지." 그는 자신이 사적으로 한 이야기가 공적으로 회자되어 자신과 가족, 사역에 해를 끼칠 것이라고 생각했다. 사실 그것이 세상에 폭로되는 것보다 친구들에게 털어놓고 자유를 얻는 편이 나았을 것이다. 뉴스가 터졌을 때 사람들이 어떻게 반응했었는지 기억이 난다. "그는 거짓말쟁이야. 사기꾼이고 위선자라니깐. 설교 따로 삶 따로잖아."

그러나 이 사역자는 범죄한 후 하나님께 용서와 정결함을 간절히 구했다. 그는 은밀한 마귀와 싸우면서 주님의 용서를 구했다. 그는 분명 위선자가 아니다. 위선자는 말과 삶이 다르고, 결코 정결함을 구하거나 회개의 뜨거운 눈물을 흘리지도, 자유를 얻기 위해 하나님의 도움을 구하지도 않는다. 위선자는 그런 갈등과 씨름을 즐긴다. 가룟 유다는 위선자였다. 그는 사도의 직분을 받았지만 마귀의 일을 생각했다. 하나님께 도움을 구하며 죄와 씨름하는 자는 위선자가 아니라 완전한 자유가 필요한 사람이다.

빛나는 눈 이면에는 잠 못 이룬 밤이 있고, 미소 뒤에는 고통으로 일그러진 얼굴이 있다. 어떤 사람들은 영적인 것과 육적인 것, 믿음과 의심, 중독과 자유 사이에서 씨름하는 신자들을 위선자로 간주한다. 하지만 죄와 씨름하면서 하나님의 도움을 구하는 신자는 위선자가 아니다. 실제로 하나님을 믿고 그리스도를 사랑하며 성경을 알지만 은밀한 영들과 전쟁을 벌이고 있는 성도들, 즉 "영혼을 거스르는 육체의 정욕"(벧전 2:11) 등과 같은 개인적이고 은밀한 갈등으로 씨름하는 신자들이 많다. 이처럼 씨름하는 성도들을 "믿음이 연약한 자"(롬 14:1) 또는 "연약함"과 씨름하는 자(롬 15:1), "양심이 약한" 자(고전 8:7-12)라고 할 수 있다.

하지만 복음 사역자가 최종적으로 할 일은 단순히 연약한 사람을 위로하고, 소위 어설픈 아가페 또는 그리스도의 사랑으로 품어 주면서 "하나님이 당신의 상황을 아시니 걱정하지 마세요. 다 잘될 거예요"라고 말하는 것이 아니다. 마약이나 알코올에 중독된 사람들에게 하나님이 그들을 사랑하시니 모든 게 잘될 것이라는 말은 아무런 위로도 되지 않는다. 그들에게 필요한 것은 위로의 말이 아니다. 그들에게는 구원과 자유가 절실하다. 등을 다독여 주거나 웃어 주는 것 이상의 것이 필요하다. 갇힌 자들을 자유케 할 마법이 필요하다. 당신은 당신이 애정을 갖고 있는 죄(pet sin)를 다정하게 대해서도, 당신의 자유를 앗아가는 악하고 은밀한 영들과 동거해서도 안 된다.

그리스도의 몸 가운데 믿는 자들이 회심한 후 싸워야 하는 이유를 가르치고 설명해 줄 필요가 있다. 나는 우리가 "구원받았고", "천국을 향해 가는 중"이라는 설교를 들으면서 자랐다. 죄의 심각성과 천국의 영광에 관한 가르침은 많지만, 이 땅에서 우리가 왜 그렇게 씨름해야 하는지에 관한 가르침은 충분하지 않다.

나는 악한 영들과 직접적인 관련이 없는 혼적인 묶임, 즉 감정적인 묶임들도 있음을 깨닫게 되었다. 이것을 소울 타이(soul ties)라 부르기도 하는데, 이런 혼적 묶임은 문제를 가진 사람이 다른 사람에게 심리적으로 종속되어 있는 한 감정적으로 매여 있게 되는 현상이다. 상대가 당신이 씨름하고 있는 동안 영적으로 당신 편에 있다면 문제가 되지 않는다. 하지만 인식하지 못하는 사이 자신의 배우자가 아닌 이성에게 종속되는 경우가 빈번하게 발생한다. 내면에서 "이 사람은 너를 잘 이해해 주잖아" 또는 "그 사람이 너를 더 사랑해", "그는 정말 널 잘 돌봐 주는 사람이야"라는 소리가 들려온다. 이렇게 마음속에서 은밀한 싸움이 시작되면, 그 사람이 날마다 보고 싶거나 만나서 이야기하고 싶어 안달이 난다.

혼적으로 시작된 관계가 지속되면 악한 영이 틈을 타고 들어와 강박에 사로잡히게 된다. 크리스천 남녀 중 감정적으로 묶여 육체적 관계까지 맺게 되는 상황에 빠지고 싶은 사람은 아무도 없을 것이다. 따라서 당신의 은밀한 씨름을 고백할 때는 반드시 "합당한" 사람에게 해야 한다.

오래전 내가 범한 실수 중 한 가지는 이 끔찍하고 치열한 정신적 싸움이 끝날 때까지 아내에게 아무 말도 하지 않았다는 사실이다. 나는 정복자 사고방식에 사로잡혀서 "이 문제는 나 혼자서 해결할 수 있어"라고 생각했던 것이다.

빛 가운데로 나아오라

한때 나는 복음 사역자로서 영적인 세계로부터 오는 다양한 형태의 공격들을 경험하곤 했다. 오래전 공산국가였던 나라에 다녀온 적이 있다. 동료 선교사와 호텔에 머물고 있던 나는 늦은 밤 침대 발치에 악한 영이 서 있는 것을 실제로 보았다. 그것은 철수세미처럼 푸석하고 거친 머릿결을 가진 장발의 노인의 모습이었다. 쏘아보는 눈과 주름진 얼굴에는 분노와 증오가 서려 있었다.

형상은 몇 초 후 사라졌지만, 그 후 며칠 사이에 시작된 정신적 싸움이 수개월간 지속되었다. 집으로 돌아온 나는 내 평생 가장 극심한 정신적 눌림과 우울증을 경험했다. 며칠 동안은 누적된 피로 때문이라고 생각했다. 며칠이 몇 주가 되었을 때는 과로 탓이라고 여겼다. 하지만 몇 주가 몇 달이 되자, 말씀 연구와 기도, 금식과 설교에 대한 열정이 공허하게 여겨졌다. 모든 사역에서 도망치고 싶은 마음이 점점 커지더니 결국 더는 못하겠다는 말까지 나왔다. 나는 계속해서 피로, 과로, 탈진 때문이라고 생각했으며, 이것은 합리적이고 그럴듯한 설명이었다. 그러나 사실 나는 나를 억압하고 괴롭히면서 내 생각을 조종하려고 하는 어떤 영적인 세력의 거센 공격을 받고 있었다.

무더운 7월 알라바마에서 열린 어느 천막 집회에서 말씀을 전하는 동안 결국 그 공격은 극에 달했다. 나는 설교를 중단하고 700-750여 명의 청중들에게 내가 지금 엄청난 영적 싸움 가운데 있고 거기서 구원받으려면 하나님의 도움이 필요하다고 고백했다. 사람들을 강단 앞으로 초청한 후 젖은 옷을 갈아입기 위해 언덕 위에 있는 교회로 가려는데, 친구 16명이 무리 지어 와서 말했다. "어디 가시려거든 우리 기도부터 받으세요!" 그들은 어노인팅 오일을 통째로 내 머리에 부었다. 그리고 내게 손을 얹고 전심전력으로 기도해 주었다. 나는 웃음이 나왔다. 목양실에 도착해서 거울을 보았다. 기름으로 떡이 진 머리, 헝클어진 셔츠, 바지는 바닥에서 묻어 난 톱밥 투성이었다. 나는 웃음을 멈출 수 없었다.

그날 밤 집회를 마치고 떠날 때 한 친구가 말했다. "목사님, 정말 잘 하셨어요. 이제 원수는 숨을 자리를 잃어버렸어요. 목사님께서 빛 가운데 원수를 폭로하셨으니까요!" 나는 이 사건 이후 여러 해 동안 "빛 가운데 드러낸다"는 의미에 대해 생각해 보았다. 감춰진 것을 빛 가운데 드러내는 영적 원리는 은밀한 싸움에서 자유를 얻게 되는 첫 번째 토대가 된다.

우리의 대적은 어둠과 연결되어 있다. 영적 무지는 어둠의 한 형태이다. "어둠"에 해당하는 헬라어 '스코토스'(skot'os)는 문자적, 비유적으로 "그늘진 혹은 잘 알려지지 않은 상태"를 뜻한다. 빛이 결핍되거나 부재한 곳에 어둠이 임한다. 사탄의 나라는 "흑암의 권세"라 불린다(골 1:13). 마귀의 실체는 "이 어둠의 세상 주관자"이다(엡 6:12). 악을 도모하는 것은 "어둠의 일"이다(롬 13:12). 죄인들과 죄가 훨씬 더 많이 풀어지는 시간대가 바로 밤이다. "사람들이 빛보다 어둠을 더 사랑하기" 때문이다(요 3:19).

반대로 빛은 하나님 그리고 그분의 왕국과 연결된다. 창조가 시작될 때 초자연적인 빛이 제일 먼저 어둠 속에서 나타났는데, 심지어 태양과 달, 별들이 창조되기도 전이었다(창 1:3, 16). 그리스도는 태초에 하나님과 함께 계셨으며, 창세기 1장 3절에서 창조된 최초의 빛이시다.

요한은 이 빛에 관해 다음과 같이 기록했다. "빛이 어둠에 비치되 어둠이 깨닫지 못하더라."(요 1:5) "깨닫다"의 헬라어는 '카타람바노'(katalambano)로 "다스리는 힘"을 뜻하는 '카타'(kata)와 "꽉 붙잡다 혹은 사로잡아 통제하다"를 뜻하는 '람바노'(lambano)의 합성어이다. 즉 카타람바노는 "무언가를 꼭 붙잡다, 진압하다"의 뜻이다. 원수는 빛을 사로잡아 그 빛이 당신의 생각과 영에 들어가는 것을 막으려 한다. 하지만 빛이 어둠에 비치면 언제나 빛이 어둠을 이긴다. 또한 어둠은 빛을 통제할 수 없다. 빛의 자녀인 우리는 그리스도를 통해 어둠을 이길 수 있다(엡 5:8).

은밀한 싸움을 포함해서 어떤 형태의 결박으로부터 육체적, 감정적, 정신적으로 자유해지려면, 먼저 당신의 삶에 얽혀 있는 속박과 감정적 감옥, 영적인 싸움을 밝히 드러내야 한다. 통제할 수 없는 문제와 중독, 죄의 본성을 가지고 있다는 사실을 먼저 인정할 때 빛이 비치기 시작한다. 도움이 필요하다는 사실을 스스로 인정할 때까지 당신은 결코 자유를 누릴 수 없다.

예를 들어 예수님과 함께 십자가에 달린 강도 중 한 사람은 예수님을 꾸짖었고 다른 사람은 회개했다. 후자는 자신의 죄를 인정하며 그리스도께 자신을 기억해 달라고 간청했다(눅 23:42). 어떤 일을 기억해 낸다는 것은 이전의 경험이나 인상의 단편 또는 조각들을 되살리는 것이라고 할 수 있다. 그리스도를 통한 구원의 필요성을 고백한 강도는 심지어 죽음 가운데 다시 살아나게 해 달라고 간청했던 것이다!

어둠은 빛 가운데 숨을 수 없다. "제가 묶여 있습니다. 그러니 도와주세요" 하는 순간 당신은 평안을 느끼게 된다. 올가미가 풀어지고, 사슬이 끊어지며, 옥문이 흔들린다. 이 순간이 바로 죄를 고백하고 그리스도의 보혈로 정결케 해 달라고 간구할 때이다(엡 1:7). 믿음을 통한 죄의 청산은 죄책감과 정죄감을 제거한다(롬 8:1). 그런 다음 "모든 무거운 것과 얽매이기 쉬운 죄를 벗어 버려야" 하는데(히 12:1), 여기에는 불순종하는 사람들과 묶는 사람들, 얽어매는 사람들과의 결별도 포함된다.

진정한 자유

그리스도는 사람들에게 자유를 주기 위해 오셨다. 성경은 "그러므로 아들이 너희를 자유롭게 하면 너희가 참으로 자유로우리라"고 말씀한다(요 8:36). "자유"의 헬라어는 '엘레우떼루'(eleutheroo)로 "자유롭게 하다", 비유적으로는 "어떤 사람의 부채를 면제해 주다"의 뜻이다.

이 말씀을 하시기 직전에 그리스도는 다음과 같이 말씀하셨다. "진리를 알지니 진리가 너희를 자유롭게 하리라."(32절) '안다'는 말에는 다양한 의미가 내포되어 있지만, 여기서는 어떤 사람을 아주 친밀하게 안다는 뜻이다. 그리스도 자체가 "진리"이시다(요 14:6). 따라서 "진리를 안다는 것은" 그리스도에 관해 머리로 아는 것 이상을 의미한다. 당신은 그리스도와의 교제를 통해 죄로부터 자유를 누린다. 말씀의 훈련을 통해 진정으로 자유해진다. 구원으로 속박에서 풀려난 당신은 훈련을 통해 그 자유를 지속적으로 누리게 된다.

훈련이란 문제가 되는 사람들과의 관계나 사진, 정보로부터 당신의 눈과 귀와 생각, 영과 다른 통로를 지키는 것이다. 아담의 타락 이후 죄는 항상 있었지만, 죄를 지을 가능성은 점점 더 높아지고 있다. 케이블 방송, 위성방송, 인터넷, 아이패드, 아이폰 등 기술의 발전으로 스크린을 터치하기만 하면 너무나도 쉽게 상상하던 것을 화면으로 볼 수 있게 되었다.

　첨단 기술이 주도하는 오늘의 세상에서 핀 넘버(pin number 개인 비밀번호)와 인터넷 접속으로 우리의 생각은 전쟁터가 되었다. 다윗은 칼과 활을 지칭하며 "나의 반석이신 여호와를 찬송하리로다 그가 내 손을 가르쳐 싸우게 하시며 손가락을 가르쳐 전쟁하게 하시는도다"라고 했다(시 144:1). 우리는 이 말씀으로 우리 세대를 위해 기도해야 한다. 우리의 손과 손가락이 컴퓨터에 놓여 있을 때 한 번의 터치로 은밀한 마귀가 들어올 수 있는 이미지나 글을 접하게 될 수도 있기 때문이다. 믿는 자들을 훈련시키고 우리의 연약함을 도우시는 분은 바로 성령님과 그리스도의 보혈이다(롬 8:26-27).

Exposing Satan's Playbook
Chapter 8

사탄은 나와 우리 가족을 해칠 수 있을까?

　사역자 친구 한 명이 아주 흥미로운 이야기를 들려주었다. 당시 그녀는 전 세계에 방영되는 TV 사역과 더불어 8천여 명이 참여하는 모임과 컨퍼런스를 인도하는 국제적인 사역을 벌이고 있었다. 어느 날 아침 집 안을 거닐고 있는데, 친구의 귀에 이런 음성이 들렸다고 한다. "널 죽이고 말 거야." 집 안에 다른 사람이 있는지 살펴본 후 결국 그것이 원수의 목소리였다는 사실을 깨달은 그녀는 오한을 느꼈고 몸도 약해졌다. 이어지는 여러 날 동안 끔찍한 죽음의 전조가 대기를 가득 채우고 있었다. 그러나 죽음의 목소리와 원수의 화살에 맞서기 위해 그녀는 날마다 기도와 금식, 성찬식을 가졌다.

그 다음 주에는 할리우드 공포영화에나 나올 법한 사건들이 일어났다. 그중 하나가 그녀가 집회 장소로 이동할 때 타는 비행기에서 벌어졌다. 그녀는 여러 차례 비행기로 인해 어려움을 겪었는데, 한번은 비행기 연료관이 막혀 엔진에 연료가 공급되지 않은 적도 있었다. 또 한번은 엔진이 고장 났는데 대기 중에 있는 얼음 때문에 가까운 공항에 착륙조차 할 수 없는 상황이라는 기내 방송이 나왔다. 하지만 그녀의 지속적인 기도로 공중에서 기적이 일어났고, 비행기는 안전하게 착륙했다. 다 나눌 수는 없지만 그 후 6개월간 여러 사건들이 그녀에게 일어났다. 모두 사역자의 목숨을 앗아갈 수 있는 위협적인 사건들이었다.

사탄은 믿는 자나 그 가족의 생명을 앗아갈 수 있을까? 가족이나 가족의 일원을 죽이라는 지시가 떨어지는 기간이 있는 것은 분명하다. 예를 들면 그리스도의 탄생 후 헤롯은 군사들을 보내어 두 살 이하의 모든 아이들을 살해하면서 장래 유대인의 왕이 죽기를 소망했다(마 2:16). 광야에서 마귀의 시험을 이기고 돌아오신 예수님은 고향인 나사렛에서 처음으로 말씀을 선포하셨다. 그분의 말씀을 들은 고향 사람들은 심지어 그리스도를 벼랑에서 밀쳐 떨어뜨리려고 했다(눅 4:29). 예루살렘에서 사역하시던 기간에는 종교 지도자들이 그분을 돌로 쳐 죽이려 했지만, 그리스도는 그들의 손에서 빠져나오셨다(요 10:31-39).

신약 성경에는 그리스도를 제거하여 그분의 공적 사역을 막으려는 여러 차례의 음모들이 나타난다. 모두 종교 지도자들이 계획한 것이었지만, 매번 실패했다(마 21:46; 막 12:12; 요 7:30; 10:39). 십자가의 죽음으로 구속 사명을 성취하실 때가 되었을 때 예수님은 제자들에게 이 세상의 임금이 오겠지만 그는 그분에게 "아무런 권한도 행사할 수 없다"고 알려 주셨다(요 14:30, 새번역). 확대번역성경(AMP)은 이 부분을 다음과 같이 정리한다.

> 너희에게 더는 말하지 않을 것인데, 이 세상의 임금(악의 천재/통치자)이 오고 있기 때문이다. 그는 나에게 아무것도 주장할 수 없다. [그는 나와 공통분모가 전혀 없다. 내 안에는 그에게 속한 것이 전혀 없으며 그는 내게 아무런 능력도 행사할 수 없다.]
> _요 14:30, 확대번역성경

그리스도는 제자들에게 앞으로 몇 시간 내에 벌어질 사건에 대해 알려 주셨다. 예수님은 겟세마네 동산에서 땀이 핏방울이 되기까지 고뇌하시며 기도하셨다(눅 22:44). 그분은 체포되어 재판을 받으셨고 로마 군인의 채찍에 맞으신 후 십자가에 달리셨다. 그리스도는 제자들이 결국 사탄이 이겼다고 생각하지 않기를 바라셨다. 그분의 죽음은 하나님의 계획이었지 사탄의 계획이 아니었기 때문이다. 그리스도께서 "목숨을 버리고 또 그것을 다시 찾으신 것은" 아버지의 뜻이었지 사탄의 계획이 아니었다!(요 10:18) 오직 그리스도께서 기꺼이 죽으셨을 때만 결정타를 날릴 수 있었다. 하지만 아무도 부활을 예상하지 못했다. 그리스도는 무덤을 박차고 죽음과 지옥의 열쇠를 흔들며 나오셨다. 또한 그분은 하늘과 땅의 모든 권세를 받았다고 선포하셨다(마 28:18; 계 1:17-18).

누가 죽음의 권세를 쥐고 있는가?

십자가 사건 이전까지 사탄은 죽음에 대해 어느 정도 제한적 권세를 가지고 있었던 것으로 보인다. 이것은 욥의 삶에서 벌어진 사건들 가운데서 엿볼 수 있는데, 이 의로운 사람을 둘러싸고 있는 초자연적인 보호의 울타리는 그의 소유와 가족, 건강을 사탄의 공격으로부터 지켜주었다. 이 울타리가 사라지자 사탄은 욥의 모든 가축을 빼앗거나 죽였고, 폭풍으로 자녀 열 명의 목숨을 앗아갔다. 그리고는 돌아와서 욥의 육체를 치게 해 달라고 하나님께 요청한다(욥 1-2장). 두 번째로 욥을 치기 전에 그는 다음과 같이 말한다.

> 사탄이 여호와께 대답하여 이르되 가죽으로 가죽을 바꾸오니 사람이 그의 모든 소유물로 자기의 생명을 바꾸올지라 이제 주의 손을 펴서 그의 뼈와 살을 치소서 그리하시면 틀림없이 주를 향하여 욕하지 않겠나이까 여호와께서 사탄에게 이르시되 내가 그를 네 손에 맡기노라 다만 그의 생명은 해하지 말지니라 _욥 2:4-6

주님이 사탄에게 "그의 생명은 해하지 말라"고 명령하신 것에 주목하라. 초자연적인 보호의 울타리가 없다면 원수는 욥을 쳐서 죽일 수도 있었다. 하지만 하나님은 사탄에게 한계를 정해 주셨다. 비록 살이 썩는 질병에 걸렸지만(욥 2:7-8; 7:5), 욥은 이 끔찍한 시험을 통과했고, 그 후 140년을 살면서 자녀와 그들의 자녀, 심지어 4대손까지 보았다(욥 42:16).

죽으시고 부활하신 주님은 사탄이 가지고 있던 죽음의 권세를 빼앗으셨다. 히브리서 2장 14-15절은 죽음을 이기신 그리스도에 대한 말씀으로 내가 좋아하는 구절 중 하나이다.

> 자녀들은 혈과 육에 속하였으매 그도 또한 같은 모양으로 혈과 육을 함께 지니심은 죽음을 통하여 죽음의 세력을 잡은 자 곧 마귀를 멸하시며 또 죽기를 무서워하므로 한평생 매여 종노릇하는 모든 자들을 놓아 주려 하심이니

다음 질문을 곰곰이 생각해 보자. "사탄이 나와 가족의 목숨을 빼앗아 갈 수 있을까?" 원수가 믿는 자의 목숨을 서둘러 앗아갈 환경을 조성하려고 애쓰고 있다는 것은 분명하다. 군병들이 예수님을 체포하려 할 때 베드로는 칼을 뽑아 당시 대제사장의 종이었던 말고의 귀를 잘랐다(요 18:10). 이때 체포되었다면, 베드로도 예수님과 함께 십자가에 달렸을지도 모른다. 하지만 예수님은 말고의 귀를 다시 붙여 주심으로 베드로를 고소할 근거를 없애 버리셨다. 사탄은 베드로를 밀처럼 체질하려고 했는데(눅 22:31), 이것은 사탄의 전략의 일부였던 것이 분명하다.

바울이 몇 번이나 죽음 직전까지 갔는지 생각해 보라. 루스드라에서는 돌에 맞은 뒤 버려져 죽을 뻔했지만(행 14:19), 제자들이 둘러싸고 기도하자 일어났다(20절). 또한 그는 심하게 맞은 뒤 차꼬에 채워져 감옥에 갇혔지만, 하나님이 한밤중에 지진을 일으키셔서 "감옥 터"를 흔드시자 모든 죄수들의 매인 것이 풀어졌다(행 16:23-37). 후에 바울은 타고 있던 배가 암초에 걸려 깨어지는 바람에 선원들과 더불어 빠져 죽을 뻔했다(행 27장). 배에 타고 있던 전원이 살아남아 어떤 섬으로 피신한 후에는 독사에 물

렸지만, 뱀을 불에 털어 버렸고 아무런 해도 입지 않았다(행 28:3-5). 바울은 여러 차례 죽음의 문턱에 이르렀지만, 모든 상황 가운데 살아남았다.

바울은 로마에서의 사역이 끝나갈 무렵 체포되어 감옥에 갇힌 후 참수당해 죽었다. 사탄이 결국 이 충성된 사도를 죽이는 데 성공한 것일까? 바울에 따르면 그렇지 않다. 그는 디모데에게 보내는 마지막 서신에 다음과 같이 썼다.

> 전제와 같이 내가 벌써 부어지고 나의 떠날 시각이 가까웠도다 나는 선한 싸움을 싸우고 나의 달려갈 길을 마치고 믿음을 지켰으니 _딤후 4:6-7

바울은 생명을 위협하는 수많은 환경 가운데 살아남았다. 하지만 그는 자신의 목숨을 "전제와 같이 부을 준비를" 하고 있었다. 그는 자신의 목숨을 그리스도를 위한 궁극적인 제사이자 제물로 바쳤다. 주께서 베드로를 풀어 주셨던 것처럼(행 12:6-11) 천사를 보내어 감옥에 갇힌 바울도 풀어 주실 수는 없었을까? 예수님은 베드로가 나이 들 때까지 살 것이라고 예언하셨다(요 21:18). 체포되어 생명의 위협을 받을 당시 베드로는 아직 젊었고 앞으로 사역해야 할 날들이 많이 남아 있었다. 그리스도의 예언은 베드로를 대적하는 죽음의 위협보다 강력했다. 즉 천사는 베드로가 하나님의 뜻을 계속 성취할 수 있게 그를 풀어 준 것이다.

반면 노년의 바울은 자신의 사명을 다했다고 생각했다. 그래서 풀려나게 해 달라고 하나님께 구하지 않았다. 그는 이제 이 땅을 떠나 영원한 하늘나라에 들어갈 준비가 되어 있었다. 그리스도께서 기꺼이 순종하지 않으셨다면 그분은 체포되어 돌아가시지 않았을 수도 있다. 또한 떠날 때가 되어 그 여정을 다 마치기까지 바울의 목숨은 보전되었다.

성도들이 본향에 가고 싶어 할 때

이것은 가족들에게는 받아들이기 어려운 말일 수도 있다. 하지만 믿는 자는 살 수도, 죽을 수도 있다. 나는 병상에 누워 있는 성도와 그들의 가족을 위해 합심해서 기도했지만 결국 그 사람이 죽는 모습을 여러 차례 지켜보았다. 믿는 자가 가까운 지인들에게 자신이 치르고 있는 싸움에 지쳤다면서 이제는 주님과 함께 본향에 가고 싶다고 말하는 경우가 있다.

아버지는 70대에 당료에 걸리기 전까지는 아주 건강하셨다. 수천 명의 사람들을 기도로 치유받게 하셨음에도 아버지는 매주 세 번 받는 투석 때문에 고통스러운 노년을 보내셨다. 주치의가 영양분을 공급할 관을 몸에 삽입하려고 하자, 아버지는 이렇게 말씀하셨다. "그 관으로 내 생명을 연장하지 말아요. 나는 피곤하고 지쳤어요. 이제 기쁨으로 주님과 함께 본향에 갈 준비가 되었답니다." 우리는 아버지가 이 세상을 떠나기로 마음먹으셨다는 사실을 깨달았다. 어떤 사람이 천국에 갈 준비가 되었다는 기도를 의지적으로 드릴 때 지성소를 가득 채웠던 모든 기도와 중보는 무효가 된다.

믿는 자가 이 세상을 떠나 천국에 들어가는 것을 실패로 여기지 말

라. 나는 늘 이렇게 말한다. "천국으로 가라는 말은 믿는 자에게 아무런 위협도 되지 않습니다." 알코올 중독자와 결혼한 여성이 신앙 때문에 남편에게 계속 괴롭힘을 당하고 있었다. 어느 주일 아침 그녀의 남편은 집에 있지 않으면 총으로 쏴 죽이겠다고 위협했다. 그녀는 대답했다. "당신이 나를 쏘면 나는 천국에 갈 것이고, 만일 쏘지 않는다면 교회에 갈 거예요!" 그리고는 교회에 갔다. 그녀는 가장 높은 곳인 천국에 돌아가라는 말에 위협받지 않았다.

누가 죽음의 열쇠를 쥐고 있는가?

사탄이 여전히 "사망과 음부"의 열쇠를 가지고 있다면, 그는 죽음의 천사들을 통해 원하면 언제든지 누구라도 죽일 수 있을 것이다. 요점은 사탄이 실제로 이러한 권세를 가지고 있다면, 이미 오래전에 당신을 죽였을 것이라는 사실이다. 당신이 사명을 발견하기 훨씬 전에, 당신이 사역자가 되기 전에 그리고 당신이 영혼 구원자가 되어 주변 사람들에게 영향을 미치는 사람이 되기 전에 그렇게 했을 것이다.

세계적인 사역자들 대부분은 하나님께 부름받기 전에 목숨을 잃을 뻔한 사건이 있었다고 한다. 눈이 내리는 어느 추운 겨울날 아버지는 웨스트버지니아에서 태어나셨다. 아버지를 받은 산파는 그를 담요에 싸서 밖으로 데리고 나가려 했다. 할아버지가 의사인 해필드 박사와 도착하자

산파는 "이 아이는 내 아이에요. 주님이 이 아기를 내게 주셨어요!"라고 외쳤다. 할머니는 문에 기대어 할아버지에게 큰 소리로 말했다. "윌리엄, 저 여자를 잡아요! 저 여자가 우리 아기를 데려갔어요." 만일 할아버지가 10분만 늦었어도 아버지는 얼어 죽었을 것이다.

여러 해가 지난 후 1962년 부모님은 웨스트버지니아의 엘킨스 외곽에서 심각한 차 사고를 당했다. 거의 시속 90km의 속도로 언덕을 올라가던 아버지는 길에 브레이크 등을 켜지 않고 정차해 있던 차를 심하게 들이받았다. 아버지의 핸들은 완전히 꺾였고, 어머니는 전면유리에 머리를 부딪히셨으며 대시보드의 충격으로 무릎뼈가 으스러졌다. 두 분의 발치에는 두 살짜리 아들이 깨진 유리들 사이에 누워 있었다. 처음에 어머니는 아이가 죽었다고 생각하고 절망하셨다가 아이가 충격의 여파로 벗겨진 신발을 찾으며 울 때에야 무사하다는 것을 아셨다고 한다. 대시보드에 부딪히고도 살아남은 이 아이가 바로 나다.

아버지와 나는 이 교통사고에 대해 여러 차례 이야기를 나누었다. 천국에 가시기 전 아버지는 나에게 이렇게 말씀하셨다. "고통사고를 당했을 때 나는 웨스트버지니아에서 새로운 교회를 시작하고 있었단다. 당시에는 원수가 그 사고로 내 사역을 막으려 한다고 생각했었는데, 지금 생각해 보면 원수의 궁극적인 목표물은 너였던 것 같구나. 내 사역은 작은 지역 교회 중심이지만, 너는 세계적인 사역을 하고 있으니 말이다."

여동생 다이애나는 어린 시절 알레르기가 있는 줄 모르고 페니실린을 투약한 적이 있는데, 부작용이 심각해서 부모님은 그녀가 살 수 있을

지 확신하지 못하셨다. 하지만 기도는 삶과 죽음을 넘나드는 육신의 전쟁에서 승리하는 무기가 되었다.

1940년대 후반부터 1950년대 초창기 치유 부흥사들에게는 대부분 자신만의 기적적인 구원 경험이 있었고, 그로 인해 병든 자와 고난당하는 자들을 향한 긍휼의 마음을 갖게 되었다. 이것은 오늘날과 같이 효과 좋은 약이나 의술이 발달하기 전의 일이다. 당시는 하나님이 기적을 일으키시는 것 외에는 방법이 없던 시절이었다! 이러한 수많은 기적 이야기들은 사람들에게 죽음이 얼마나 가까이 있는지 돌아보게 해 주었으며, 동시에 기도와 중보로 그들이 살아남았음을 보여 주었다.

신자들이 죽음의 열쇠(혹은 권세)가 더 이상 흑암의 통치 아래 있지 않다는 사실을 이해하는 것은 대단히 중요하다. 하늘의 문은 이쪽 세상이 아니라 안쪽에서 열 수 있다. 즉, 영원한 문의 열쇠를 받으신 그리스도께서 그분의 자녀들을 천국에서 맞아 주시는 것이다! 당신이 예수님의 구속 언약을 받아들이면, 지옥의 열쇠를 주관하시는 그리스도께서 지하 세계의 문을 닫으신다. 그분은 영원히 저주받은 땅으로부터 당신을 지켜주신다.

당신이 언제, 어떻게 이 땅을 떠나게 될지 결정하시는 분은 바로 사망의 열쇠를 쥐고 계신 주님이시다. 그러나 죽음은 일종의 약속이다. 단명하든 장수하든 당신은 언젠가 죽게 된다. "한 번 죽는 것은 사람에게 정해진 것이요 그 후에는 심판이 있으리니"(히 9:27) '정해졌다'는 것은 특정한 때를 위해 예비하고 저장해 두었다는 말이다. 예수님의 재림이 늦어진다면 우리는 모두 죽게 될 것이다. 하지만 죽음을 주관하는 사탄의 권세에 대해 염려할 필요는 없다. 부활하신 그리스도께서 사탄의 권세를 **빼앗으셨기** 때문이다.

가장 중요한 것

우리는 사탄이 "도둑질하고, 죽이고, 멸망시키기 위해" 왔다는 사실을 잊어서는 안 된다(요 10:10). 사탄은 분명 당신의 삶과 사명을 방해하기 위해 필요한 행동을 취할 것이다. 예수님은 우리에게 하나님의 뜻이 하늘에서 이루어진 것처럼 이 땅에서 이루어지도록 기도하라고 가르치셨다(마 6:10). 하나님의 뜻 안에 머문다고 해서 문제와 시련, 고난이 없는 것은 아니다. 그러나 그분의 뜻 안에 머물면 우리를 위해 하나님이 개입하실 수 있게 된다. 나는 문제가 없어서가 아니라, 원수의 공격에도 계속 살아남았기 때문에 감사하다!

하나님의 뜻 안에 머문다는 것은 그리스도와 사도들이 세운 영적인 원리를 사용하면서 매일의 삶 가운데 기록된 하나님의 말씀에 따르고 그분이 주신 사명을 행하는 것이다. 믿는 자들이 삶 가운데 하나님의 뜻을 따르고 있다는 사실을 깨닫게 되면 영적 전쟁도 확신을 가지고 치를 수 있다. 하나님의 뜻은 기도와 말씀을 연구하는 가운데 그리고 그분이 당신의 삶 가운데 열어 주신 문들을 따라가는 가운데 발견할 수 있다.

자신이 하늘 아버지의 뜻을 행하고 있다는 사실을 아셨던 그리스도는 사탄이나 어둠의 세력에 결코 위축되지 않으셨다.

다음 장에서는 하나님의 뜻과 관련된 질문들에 답하는 시간을 가질 것이다.

Exposing Satan's Playbook

Chapter 9

사탄은 나를 향한 하나님의 뜻을 알고 있을까?

나는 넓은 의미에서 이 질문을 던진다. 사탄은 한 번에 한 장소에만 머물 수 있기 때문이다. 사탄이라는 말은 사탄 본인은 물론 어둠의 왕국의 전 구성원을 가리키는 말로도 사용된다. 그래서 나는 원수 혹은 대적이라는 표현을 자주 사용하는데, 당신의 영적인 원수이자 대적은 악한 영들 혹은 악에 사로잡힌 사람일 수도 있다. 수년간 복음을 전하면서 내가 받은 공통된 질문 중 하나는 "과연 사탄은 나를 향한 하나님의 뜻을 아는가?"였다. 이 질문에 답하기 전에 몇 가지 중요한 사실들을 정리하자.

사탄은 기록된 것과 선포된 것들을 알고 있다

성경 속 최초의 예언은 약 6천 년 전 에덴동산에서 아담과 하와가 범죄한 후 하나님께서 친히 선포하셨다. 하나님은 여자의 후손이 뱀의 머리를 상하게 할 것이라고 말씀하셨다(창 3:15). 이 예언이 알려지자 원수는 즉시 인류의 아들들, 특히 최초의 두 아들을 쫓아갔다. 하와는 두 아들 가인과 아벨을 낳았다. 가인은 질투에 눈이 멀어 동생을 살해하고 인류의 첫 살인자가 되었다. 아벨이 죽고 가인이 하나님께 증표를 받았을 때 사탄은 승리했다고 생각했다. 하지만 아벨 대신 아담의 셋째 아들 셋이 자손 대대로 의의 유업을 이어갔다(창 4:25).

여러 세대가 지난 후 이삭은 에서와 야곱 두 아들을 얻었다. 장자인 에서는 장자권을 팔아 동생에게 복을 빼앗겼다(창 25장; 27:36). 야곱은 열두 아들로 대가족을 이뤘다. 장자인 르우벤이 가족의 축복권과 장자권을 받아야 했지만, 그는 아버지의 첩과 동침함으로 아버지의 침상을 더럽혔기 때문에 장자권을 상실하고 말았다(창 49:3-4). 마귀는 이미 에덴에서부터 자신의 머리를 상하게 하실 분이 오실 것이라는 사실을 예언의 말씀을 통해 알고 있었다.

사탄은 자신에 대한 예언의 말씀을 알고 있다

옛 뱀, 마귀의 패배가 처음으로 예언된 곳은 창세기 3장 15절이다.

두 번째 예언은 이사야 14장에 나타난 루시퍼의 운명에 계시되어 있다. 선지자 이사야는 "그러나 이제 네가 스올 곧 구덩이 맨 밑에 떨어짐을 당하리로다"라고 예언했다(사 14:15). 이 예언은 수백 년간 전해지면서 마귀의 세계에도 알려졌다.

누가복음 8장 31절에서는 거라사 지역의 어떤 남자 안에 거하던 귀신들이 예수님께 "무저갱으로 들어가라 하지 마시기를" 간청한다. '무저갱'의 헬라어는 '아비스'(abyss)로, 말 그대로 "바닥이 없는 구덩이"를 의미한다. 이처럼 악한 영들은 그리스도께서 공생애를 시작하시기 수백 년 전부터 그들의 운명에 대해 알고 있었다. 기괴한 모습의 생물들이 무저갱에 갇혀 있는데, 이들은 대환난 기간 어느 시점에 놓임을 받게 될 것이다(계 9장). 요한은 1,900여 년 전에 사탄의 결국을 기록해 놓았는데, 그에 따르면 사탄은 결국 "유황 못"(10절)에 던져지게 된다고 한다(계 20장).

하나님은 그분의 뜻을 갑자기 드러내신다

나는 고대 족장들의 삶을 연구하다가 새로운 사실을 발견하게 되었다. 하나님의 뜻은 한 사람의 출생 전이나 그의 어린 시절에 나타나기도 하는데, 이렇게 그분의 뜻이 공개적으로 논의되거나 선포된 후에는 전쟁이 뒤따르는 경우가 많다. 하지만 하나님의 뜻이 성취되는 순간은 항상 갑작스럽게 때로는 예상치 못하게 찾아온다. 이렇게 급속히 성취되는 이유는 원수가 그것을 방해할 음모를 꾸밀 틈을 주지 않기 위해서인 것으로 보인다.

요셉은 십 대에 그의 운명에 관한 예언적 꿈을 꾸었다. 17세에 애굽 땅에 노예로 팔려 가서 어느 부잣집에서 일하게 된 그는 누명을 쓰고 수년간을 왕의 감옥에서 보내게 되었다. 그러던 어느 날 감옥에서 나와 바로의 꿈을 해석해 준 뒤 그는 한 시간 만에 죄수에서 애굽 제2인자의 자리에 오르게 되었다. 이 일이 너무도 빠르게 진행되었기 때문에 원수는 요셉의 운명을 방해할 또 다른 덫과 함정을 놓을 시간이 없었다!

40세에 어떤 애굽 사람을 죽인 모세는 애굽의 실정법에 따라 사형에 처해져야 했다. 달아난 그는 미디안 광야에 정착하여 이드로라는 사람의 양을 치는 자가 되었다. 광야에서 40년을 보낸 모세에게 갑작스럽게 주님이 찾아오셨고 그는 급히 애굽으로 돌아와 완고한 바로와 맞서야 했다. 애굽의 주술사들은 속임수를 써서 여호와의 기적을 흉내 냈지만, 모세의 하나님이 그것을 드러내셨다. 그들은 불타는 떨기나무 가운데 하나님의 부르심을 받은 검게 그을린 광야의 목자를 이길 수 없었다.

다윗은 17세부터 30세까지 청년 시절 대부분을 황량한 유대 광야에서 보냈는데, 마치 굶주린 사냥꾼에게 쫓기는 사슴과 같은 삶을 살았다. 그는 사슴이었고 장인은 사냥꾼이었다. 이런 집요한 추격은 사울 왕이 전사할 때까지 13년간 지속되었다. 그러던 어느 날 다윗은 유다의 왕이 되었고, 하루 만에 광야에서 왕좌로 이동했다.

다윗이 죽기 전 왕국에 쿠데타가 일어났다. 다윗의 아들 중 하나가 자신을 왕이라고 선포한 것이다. 또 다른 아들인 솔로몬은 아직 어렸고 왕의 자질도 부족해 보였지만, 밧세바가 개입한 뒤 왕의 노새를 타고 대제사장의 거룩한 기름부음을 받아 왕으로 선포되었다. 다윗이 40년간 차지하고 있던 왕권은 24시간 내에 솔로몬에게 넘어갔다. 다윗의 원수들이 개입할 틈도 없이 한 나라의 통치권이 다른 사람에게 넘어간 것이다.

또한 하나님은 페르시아 127개 지방에 사는 유대인들이 장차 히틀러 같은 하만 때문에 사형선고를 받으리라는 것을 아셨다. 주님은 유대인 고아 소녀를 미인대회에 내보내셔서 왕의 은총을 입게 하셨다. 어느 날 에스더 왕후는 페르시아의 전통을 어기고 왕의 침상에 들어가 하만의 악한 음모를 폭로했다. 사기꾼 하만과 그의 열 아들은 모르드개를 위해 마련해 놓았던 장대 위에 매달리는 신세가 되었다. 이 모든 일이 순식간에 일어났기 때문에 원수들은 깜짝 놀라 페르시아 제국 내 유대인들을 말살하려는 계획을 철회했다.

하루 만에 펼쳐진 주요 예언적 사건들을 살펴보자. 오순절에 일어난 사건으로 하루 만에 교회가 탄생하였고(행 2:1-4), UN의 선포로 이스라엘이 재건되었다. 이스라엘에서 벤 구리온이 이 소식을 공포하자, 이스라엘은 1948년 5월 4일에서 15일 사이에 다시 한 번 국가로 태어나게 되었다. 예루살렘은 1967년에 6일전쟁이 발발하기까지 요르단과 이스라엘 땅으로 나뉘어져 있었는데, 전쟁 사흘째 아침 10시 유대인들이 예루살렘을 접수하면서, 오늘날과 같이 이스라엘의 수도가 되었다.

조각을 다 맞춰야 그림이 완성되는 퍼즐처럼 하나님은 우리에게 그분의 뜻을 조금씩 부분적으로 보여 주시는 경우가 많다. 바울은 "우리가 지금은 거울로 보는 것같이 희미하다"고 말했다(고전 13:12). 하나님이 당신을 향한 그분의 뜻 혹은 운명을 조금씩 부분적으로 보여 주시는 이유는 당신이 전체 그림을 보고 그것에 압도될 수도 있기 때문이다. 어쩌면 당신은 두려운 나머지 그 길에 들어서지 못할 수도 있다. 또는 지나치게 흥분해서 정지 신호를 무시하고 달리거나 장애물을 뛰어넘는 등 열정을 주체하지 못해 결국 그분의 뜻을 놓치게 될지도 모른다.

십 대에 사역자가 된 내게 성령님은 7가지 전도계획을 보여 주셨다. 나는 이것을 32쪽 분량의 소책자로 인쇄하기 시작했는데, 여기에는 라디오로 시작해서 예언 비디오 시리즈를 제작한 후 때가 되면 전 세계에 매주 TV로 방영한다는 미디어 사역이 포함되어 있었다.

18-19세의 어린 나이로 순회 복음사역을 하던 나의 연간 수입은 6천-만 5천 달러였다. 당시 주님이 52세에 하게 될 TV 방송 사역의 연간 예산이 200만 달러가 넘는다고 말씀하셨다면, 나는 기겁하며 이렇게 반응했을 것이다. "TV 방송 사역이요? 저에게는 지금 카메라와 스튜디오는커녕 캠코더도 없는데요!" 그러나 지금은 두 개의 사역 시설을 세웠으며, 집회 장소와 청소년 캠프장도 건설 중에 있다. 하나님은 당신이 삶의 염려에 사로잡히지 않기를 바라신다. 그래서 그분의 뜻을 점진적으로 계시해 주시는 것이다. 그분은 한 가지 사명을 완성한 후, 두 번째 과제에 대한 영감을 주신다. 하나님은 당신을 곧바로 최종 과제로 이끄시지 않는다. 만일 첫 번째 과제를 완성하지 않았다면, 두 번째 과제가 하늘에서 떨어질 것을 기대하지 말라.

우리가 모른다면 사탄도 모른다

이와 같이 성령도 우리의 연약함을 도우시나니 우리는 마땅히 기도할 바를 알지 못하나 오직 성령이 말할 수 없는 탄식으로 우리를 위하여 친히 간구하시느니라 마음을 살피시는 이가 성령의 생각을 아시나니 이는 성령이 하나님의 뜻대로 성도를 위하여 간구하심이니라 _롬 8:26-27

신자들이 가장 약한 부분 중 하나는 무엇을 위해 기도해야 할지 모른다는 것이다. 우리는 예수님의 이름으로 기도해야 한다는 것은 안다(요 15:16). 누구에게 기도할지 그리고 기도의 목표를 어디에 두어야 할지는 알지만, 무엇을 위해 기도할 것인가에서 막힌다. 만일 우리가 무엇을 위해 기도해야 할지 모른다면, 사탄도 우리를 향한 하나님의 계획을 알 수 없다! 성령이 말할 수 없는 탄식으로 중보하시는 것은 인간의 지성을 능가하는 성령의 기도 언어가 있기 때문이다(고전 14:14-15). 또한 인간의 지성은 열매 맺지 못하지만, 당신의 기도를 통한 성령의 중보가 당신을 향한 하나님의 뜻을 원수가 발견하지 못하게 막고 있을 가능성이 크다. 이것에 대해 바울은 다음과 같이 기록하였다.

> 사람의 일을 사람의 속에 있는 영 외에 누가 알리요 이와 같이 하나님의 일도 하나님의 영 외에는 아무도 알지 못하느니라 우리가 세상의 영을 받지 아니하고 오직 하나님으로부터 온 영을 받았으니 이는 우리로 하여금 하나님께서 우리에게 은혜로 주신 것

들을 알게 하려 하심이라 _고전 2:11-12

성령으로 하는 기도(방언)는 하나님의 뜻을 발견할 수 있는 놀라운 도구이다. 당신을 진리의 길에서 벗어나게 한 후 육체의 욕망에 빠뜨림으로써 삶 가운데 하나님의 궁극적인 뜻이 이루어지지 못하게 방해하는 것이 원수의 계략임을 잊지 말라. 믿는 자인 우리가 무엇을 위해 기도해야 할지 모르는 경우가 대부분이라면, 원수 역시 오직 성령만이 계시해 주시는 내용에 대해 아무것도 파악할 수 없다!

사탄의 가장 강력한 도구- 잘못된 관계

당신을 향한 하나님의 뜻을 모르더라도 원수는 당신의 주의를 다른 데로 돌리거나 당신을 하나님의 온전한 뜻에서 벗어나게 만드는 탁월한 전략을 세울 수 있다. 당신의 삶의 뒷문을 잠가 두지 않으면, 잘못된 관계가 비집고 들어와 당신을 자석처럼 끌어 당겨 하나님의 뜻에서 멀어지게 만들 수도 있다.

잘못된 관계라고 하면, 당신의 인생에 몰래 숨어 들어와 거미줄처럼 서서히 당신을 조여 오는 육적이고 본능적인 상대를 상상할지도 모르겠다. 잘못된 관계는 불신자들에게만 일어나는 스캔들이 아니다. 대부분의 신자들은 이런 식의 분명히 문제가 있어 보이는 속임들을 경계하며 속지 않는다. 그런 끔찍한 짓은 결코 저지르지 않는다. 그러나 놀라지 말라. 이러한 잘못된 관계는 교회 내에서 이를테면 성가대나 청년 모임에서 나타난다.

이것은 특히 미혼 청년들 사이에서 그러하다. 나는 16세에 버지니아 살렘에 있는 아버지의 교회에서 생애 첫 설교를 했다. 18세가 되었을 때는 세 개 주를 오가며 여러 교회에서 부흥회를 인도했는데, 어떤 교회에서는 2-3주를 머물며 사역하기도 했다. 가는 곳마다 최고의 부르심을 받은 딸이나 손녀딸을 설교자와 결혼시키려고 애쓰는 어머니나 할머니가 있었다. 어머니 같은 분이 미혼의 사역자인 나를 점심이나 저녁 식사에 초청할 때면, 그 자리에는 어김없이 미혼의 딸이나 손녀딸이 나타났다. 오해하지 말라. 나는 모델처럼 잘생긴 사람이 아니었다(사실 나는 창백하고 뼈만 앙상하게 남은 보잘것없는 외모의 사람이었다). 외모 때문이 아니라 사역 때문이었다. 그들은 가능한 빨리 그들의 딸을 사역자에게 시집보내고 싶었던 것이다.

16세부터 20세까지 결혼을 생각했던 자매가 몇 명 있었다. 하지만 나는 정욕이 아니라 영으로 분별하고 기도한 뒤 그들과의 결혼이 옳지 않다는 것을 알게 되었다. 알라바마 노스포트에서 4주간 집회를 인도할 때 나는 내 인생의 반려자를 만났다는 확신을 갖게 되었다. 그녀는 남부 억양을 가진 작고 아름다운 팸 테일러였다. 그녀는 아내이자 어머니, 영적 리더로서 나의 부족한 부분을 모두 채워 주었다.

만일 원수가 당신의 비전을 멈출 수 없다면 그는 또 다른 비전을 당신에게 심어 혼란을 일으키려 할 것이다. 두 개의 다른 비전은 본래의 중요한 비전을 약화시키기 때문이다. 잘못된 관계는 하나님께서 당신의 영

안에 심으신 진정한 꿈과 비전에서 멀어지게 만든다. 어떤 관계가 당신에게 힘을 실어 주는 대신 계속 당신의 진을 빼고 있다면, 그 관계는 당신에게 혼란을 일으키고 있는 것이다. 진정한 동반자는 혼란이 아니라 언제나 힘을 주며 당신을 축복하지 결코 저주하지 않는다. 정욕은 눈멀게 하지만 사랑은 친절하다는 것을 기억하라. 육신적인 혼의 묶임은 당신의 저장고를 텅 비게 만들 뿐 아니라, 이용당하고, 배신당했으며, 상처받았고, 실패했다는 느낌, 그리고 지긋지긋한 불신의 감정만 남긴다.

당신의 운명은 하나님의 뜻에 묶여 있다. 그 운명을 파괴하고 혼란스럽게 하거나 지연시키기 위해 원수는 당신의 밭에 가라지를 뿌리거나(마 13:38), 양의 무리에 염소를 두거나(마 25:32-33), 그물에 나쁜 물고기를 넣거나(마 13:47-48), 리더들 가운데 가룟 유다를 심을 것이다! 그러나 성령님은 "영 분별"의 은사를 주셔서 사람들의 내적인 동기를 볼 수 있게 하신다. 이것을 통해 당신은 하나님께서 당신에게 붙이신 사람들을 보호할 수 있고, 양의 탈을 쓴 늑대와(마 10:16) 하나님의 목적을 분산시키는 사람들을 막을 수 있다. 늑대는 양처럼 행동할 수는 있어도 그가 지나간 자리에 남은 발자국은 숨길 수 없다. 그러므로 믿는 자들은 지속적으로 하나님의 뜻을 구하고 성령을 통해 기도의 은사를 받아야만 한다(롬 8:26-28).

Exposing Satan's Playbook
Chapter 10

사탄이 믿는 자에게
사용하는 가장 강력한 무기

원수에게는 절대로 들키기 싫어하는 비밀이 한 가지 있다. 이것은 그가 믿는 자를 대적할 때 사용하는 가장 강력한 무기이다. 이 무기가 무엇인지 알려면 그리스도께서 고난받으시기 직전에 베드로와 나눈 대화를 살펴봐야 한다. 시몬 베드로는 그리스도께서 택하신 열두 제자 중 아마도 가장 나이가 많고 두드러진 인물이었을 것이다. 그리스도는 베드로가 자신을 부인할 것이라고 말씀하셨다. 그러자 그는 이렇게 대답했다. "내가 주와 함께 죽을지언정 주를 부인하지 않겠나이다!"(마 26:35)

다른 제자들은 그리스도를 부인하지 않았다. 그들은 다만 목숨을 부지하기 위해 달아났고 주께서 십자가에 달리실 동안 숨어 있었을 뿐이다! 하지만 베드로는 칼을 뽑아 대제사장의 종의 귀를 잘라 그의 충성심을 증명해 보이려 했다(51절). 그리고 그리스도의 재판이 벌어지는 곳에 몰래 들어갔다. 모닥불에 몸을 녹이는 동안 누군가 그를 알아봤다. 베드로는 주를 부인할 뿐 아니라 자신이 그리스도의 추종자가 아니라는 것을 증명하기 위해 저주까지 하고 말았다. 베드로는 목숨을 잃을까 봐 두려웠던 것이다. 닭이 우는 소리를 들은 베드로는 그곳을 빠져 나와 심하게 통곡했다(69-75절). 그는 결코 그리스도를 부인하지 않겠다는 맹세를 지키지 못했다는 사실에 엄청난 죄책감을 느꼈다.

부활의 아침 여인들이 무덤 안을 들여다볼 수 있게 무덤의 돌을 옮겨 놓은 주의 천사는 마리아에게 다음과 같이 지시했다. "가서 그의 제자들과 베드로에게 이르기를 예수께서 너희보다 먼저 갈릴리로 가시나니 전에 너희에게 말씀하신 대로 너희가 거기서 뵈오리라 하라."(막 16:7) 특별히 베드로를 지목하여 부활하신 메시아를 만나라고 한 이유는 무엇일까? 이어지는 이야기를 읽어 보면 고기를 잡기 위해 갈릴리로 돌아간 베드로 앞에 그리스도가 나타나셨다. 예수님은 그들을 불러 함께 음식을 드셨다. 베드로는 결코 그리스도를 부인하지 않을 것이라고 장담했지만, 결국 그분을 부인하고 말았고, 그 뒤 가업인 어부 생활로 돌아간 것으로 보인다. 나는 도덕적으로 넘어진 성도가 이처럼 도망치는 모습을 보았다. 그들은 때로 교회에 나오지 않는다. 죄 때문이 아니라 단지 자신의 실패가 너무 수치스럽고 창피해서 교회에 돌아오지 못하는 것이다.

제자들과 식사를 마치신 후 그리스도는 베드로에게 세 번 물으셨다. "네가 이 사람들보다 나를 더 사랑하느냐?" 베드로는 세 번 모두 그렇다고 대답했다. "내가 주를 사랑하는 줄 주께서 아시나이다." 매번 그리스도는 베드로에게 "내 양을 먹이라"고 부탁하셨다(요 21:15-17). 베드로가 주를 세 번 부인한 것과(마 26:34; 눅 22:34) 그리스도께서 베드로에게 세 번 주를 사랑한다고 고백하게 하신 것은 아주 중요하다. 이 대화는 다른 제자들이 지켜보는 가운데 진행되었다. 나는 이 사건을 통해 베드로가 진실로 그리스도를 사랑했고 또한 사도로 부름받았다는 사실을 다른 제자들이 더 이상 의심하지 않게 되었다고 믿는다. 이것은 오순절에 성령을 받은 후 베드로가 전한 메시지를 통해 3천 명의 유대인들이 메시아에게 돌아왔을 때 확실하게 증명되었다.

열정에 사로잡힌 사역자가 사역을 중단하고 세상 일로 돌아가게 만드는 무기는 무엇인가? 성도가 교회를 떠나 다시 돌아오지 못하게 만드는 무기는 무엇인가? 당신의 예배와 기도 생활, 하나님과의 동행을 가로막고 있는 가장 큰 장애물은 무엇인가? 이것은 신자들 대부분이 경험하지만 결코 생각해 보지 않았던 것, 바로 정죄감이다.

강력한 무기

사역 초기에 나는 찔림(conviction)와 정죄감(condemnation)의 차이를 깨닫게 되었다. 성령님은 세상의 죄를 "책망"하신다(요 16:8). 책망이라는 단어는 "어떤 사람이 죄가 있음을 알게 하다 혹은 확신시키다"의 뜻이다. 나아가 어떤 사람의 잘못을 꾸짖는다는 뜻도 있다. 법정에서 유죄 판결을 받은 사람은 죄인이 된다. 우리는 먼저 죄가 있다고 인정해야 죄로부터 구원을 받을 수 있다. 그러나 하늘 법정에서는 놀랍게도 당신이 죄를 짓고도 죄가 없다고 말하면 거짓말을 하는 것이지만, 만일 당신의 죄를 인정하고 고백하면 용서받고 자유를 누리게 된다! 찔림과 정죄감은 다르다.

영적인 의미에서 정죄감은 사람이 죄를 지은 후 느끼는 죄책감이다. 마치 베드로가 주를 부인했을 때 슬피 울었던 것처럼 믿는 자는 죄를 범하면 후회의 감정을 느끼게 된다. 이런 슬픈 마음은 나쁜 것이 아니다. 이것은 성령께서 당신의 죄를 빛 가운데 드러내심으로써 그리스도께 고백하고 정결함을 받도록 당신을 다루고 계신 것이다(요일 2:1). 어떤 신자가 죄 사함을 받으면 사탄은 정죄감이라는 도구를 사용한다. 그래서 하나님의 용서와 자신이 용서받은 존재라는 확신을 누리지 못하게 하려고 애쓴다.

정죄는 신자가 기도하려고 할 때 정죄감을 일으키면서 능력을 발휘한다.

> 자녀들아 우리가 말과 혀로만 사랑하지 말고 행함과 진실함으로 하자 이로써 우리가 진리에 속한 줄을 알고 또 우리 마음을 주 앞에서 굳세게 하리니 이는 우리 마음이 혹 우리를 책망할 일이 있어도 하나님은 우리 마음보다 크시고 모든 것을 아시기 때문이라 사랑하는 자들아 만일 우리 마음이 우리를 책망할 것이 없으면 하나님 앞에서 담대함을 얻고 무엇이든지 구하는 바를 그에게서 받나니 이는 우리가 그의 계명을 지키고 그 앞에서 기뻐하시는 것을 행함이라 _요일 3:18-22

영적인 정죄감은 우리의 확신에 지대한 영향을 미친다. 확신은 자신감을 일으킨다. 확신이 없는 사람은 특히 대화 가운데 쉽게 드러난다. 확신이 부족한 사람은 자신의 고통과 실패에 대해 강조하거나 친구가 없다고 말하는 등 삶의 부정적인 측면에 초점을 맞추며, 실패에 대한 두려움 때문에 도전하려고 하지 않는다.

정죄는 원수의 병기고에 있는 아주 강력한 무기 중 하나이다. 원수는 정죄가 작동하는 방식과 정죄의 화살이 당신의 정신을 무너뜨린다는 사실을 당신이 모르기를 바란다.

정죄의 예

성령님은 죄를 책망하시지만 일단 당신이 용서받으면, 더 이상 죄책감이나 가책을 일으키지 않으신다. 용서받은 이후에 오는 정죄감은 원수가 믿는 자들의 생각에 장난을 치고 있다는 증거이다. 원수는 신자들이 하나님의 완전하신 사랑을 의심하기 바란다. 그들은 말한다. "제가 이렇게 깊은 죄의 늪에 빠져 있는데 하나님께서 저를 사랑하실 리가 없어요." 또 이렇게 말한다. "제가 죄를 지었기 때문에 하나님은 이제 저의 기도를 듣지 않으실 거예요." 마지막으로 그들은 이렇게 결론 내린다. "저와 가족의 인생을 제가 망쳐 버렸어요. 그만 포기할래요. 이젠 끝이에요." 정죄라는 무기가 상황을 여기까지 이끈 것이다.

이런 일은 특히 유명 사역자가 성적인 문제나 알코올 중독, 재정적인 스캔들 등의 도덕적/영적 공격을 받을 때 벌어진다. 오랜 친구 중 한 명은 원수의 집중적인 공격을 받았다. 그 친구가 과연 어떻게 그것을 견딜 수 있었을까 싶을 정도였다. 심한 압박 가운데 그는 스트레스를 육적인 방법으로 풀었고 결국 이혼한 뒤 알코올 중독자가 되었다. 유명한 사역자였던 그에 대한 부정적인 기사들은 그에게 더 큰 정죄감을 주었다. 어느 날 나는 그의 절친한 친구를 통해 이런 이야기를 들었다. "그 친구는 자신이 과거에 저지른 죄에 대한 정죄감에 지나치게 사로잡힌 나머지 자신을 용서하지 못하고 있어요." 이것이 정죄감의 결과이다.

정죄감은 하나님께서 당신의 기도를 듣지 않으신다고 말하지는 않을지라도 당신이 기도할 자격이 없는 존재라고 느껴지게 만든다. 낙태를 한 여성들이나 불륜을 저지른 남자들이 치르는 가장 큰 싸움 중 하나는 그런 죄를 범한 자신을 과연 용서할 수 있는가이다.

요한은 마음에 정죄의식이 있으면 우리의 기도는 확신을 잃게 되고 하나님께서 우리의 기도를 듣고 계신다는 사실에 의심을 품게 된다고 말했다. 이런 의심은 불신으로 번진다. 불신 가운데 드리는 기도는 응답되지 않는다. 왜냐하면 믿음이 하늘과 땅을 연결하는 응답의 길을 내기 때문이다.

하나님께서 죄를 잊으시듯이 우리도 그것을 잊지 않으면 정죄감에 빠질 수 있다. 일단 우리가 용서받으면 전능자는 더 이상 우리의 죄를 기억하지 않으신다. 하지만 인간은 자신이 범한 죄뿐 아니라 세세한 말과 행동까지도 기억한다. 인간의 지성이라는 컴퓨터 안에 내장된 기억들을 삭제하지 않으면 생각의 덫이 될 수도 있다.

기억력은 창조주께서 주신 선물이다. 이 독특한 능력이 없다면 당신은 결코 말하거나, 쓰거나, 수학 문제를 풀거나, 자녀들의 이름을 기억할 수 없을 것이다. 또한 크리스천의 삶에 실제적인 용기와 교훈을 심어 주는 성경 구절들을 기억했다가 사용할 수도 없을 것이다. 하지만 이러한 기억은 우리가 영적 또는 도덕적으로 실패했을 때는 걸림돌이 된다. 책에 인쇄된 사진들처럼 실패의 이미지들은 생각의 스크린에 새겨진다. 그리고 실패와 죄에 대한 기억은 내면 깊숙한 곳에서부터 속삭이며 과거의 사건들을 느린 동작으로 재생한다. 당신을 정죄하기 위해 마치 소리 없는 흑백 영화처럼 이미 용서 받은 과거의 이미지를 반복 재생한다.

그렇다면 믿는 자는 이미 용서받은 죄에 대한 정죄감을 어떻게 처리해야 할까?

좋아하고 끌리는 죄들 다루기

예수님을 믿는 히브리인들에게 히브리서 저자는 그들보다 앞서간 하나님의 위대한 사람들이 있고, 그들이 "구름같이 허다한 위대한 증인"(히 12:1)이 되었다는 점을 상기시켜 주었다. 그는 믿는 자들을 상을 바라보며 결승선을 향해 달려가는 사람들에 비유했다. 그의 가르침은 두 가지였다.

첫째는 "모든 무거운 것과 얽매이기 쉬운 죄를 벗어 버리라"는 것이었다(12:1). "무거운"의 헬라어 '옹콘'(ongkon)은 "비뚤어진 혹은 갈고리 모양으로 휘어진"의 뜻으로, 어떤 것이 낚싯바늘에 걸리거나 매달려 있는 상태의 무게를 의미한다. 이 단어는 신약에서 단 한 번 사용되었는데, 정통 헬라어에서는 부어오른 곳이나 종양, 심지어 교만을 뜻할 때 사용되었다. 이것의 일반적인 의미는 육중한 무게감이다. 본문은 믿는 자들이 믿음의 경주에서 상을 받으려면 그들을 무겁게 짓누르고 있는 것과 짐들을 내려놓아야 된다고 말한다.[1] 무거운 것들이란 교만, 용서하지 않는 마음, 의심, 세속적인 것 그리고 신자들이 결승점을 향해 달려가는 동안 그들을 짓누르는 다른 육적인 장애물들을 가리킨다.

이어서 히브리서 저자는 얽매이기 쉬운 "죄"에 대해 언급한다. "얽매이기 쉽다"에 해당하는 헬라어는 신약에서 유일하게 이곳에서만 나타나는데, "빙 둘러 서 있는" 보다 분명하게는 "아주 가까이 있어서 쉽게 접근할 수 있는"의 뜻이다. 놀라운 주석 시리즈인 《바네스 노트》(Barnes' Notes)에서는 이 구절을 다음과 같이 풀이한다.

> 파쏘(Passow)는 이 단어를 "쉽게 둘러싸다"로, 틴데일은 "우리에게 매달려 있는 죄"라고 정의한다. 떼오도르트(Theodoret)와 다른 주석가들은 이 단어의 기원을 고통과 위험을 뜻하는 페리스타시스(peristasis)로 보면서 위험이 충만한 것 혹은 사람을 아주 쉽게 재난에 빠뜨리는 죄를 가리킨다고 보았다. 그로티우스(Grotius), 크렐리우스(Crellius), 키페(Kype), 퀴노엘(Kuinoel) 등의 의견을 수렴한 블룸필드(Bloomfield)는 동양의 긴 옷에 착안해서 이 단어는 "특히 우리를 휘감아 우리의 가는 길을 막는 죄"를 의미한다고 보았다. 그의 주장에 따르면, 이 구절은 달리기 선수가 경주하

는 동안 옷이 다리에 걸리지 않도록 주의하라는 뜻이 된다. 따라서 크리스천은 이와 유사한 모든 것, 곧 경주에 걸림돌이 되는 모든 죄를 반드시 벗어 버려야 한다.2)

경주에서 1등하기 원하는 선수라면 지나친 짐을 제거하고, 발에 걸리지 않게 헐렁한 옷을 단단히 묶고, 영·혼·육을 오직 코스에 집중하고, 마지막까지 지치지 않도록 페이스를 조절하는 법을 배워야 한다. 히브리서 저자가 "죄들"이 아니라 "죄", 즉 특정한 죄를 벗어 버리라고 한 것에 주목하라. 이것은 신자가 싸우고 있는 한 가지 죄를 말한다. 그것은 교만일 수도, 좋지 않은 성격일 수도 있다. 또 육체의 정욕이나 안목의 정욕일 수도 있다.

나는 이것을 끌리는 죄(pet sin)라고 부른다. 쉽게 범할 수 있고 아주 가까이에 있기 때문이다. 이 죄는 믿는 자가 영적인 것들에 집중하려고 하면 마음을 분산시킬 뿐 아니라 굉장히 무겁게 짓누른다. 히브리서 기자는 만일 우리가 우리를 꼼짝 못하게 만드는 무거움과 죄를 처리하지 않으면 결코 성공적으로 완주할 수 없다는 사실을 알고 있었다.

나는 개인 도서관에 고서들을 수집하여 소장하고 있는데, 16세기의 책들뿐 아니라 1948년부터 1956년에 미국에서 일어났던 유명한 "치유의 부흥" 초기의 책들도 많이 가지고 있다. 그중 《나를 괴롭히는 죄!》라는 책은 유명한 사역자에게는 어울리지 않는 제목이지만 히브리서 12장 말씀을 주요 본문으로 사용했다. 그를 괴롭히는 죄가 무엇인지 구체적으로 설명하지는 않았지만, 그는 그 죄를 벗어 버리는 것에 대해 간략하게 논했다.

그의 책이 출간된 지 몇 년 후 그를 괴롭히는 죄가 만인에게 알려졌다. 그는 대형 천막 집회에 설교하러 가기 전, 어느 큰 도시에서 음주운전으로 체포되었다. 그는 보석으로 풀려난 뒤 청중들 앞에서 자신의 죄를 고백하라는 요청을 받았다. 집회 장소에 도착해 보니 사람들은 그가 경찰의 함정에 빠졌다고 믿고 있었다. 회개하고 자신의 구원과 자유를 위해 기도해 달라고 부탁하는 대신, 그는 자신을 괴롭히는 죄의 터 위에서 말씀을 전했다. 얼마 지나지 않아 그는 캘리포니아의 한 호텔에서 돌연사했다. 그의 지인들이나 함께 순회하던 사람들은 그에게 이런 문제가 있었는지 전혀 몰랐다면서 깜짝 놀랐다고 말했다. 하나님을 향한 진실한 사랑과 놀라운 설교의 은사에도 불구하고 그의 무거운 짐과 죄는 엄청난 유업은 물론 목숨까지도 빼앗아 가고 말았다.

이와 유사한 사건이 내가 어릴 적부터 알고 지내던 한 사역자에게도 일어났다. 아버지는 그가 수백 구절의 성경을 암송하고 있었고, 병자를 위해 기도하는 놀라운 믿음의 사람이었다고 하셨다. 1950년대 대형 천막 집회에서 아버지는 이 사람이 커다란 갑상선종이 있는 사람을 위해 기도하자 그 자리에서 즉시 치유되는 것을 직접 보셨으며, 당시 작은 아버지 윌리엄을 포함한 다른 여러 시각 장애자들도 치유받았다고 한다. 1950년대 후반 이 사역자는 펜실베니아에서 만 명이 넘는 교회의 담임을 맡았다. 이 교회는 한때 미국에서 가장 큰 교회였으며, 그의 목소리는 이스트코스트 전역에서 라디오로 들을 수 있었다.

일련의 비극적인 사건 끝에 그는 이혼했고 자녀들도 아내가 양육했다. 그는 계속 목사직을 수행했지만 결국 교회 뒤편의 작은 방에서 은둔자처럼 생활하는 지경에 이르렀다. 우울증에 시달리던 그는 술을 의지했고 설교해야 한다는 것을 알면서도 단지 그 주제를 피하기만 했다. 그가 죽기 전에 한 다음 고백은 내 마음을 깊이 찔렀다.

한 복음 전도자가 그를 방문해서 그의 삶에 대해 질문했다. 그는 이렇게 대답했다. "수년 동안 나는 내 육체와 싸웠습니다. 하지만 나는 하나님의 말씀을 부인하거나 예수님의 이름을 부인한 적이 없습니다. 믿음도 부인하지 않았고 하나님을 등지지도 않았습니다. 그분 앞에 설 때 하나님도 이것을 기억하실 겁니다." 이것은 정말 슬픈 고백이었다. 그는 옳은 일을 많이 했지만 한 가지 잘못을 범했다. 그는 그를 괴롭히는 죄를 결코 이기지 못했다. 나는 그의 죄를 알지만 그의 심판자는 아니다. 오직 하나님만이 모든 사람의 재판장이시며 오직 하나님만이 죽음의 순간에 과연 그가 하나님께 고백하고 회개했는지 그 사람의 진정한 영적 상태를 아신다.

오직 하나님의 능력으로만 자유를 얻을 수 있는 무거움과 죄들이 있다. 그리고 "육과 영(혼)의 온갖 더러움으로부터 우리가 스스로 정결케 해야 할" 연약함들도 있다(고후 7:1). 더러움이란 단어는 신약에 네 차례 등장하는데(고후 7:1; 엡 5:4; 약 1:21; 계 17:4), 서로 다른 네 개의 헬라어가 모두 더러움을 뜻하는 말로 번역되었다.

바울은 옷에 묻은 얼룩을 암시하는 단어를 사용하여 육과 혼의 죄들을 지적하고 있다. 육체의 죄들은 갈라디아서 5장 19-21절에 나타나 있다. 이 죄들은 따로 설명할 필요가 없는 것들로 사람의 말과 행동에서 가시적으로 드러난다. 그러나 영(혼)의 더러움은 다른 사람들이 볼 수 없는 내면의 것들을 말한다. 사람은 쓴 뿌리, 두려움, 분노, 용서하지 않는 마음을 품을 수 있다. 이런 것들은 인간의 혼을 더럽히고 얼룩지게 한다. 얼굴은 웃고 있지만, 내면에서 벌어지고 있는 혼란은 아무도 모른다.

정결함과 용서는 반드시 그리스도의 보혈을 통해야 한다. 하지만 믿는 우리는 원수의 모든 능력을 제압하고 스스로의 선택을 통해 이미 열려 있는 문들을 닫을 수 있는 하늘의 권세를 가지고 있다. 히브리서 기자는 그리스도 없이 스스로 자유를 누릴 수 있다고 가르치지 않는다. 우리는 그리스도를 통해 무거움과 죄들을 벗어 버릴 수 있다. 분명한 것 한 가지는 결코 우리가 즐기는 것을 스스로 제거하거나 용납한 것을 스스로 정결케 할 수 없다는 사실이다. 자유롭고 싶은 의지와 자유를 갈망하는 마음이 어우러져야 한다. 갈망과 의지가 충돌한 이후에 자유가 문을 두드리게 된다.

설교자들이 스스로에게 설교할 때

죄를 대적하는 강력한 메시지로 수백 명의 사람들을 초청해 회개의 눈물을 흘리게 한 유명한 사역자들이 있었다. 수년이 지난 후 이 사역자들은 그들이 그렇게 맹렬히 비난하던 바로 그 죄에 빠지고 말았다. 공중파를 가득 채운 "위선자"라는 소리가 이들의 사역에 따라붙었고, 심지어 믿는 자들도 이 사람들이 과연 자신들이 설교하는 내용을 믿고 있는 것일까 의심스러워했다.

    4대째 사역자이자 수백 명의 사역자들을 알고 있는 나는 위에서 언급한 사람들에 관해 작은 비밀을 말해 주고 싶다. 많은 경우 그들은 자신을 향해 설교하고 있다. 이 말이 수수께끼같이 들릴지 모르지만, 그들은 주님이 주시는 능력으로 단 위에 서서 말씀을 전하면서 자신의 마음과 생각에 잠시나마 위로를 얻는다. 그들은 강대상에서 내려올 때 다시는 실패하지 않겠다고 다짐한다. 더러는 몇 주 혹은 몇 달 동안 끌리는 죄(pet sin)에 빠지지 않고 잘 지내지만, 그것이 다시 시작되면 성령님이 찔림을 주신 내용을 성도들에게 선포하면서 스스로를 책망한다. 하지만 정신적인 싸움과 유혹의 근원을 제거하지 않으면 그들은 결국 이전의 유혹에 굴복하게 될 수도 있다.

    갑자기 실패한 사람들이라고 다 위선자는 아니다. 어쩌면 그들은 많은 시간 그리스도를 섬겨 왔을 수도 있다. 위선자는 지속적으로 다른 사람들을 정죄하면서 오히려 자신은 동일한 죄를 은밀히 범하고 있는 사람이다. 당신을 자유케 하는 능력의 말씀이 그 메시지를 선포하고 있는 바로 그 사역자를 자유케 할 수 있음을 명심하라. 하나님의 말씀은 "살아 있고 활력이 있어 좌우에 날 선 어떤 검보다도 예리하다."(히 4:12) 하나님의 말씀은 혼과 영을 가르며 육의 사람과 영의 사람을 분리한다! 믿는 자가 기름부음이 있는 말씀 가운데 있을 때 마음이 새로워지는 것도 바로 이 때문이다. 성령의 검은 말씀을 듣는 사람들의 혼과 생각에 붙어 있는 잡동사니와 무거움들을 잘라 낸다.

완전한 자유의 과정

믿는 자가 온전한 확신을 가지고 하나님께 나아가려면 하나님의 의를 인식하고 그분과의 관계에 확신을 가져야 한다. 믿는 자는 반드시 모든 정죄감을 제거하고 자신을 지존자의 자녀, 하늘 아버지의 사랑을 받는 자, 그분과 언약의 관계를 맺은 사람으로 여겨야 한다.

죄인이 그리스도께 용서받을 때 경험하는 감정은 말로 표현할 수 없다. "거듭남"은 새 생명, 새 출발을 가장 잘 묘사한 말이다. "거듭남"은 새로운 사람으로 태어난다는 뜻이다. 성령님은 완전히 새로운 존재로 재창조하신다. 이것이 자유의 첫 단계이다. 경험상 우리는 그리스도 안에서 새로 태어난 신자가 하나님과 동행하는 초창기에 육체의 일이나 잘못된 영향력을 끊지 않음으로써 어떤 영역에서 실패할 수도 있다는 사실을 안다.

우리가 갓난아기에게 18세 청소년의 행동과 사고를 기대할 수 없듯이 신자들은 새롭게 태어난 크리스천에게 인내를 보여야 한다. 그러나 신자가 성장할 때 영적 성숙도 반드시 뒤따라야 한다.

그리스도께서 우리에게 자유로운 삶을 열어 주셨지만, 우유를 먹는 젖먹이에서 영적인 고기를 먹는 성인으로 성숙하는 것은 우리의 몫이다 (고전 3:2). 우리가 성장할수록 자유의 단계도 높아진다. 유아에서 어린이로, 어린이에서 청소년으로, 청소년에서 책임을 지는 성인으로 성장해야 한다. 그리스도를 오래 섬길수록 당신이 "벗어 버릴"(히 12:1) 무거움들과 괴롭히는 죄들을 더 발견하게 될 것이다. 그러다가 문득 뒤돌아보면 "우리 주와 구주 예수 그리스도의 은혜와 지식"(벧후 3:18) 가운데 성장한 자신의 모습에 놀라게 될 것이다.

자유는 오직 구원자에 대한 당신의 지식에 근거하여 확장된다. 십대 자녀가 뭔가 잘못하거나 위험한 일을 하면 이렇게 말할 것이다. "무슨 생각을 하고 있었니? 그 정도는 알 만한 나이잖아." 사실 주의 말씀을 알면서도 반대로 행동하는 모든 신자들에게도 동일한 질문을 던져야 한다. "도대체 무슨 생각을 하고 있었니? 그 정도는 잘 알고 있으면서."

하나님께 용서를 구하기 지쳤는가?

어떤 사람들은 한 번의 회개로 과거와 현재, 미래의 모든 죄를 용서받았기 때문에 회개할 필요가 없다고 믿는다. 이런 믿음은 사실 신약 전체의 가르침과 상반된다. 그리스도는 베드로가 그분을 부인할 것을 예언하셨다. "시몬아, 시몬아, 보라 사탄이 너희를 밀 까부르듯 하려고 요구하였으나 그러나 내가 너를 위하여 네 믿음이 떨어지지 않기를 기도하였노니 너는 돌이킨 후에 네 형제를 굳게 하라."(눅 22:31-32) '돌이키다'의 헬라어는 "되돌아가다" 혹은 "다시 가다, 다시 돌아가다"의 뜻이다.

베드로는 동일한 단어를 종교적인 유대인들을 가르칠 때 사용했다

(행 3:19). 그리스도는 베드로의 "믿음이 떨어지지 않기를" 중보하셨다(눅 22:32). 만일 베드로가 실패한 후 믿음을 잃어버렸더라면 그는 너무 멀리 가서 결코 다시 돌아오지 못했을 것이다.

자기 백성을 향해 회개하라는 그리스도의 강력한 명령은 요한계시록의 일곱 교회에 주신 말씀에서도 나타난다. 그리스도는 일곱 번이나 교회를 향해 회개하라고 명령하셨다. 그렇게 하지 않으면 그들은 그리스도와 단절되고 직접 그분의 심판을 받게 될 것이다(계 2:5, 21-22; 3:2, 9). 요한은 범죄하지 말라고 기록했다. 하지만 "만일 누가 죄를 범하여도 아버지 앞에서 우리에게 대언자가 있다."(요일 2:1) 진실한 하나님의 자녀가 죄에 빠지면 성령의 찔림이 있을 것이고, 진실한 자녀는 아버지께 돌아와 죄로 얼룩진 마음의 정결함을 구할 것이다.

우리는 용서를 구하는 능력의 중요성을 간과해서는 안 된다. 내가 아는 목회자가 유부녀 성도와 간음에 빠졌다. 그는 죄를 범할 때마다 목양실에 돌아와 여러 시간 기도하면서 다시는 그 죄를 짓지 않겠다고 맹세했다. 하지만 그 여자의 성적인 유혹에 압도되고 말았다. 6개월간 그는 죄 짓고 긍휼을 구하고, 죄 짓고 용서를 구하고를 반복했다. 그는 말했다. "어느 날 일어났을 때 이렇게 말했지. '용서를 구하는 것도 이제 지긋지긋해. 더 이상은 못하겠어.'" 그날로 그는 그 여자에게 완전히 사로잡혔고 며칠 후에는 교회를 잃었으며, 몇 달 후에는 아내와 헤어졌다.

그는 내게 심오한 이야기를 해 주었다. "하나님의 도움을 진심으로 구하며 자유를 원하는 동안 하나님은 자비를 베풀어 주셨어. 하지만 그 죄에 사로잡혀 하나님께 돌아가지 않기로 선택하자 그분은 내 죄를 드러내셨다네." 이것을 은밀하게 죄를 짓고 회개하면 그 죄가 절대로 드러나지 않을 것이라는 말로 오해하지 않기를 바란다. 어떤 사람들은 범죄하자마자 바로 죄가 드러나는 경우도 있다. 하지만 나는 어떤 사람이 지속적으로 하나님의 도움을 진지하게 구하면 하나님이 자비하심을 보이신다고 믿는다. 겸손한 마음과 성령께 순복하는 태도가 하나님의 마음을 움직이기 때문이다.

나는 하나님께서 어떤 자녀가 죄와 씨름하면서 지속적으로 용서를 구하는 것을 지겨워하실까 궁금하게 여기곤 했다. 나는 아들과 딸이 내게 찾아와서 용서를 구하는 장면을 상상해 보았다. 나는 그들을 거절할 수 없을 것이다. 자녀들이 자신의 잘못을 깨닫고 잘하려고 노력하는 모습에 오히려 그들을 자랑스러워할 것이다. 베드로는 범죄한 형제를 몇 번이나 용서해 줘야 하는지 질문하면서 이렇게 말했다. "일곱 번 용서해 줄까요?" 예수님은 일흔 번씩 일곱 번 총 490번 용서하라고 대답하셨다. 사실 그리스도께서는 베드로와 다른 모든 사람들에게 범죄한 형제를 필요한 만큼 기꺼이 용서해 주라고 강조하신 것이다. 죄의 찔림에서 자유를 누리려면 회개가 필요하다. 그리고 정죄감으로부터 자유를 누리려면 지식이 필요하다. 바울은 다음과 같이 기록했다.

> 그러므로 이제 그리스도 예수 안에 있는 자 곧 육체를 따라 살지 않고 성령을 따라 사는 자에게는 결코 정죄함이 없느니라 _롬 8:1

로마서 8장에서 바울은 육체와 성령의 싸움을 다루었다. 육체는 영의 것들을 이해할 수 없고, 영은 육체의 것들과 공존할 수 없다. 그것은 마치 물과 기름을 섞는 것과 같다. 둘은 분리되어 있고 결코 하나될 수 없다. 우리가 육체가 아닌 주님의 성령을 기쁘시게 하는 삶을 살 때 정죄는 사라질 것이다. 육체는 기이하게도 자기 배를 채워 달라고 요구하지만, 일단 육체의 배가 채워지면 영의 사람이 병들기 시작한다. 반면 영의 사람을 하나님의 말씀과 기도, 예배와 성도의 교제로 채우면 육체의 본성은 성령의 뜻에 따라 통제된다.

나는 여러 해 동안 이렇게 가르쳐 왔다. 원수가 당신의 과거를 가지고 고통을 주려고 찾아오면 그의 장래를 상기시켜 주면 된다고 말이다. 원수는 하늘의 예배자의 자리에서 쫓겨난 실직자이며, 타락한 천사들이라 불리는 또 다른 실패자들과 어울리는 존재이다. 그의 사망기사가 이미 작성되었고, 그의 종착지가 유황 못이라는 사실을 상기시켜 주라! 그가 당신의 죄를 지적하거든 다음과 같이 고백하라. "나는 그리스도의 보혈로 용서받았다. 그리스도의 이름으로 참소자는 나를 대적할 증거가 아무것도 없다." 죄를 짓지 말라. 그리고 삶의 모든 영역에서 승리하도록 기도하라. 혹시 덫에 걸렸다면 하나님께 즉시 고백하고 반복적으로 죄에 굴복하지 않도록 능력을 구하라.

빈 페이지

정죄가 믿는 자를 대적하는 사탄의 가장 강력한 무기라면, 용서는 그에 대응하는 가장 강력한 무기다. 다음 이야기는 이 진리를 잘 보여준다. 몇 년 전 아프리카에서 사역할 때 세상에서 가장 위대한 복음 전도자 중 한 사람을 위해 일했던 음향 담당자를 만났다. 그는 나에게 이런 이야기를 들려주었다.

몇 년 전 어떤 위대한 목회자이자 설교자가 오랫동안 하나님을 섬기다가 성적 타락에 빠져 사역을 잃게 되었다. 이 기간에 그는 죄로 얼룩진 삶을 살았고 하나님을 거역했다. 다행히 그는 그리스도께 돌아와 주님과의 교제를 완전히 회복했다. 후회와 수치감에 사로잡힌 그는 하나님께서 그런 자신을 어떻게 쓰실까 궁금했다. 어느 날 밤 그는 놀라운 꿈을 꾸었다. 그는 천국에 서 있었는데, 한 천사가 그리스도를 영접한 순간부터 그 꿈을 꾸는 순간까지 그의 모든 행동과 사건들을 자세하게 기록한 생명책을 가지고 나타났다.

천사가 책을 펼치자, 거기에는 그가 행한 선한 일들과 착한 행동들 그리고 그 일들이 일어난 날짜들이 구체적으로 적혀 있었다. 천사는 페이지에 적힌 선행을 소리 내어 읽고 이렇게 말했다. "이것은 당신이 주님을 위해 한 일입니다." 이 과정은 수도 없이 반복되었다. 책 속의 날짜가 자신이 범죄하고 주님을 완전히 떠났을 때에 이르자 이 사역자는 괴로웠다. 그는 천사가 뭐라고 드러내어 말할지 두려웠다.

천사가 죄를 범했던 날짜가 적힌 페이지를 열었다. 그러나 그 페이지는 비어 있었다. 여러 페이지를 넘겼지만, 각 페이지에는 죄에 대한 기록이 전혀 없었다. 그가 물었다. "왜 이곳은 백지인가요?" 천사가 대답했다. "이것

Chapter 10 사탄이 믿는 자에게 사용하는 가장 강력한 무기   159

이 바로 주님께서 당신을 위해 하신 일입니다!" 빈 페이지 끝에 그가 회개하고 회복된 날짜가 기록되어 있었다. 천사는 계속 읽어 나가면서 말했다. "이것은 바로 당신이 주님을 위해 한 일입니다."

어쩌면 이것은 이사야 43장 25절의 문자적인 의미일 수도 있다. "나 곧 나는 나를 위하여 네 허물을 도말하는 자니 네 죄를 기억하지 아니하리라." 진실한 회개가 진정한 용서와 죄 사함을 준다는 것을 깨닫게 될 때 당신은 정죄의 공격을 이길 수 있다.

사탄이 죄인에게 사용하는 가장 강력한 무기

만일 크리스천들을 대상으로 원수가 죄인들에게 사용하는 가장 강력한 무기가 무엇일지 설문조사를 한다면 다양한 답을 듣게 될 것이다. 그것은 회심하지 않은 그들의 가족이 그리스도의 구속적 언약을 받지 못하게 막는 주요 장애물들에 대한 것일 수도 있다. 어떤 사람들은 특정 죄나 습관 혹은 마약이나 알코올 중독이라고 대답할 것이다. 죄인의 영적인 상태를 묘사하는 말은 바로 죄다. 세상에서는 법을 위반한 것을 죄라고 말하지만, 하나님은 그분의 명령에 불순종하는 것을 죄라고 규정하신다. 가인이 동생 아벨을 살해했을 때 하나님은 가인의 행동을 죄라고 하셨다(창 4:7). 히브리어로 죄는 "처벌이 따르는 잘못(허물)"을 뜻한다.

원수의 가장 강력한 무기가 죄라고 말하기는 쉽다. 하지만 죄의 한 단면은 실제로 원수의 가장 강력한 도구가 된다.

히브리서 기자는 명예의 전당에 든 믿음의 영웅들을 기록하면서, 모세에 대해 다음과 같이 말했다. "믿음으로 모세는 장성하여 바로의 공주의 아들이라 칭함받기를 거절하고 도리어 하나님의 백성과 함께 고난받기를 잠시 죄악의 낙을 누리는 것보다 더 좋아하고"(히 11:24-25) 원수는 죄악의 낙을 통해 구원받지 못한 사람들을 조종하는 일에 큰 성공을 거두었다. 신약에서 '낙'은 일반적으로 개인의 쾌락을 위해 극도의 사치를 누리는 것(약 5:5) 또는 욕망을 만족시키기 위해 육체를 사용하는 것을 가리킨다(롬 1:32).

그리스도는 "삶의 쾌락"이 개인의 삶 가운데 하나님의 말씀이 성장하지 못하게 가로막는다고 경고하셨다(눅 8:14). 바울 역시 마지막 날에 "하나님을 사랑하는 사람들보다 쾌락을 더 사랑하는 사람들이" 있을 것이라고 경고했다(딤후 3:4). 바울이 디도에게 쓴 편지에 보면 신자들 가운데 "여러 정욕과 쾌락"(딛 3:3)에 빠졌던 사람들이 있다. 육체의 죄를 대적하는 것에 대한 바울의 강력한 말씀 중 하나를 살펴보면, 회개하지 않는 죄인들은 하나님께서 그들의 죄를 심판하신다는 것을 알면서도 죄의 쾌락을 즐길 것이라고 한다(롬 1:32). 야고보는 "쾌락과 사치"를 위해 물질을 쓰면서 가난한 자들의 필요를 무시하는 부자들에 대해 말했다(약 5:1-5).

여기에서 죄에 대해 알아야 할 중요한 사실이 있다. 만일 죄를 지을 때 아무런 쾌감도 느끼지 못한다면 원수는 몇 주 안에 실직하고 말 것이다. 마약 판매상들은 빈털터리가 되고 나이트클럽은 문을 닫게 될 것이다. 창녀들은 다른 직업을 찾아야 하고 포르노 산업은 인터넷에서 사라질 것이다. 대마초 재배자들은 수입을 얻기 위해 과일이나 채소를 재배하게 될 것이고, 죄 산업은 전반적으로 치명타를 입게 될 것이다. 위에서 언급한 것들은 국제적으로 수십 억 달러의 악한 돈을 벌어들이고 있는데, 한마디로 "죄가 주는 쾌감" 때문이다.

만일 어떤 크리스천이 믿지 않는 자에게 죄 안에는 쾌락이 없다고 설득하려 한다면, 그는 아주 어릴 적에 회심했던지 아니면 아주 오래전에 죄의 속박에서 벗어나 죄가 "기분을 좋게 한다"는 사실을 잊어버린 사람일 것이다. 만일 죄가 "쾌감"을 주지 않는다면 죄는 육체를 유혹하지도, 죄의 덫에 빠뜨리지도 못할 것이다. 죄가 쾌감을 주지 않는다고 믿지 않는 자를 설득해서는 안 된다. 죄의 쾌락이 "한동안"만 지속된다는 사실을 명확히 알려 줘야 한다(히 11:25).

죄 짓는 것은 마귀를 섬기는 것이다

이 세대의 청소년들은 죄가 "마귀를 섬기는 것"이라는 사실을 깨닫지 못한 채 죄의 쾌락에 젖어 있다. 예를 들면 다음과 같다.

남부 국경 지대에서 최신 마약을 구입하는 오늘날의 청소년들은 그들이 6개월 안에 무의식 상태로 중환자실에 실려 가게 될 것이라는 이야기는 듣지 못한다. 18세가 되면 그들은 대학 내 불량 조직에 가입하고, 부모의 통제에서 벗어나 주말이면 파티를 열고, 술에 취해 신나게 논다. 하지만 1년 뒤 몸도 가누지 못할 만큼 만취한 상태로 운전하다가 교통사고를 당해 반신불수가 될 수 있다는 현실은 보지 못한다.

또 다른 문제는 혼전 성관계다. 지속적인 압박감 때문에 소녀는 알고 지낸지 얼마 안 된 동료에게 순결을 바친다. 뿐만 아니라 몇 달 후 전염성이 있는 각종 성병에 걸려 있다는 사실을 발견하게 된다. 사실상 공립학교에서는 이 사실을 공개하지 않고 있지만, 고등학생의 절반 이상이 이미 전염성이 강한 각종 성병에 걸려 있다고 이야기하는 사람도 있으며, 이것은 자신은 물론 배우자에게도 심각한 문제를 일으킨다.

인터넷 채팅방에서 세상 여자들과 대화하다가 결국 은밀한 곳에서 짧은 밀회에 빠진 위대한 사역자들이 있다. 결국 그들의 행동은 만천하에 드러났고 사역과 가정을 잃었다. 이처럼 죄의 쾌락이 마귀를 섬기는 것이라는 말은 분명한 사실이다. 육체의 쾌락은 잠깐이지만, 파티가 끝나면 장기간의 대가를 지불해야 한다.

영적으로 타락한 상태로 단순히 살아가기만 하는 죄인들이 이러한 결과를 이해하기란 어렵다. 나는 주님을 섬기는 삶을 살고 싶어 했던 사람들을 알고 있다. 결혼해서 자녀를 낳고 안정된 가정을 꾸리며 자녀들을 교회에 보내던 그들은 이제 파티와 쾌락을 추구하는 거침없는 삶을 살면서 방탕한 삶에서 돌이키라는 가르침도 무시하는 지경에 이르렀다고 고백한다. 그들의 지각을 가리는 차단막 때문에 오늘 뿌린 방탕의 씨앗들이 장차 삶의 정원의 가라지가 된다는 것을 깨닫지 못한다.

사탄은 당신이 진리 가운데 거하는 것을 바라지 않는다

원수는 죄인들이 하나님에 대한 단순하고 중요한 진리 한 가지를 발견하지 못하도록 최선을 다하고 있다. 단순한 말이지만, 이 진리는 마약과 알코올 중독에 빠진 사람을 치유할 때 강력한 능력을 발휘한다. 사탄은 문자 그대로 당신이 하나님의 임재를 느낄 수 있다는 사실을 모르기 바란다.

나는 영적인 경험의 중요성을 최소화하려고 하는 교단들이 있다는 사실을 안다. 사실상 이런 교회들은 예배 중 어떤 형태든 감정을 표현하는 것을 막거나 금한다. 격식을 갖춘 주일 아침 예배에는 오직 학구적인 메시지만 전하는데, 레스토랑에서 점심을 먹기 위해 12시 정각에 예배가 끝나기를 간절히 바라는 목이 곧은 크리스천들이 주로 참여한다. 이런 형식에 빠진 교회들이 죄와 나쁜 습관에 빠진 교인들을 양산해 내는 이유 중 하나는 육체의 쾌락을 성령의 임재와 바꾼 적이 없기 때문이다.

만일 내가 원수라면 죄인뿐 아니라 일주일 중 겨우 두 시간만 하나님께 드리는 이런 명목상 그리스도인들도 모두 하나님의 임재를 느낄 수 있고, 또 느껴야 한다는 사실을 철저히 숨길 것이다.

나는 하나님 앞에 나아가 자신의 죄를 고백하고 회심한 알코올 중독자들이 교회에서 수년간 활발하게 활동하면서도 여전히 중독자로 살아가고 있음을 알고 있다. 그들이 교회에 출석하는 이유는 기본적으로 7일 중 단 하루 하나님을 경외함으로써 지난 6일간의 죄의식에서 벗어나 자신만의 안도감을 얻기 위해서이다. 이런 경우 하나님의 임재가 풀어지지 않을 뿐 아니라, 짧은 설교와 전통적인 찬양에 익숙해진 그리고 엄격한 종교로 무장한 가식적인 사람이 되고 만다.

딱딱한 절차로 점철된 지루하고 메마른 예배로는 알코올이 주는 거짓된 쾌락을 대신할 수 없다. 다른 것에 중독된 사람들에게도 마찬가지이다. 마약이 주는 쾌감에 중독된 신자가 소위 무능력한 기독교에 수년간 앉아만 있으면서 어떻게 육체의 옛 욕망에 끌리지 않기를 기대할 수 있겠는가?

이 시점이 되면 수년간 반복적으로 들어왔듯이 다음과 같이 말하는 사람들이 나온다. "우리는 하나님을 감정으로 섬기지 않아요. 우리는 믿음으로 그리스도를 따릅니다." 이 말은 분명한 진리이다. "우리가 믿음으로 행하고 보는 것으로 행하지 아니함이로라."(고후 5:7) 하지만 우리는 하나님께서 주신 감정으로 주저하지 말고 우리의 믿음을 표현해야 한다.

우리는 장례식에서 눈물을 보인다. 자녀들을 향해 웃고 그들을 안아 준다. 배우자에게 사랑한다고 말하며 입맞춘다. 그리고 좋아하는 스포츠 경기장에 가서는 목이 쉴 때까지 소리를 지른다. 우편함에 예상치 못한 청구서가 들어 있으면 화가 나고, 예상 밖의 돈이 들어오면 기뻐한다. 그런데 성전에 들어가서는 마치 장례식에 참석한 어른들처럼 "경외"라는 이름으로 쥐죽은 듯 앉아 있다. 나는 사람들에게 경외는 죽은 것 같은 상태가 아니라고 말한다. 하나님은 찬양 소리에 깜짝 놀라는 분이 아니다. 하나님이 창조하신 천사들이 밤낮으로 그분을 예배하고 있기 때문이다(계 4:8).

다음의 대화를 주의 깊게 살펴보라. 어떤 사람이 청소년 예배와 음악을 비난하면서 담당 사역자를 꾸짖었다. "하나님은 귀머거리가 아니에요!"

그 사역자는 이렇게 답했다. "하나님은 신경질적인 분도 아니지요.

시편에 보면 하나님은 그분의 백성들이 여러 악기들을 가지고 그분을 찬양하는 소리를 즐거워하시거든요." 그러자 불평하던 사람이 이렇게 대꾸했다. "그것은 구약 시대 얘기고요."

사역자는 다시 반박했다. "시편은 지금도 성경의 한 부분이에요. 신약은 모든 성경이 하나님의 감동으로 기록된 것으로 유익하다고 말씀하잖아요."

남자는 마지막으로 반박했다. "제가 성경을 다 읽어 봤지만, 예수님이 외치거나, 큰 소리로 부르짖거나, 펄쩍펄쩍 뛰셨다는 말씀은 본 적이 없는데요."

사역자는 대답했다. "맞는 말이에요." 내내 웃지 않던 사역자의 얼굴에 밝은 웃음이 감돌았다. 남자가 말했다. "제 말에 동의하시는 거죠?" 사역자가 대답했다. "동의합니다. 하지만 예수님의 만짐을 받고 치유를 경험한 사람들은 모두 그렇게 반응했어요. 그분이 오늘 이 청소년들을 만지고 계셔요. 그들은 성경 속 사람들과 똑같이 반응하고 있을 뿐이에요."

정해진 시간에 준비된 절차에 따라 드려지는 주일 오전 예배에 만족하는 어른들이 많다. 이런 성도들은 크리스천 가정에서 자란 청소년 가운데 66퍼센트가 30세가 되면 더 이상 교회에 다니지 않는다는 사실을 알아야 한다. 교회에 출석하는 십 대 중 33퍼센트만이 어른이 되어도 하나님과 교회가 그들의 삶에 영향을 미칠 것이라 답했다. 이것은 고등학교 2학년에서 대학교 2학년 사이에 80만 명의 청소년들이 교회를 떠난다는 말이다.[1] 미국의 수많은 교회들의 자리를 채우고 있는 신실한 자들이 세상을 떠난 후에는 극소수의 청소년과 젊은 부부들만 남을 것이고,

결국 이런 교회들은 문을 닫거나 매각될 것이다.

나는 우리가 성령을 경험할 수 있고, 실제로 느낄 수 있다는 사실을 분명히 하고 싶다. 믿는 자는 삶 가운데 성령님을 느낄 수 있다. "하나님의 나라는 먹는 것과 마시는 것이 아니요 오직 성령 안에 있는 의와 평강과 희락이다."(롬 14:17) 기쁨과 평강은 감정이다. 이것은 우리 안에 있는 하나님의 나라가 감정으로 나타난 것이다.

마약은 하나님의 영의 모조품이다

수년 전 나는 한때 마약 중독자였던 사업가들에게 말씀을 전하고 있었다. 두 사람 모두 이 심각한 습관 때문에 매주 수천 달러를 낭비하고 있었다. 감사하게도 나는 한 번도 마약을 경험해 본 적이 없으며, 십 대도 알코올이나 마약의 희생양이 되지 않고 하나님을 섬길 수 있다는 것을 보여 주는 본이 될 수 있었다. 나는 이 사업가들에게 마약을 흡입하면 어떤지, 왜 그렇게 중독될 수밖에 없는지 물었다. 그리고 그렇게 강력하고 중독적인 물질로부터 빠져나와 자유를 누릴 수 있는 비결이 무엇인지도 물었다. 나는 그들의 한결같은 대답에 깜짝 놀랐다. 그들은 다양한 상황 가운데 중독을 극복한 사람들과 똑같은 대답을 했다.

둘 다 마약은 쾌감을 관장하는 뇌세포를 자극하기 때문에 중독성이 아주 강하다고 말했다. 특히 그들이 그리스도께 돌아와 성령 세례와 성령께서 주시는 기도의 언어를 받았을 때 마약이 주는 절정의 쾌감과 똑

같은 것을 몸으로 느낄 수 있었다고 고백했을 때는 정말 깜짝 놀랐다! 성령의 권능을 받을 때의 느낌은 강력한 마약이 주는 극도의 쾌감보다 사실상 더 강력하다고 그들은 말했다. 이 두 사업가들은 한목소리로 말했다. "저는 이런 마약들이 성령의 권능을 흉내 냈다고 생각합니다. 사탄은 사람들이 지속적으로 쾌감을 느낄 수 있는 것을 만들어 내서 사람들이 그리스도 안에 있는 자유와 성령 안에 있는 권능을 결코 맛보지 못하게 하고 있어요!"

나는 일반적인 그리스도인들이 이 사업가들의 경험에 공감할 것이라고 기대하지는 않는다. 하지만 한때 마약 중독자였다가 성령의 다스림을 받게 된 사람들은 사람이 만들어 낸 화학약품과 마약이 주는 거짓된 쾌감 대신 하나님께서 주시는 거룩한 감정을 누려야 할 필요성을 누구보다 잘 이해한다. 만일 마약과 알코올에 중독되어 위험한 쾌락에 빠진 모든 미국인들이 마약과 술이 주는 거짓 쾌감 대신 그리스도를 통한 진정한 의와 평강, 기쁨이 진정한 자유를 준다는 사실을 깨닫게 된다면 어떻게 될까? 그들의 창조주께서 교회 첨탑이나 성가대 가운보다 크시며 그분의 놀랍고 거룩한 임재를 직접 경험할 수 있다는 사실을 알게 된다면 기독교에 대한 그들의 생각은 어떻게 달라질까?

원수가 어떤 죄인을 잠시 동안 쾌락의 욕망에 묶어 둘 수 있다면, 그는 그 사람을 계속 가두어 둘 수 있는 가장 강력한 영적 무기를 보유하게 된다. 극도의 쾌감과 환각, 묘한 느낌에 대한 지속적인 욕망은 희생자들을 계속 어둠의 통치 아래 묶어 둘 수 있다. 하지만 일단 지각의 눈이 열려 다가올 세상의 능력을 맛보게 되면, 마음속에 타오르기 시작한 소망의 불꽃이 결국 그의 영혼을 묶고 있는 족쇄를 태워 버려 지적으로 성경에 동의하는 차원을 넘어 자유를 만끽하게 만든다. 단순히 그 약속을 믿고, 당신을 사로잡고 있던 것으로부터 돌이키기로 결단한 다음 당신의 생명을 구원할 하나님의 능력을 구하면 된다.

회심하지 않는 사람들에게 죄의 쾌락은 잠깐이며 "죄의 삯은 사망"이라고(롬 6:23) 그리고 사탄의 결산일이 다가오고 있다는 사실을 반드시 알려 줘야 한다. 수많은 할리우드 스타들과 세계적으로 유명한 가수 및 음악가들이 단명했다. 50세 이전, 40세 이전에 죽은 사람들도 있다. 혈관을 흐르는 마약의 스트레스를 그들의 심장이 더 이상 감당하지 못하게 되면 그들의 삶은 끝이 난다. 원수가 문을 두드렸을 때 그들은 예정보다 일찍 이생의 삶을 마감했다. 청황색 말을 탄 사망이라는 자가 그들의 이름을 부르며 그들의 집과 호텔 방으로 뛰어 들어와 죽음의 화살을 날리면(계 6:8) 그들은 이 땅과 작별하게 된다.

하나님은 친히 그분을 따르는 사람들이 그분의 임재 안에서 즐거움을 경험할 수 있게 해 주셨다. 그것도 잠시가 아닌 영원히 말이다! 욥은 주님을 섬기는 것과 그분의 사랑을 즐거워하는 것의 극명한 차이점을 잘 정리해 주었다. "만일 그들이 순종하여 섬기면 형통한 날을 보내며 즐거운 해를 지낼 것이요 만일 그들이 순종하지 아니하면 칼에 망하며 지식 없이 죽을 것이니라."(욥 36:11-12) 이 진리를 깨달은 다윗은 다음과 같이 기록했다. "주께서 생명의 길을 내게 보이시리니 주의 앞에는 충만한 기쁨이 있고 주의 오른쪽에는 영원한 즐거움이 있나이다."(시 16:11) 한때 마약 중독자였던 사람이 말했다. "가장 높으신 하나님만큼 극치의 기쁨은 없습니다!"

Exposing Satan's Playbook
Chapter 12

귀신 나오는 집의 진실

    커다란 안락의자에 몸을 깊이 묻고 리모콘으로 위성 채널을 돌리다가 자칭 심령술사라는 사람이 자신의 독특한 능력을 소개하는 말을 듣고 잠이 확 달아났다. 그는 죽은 사람의 영과 대화할 수 있다고 주장했다. 나는 보통 이런 터무니없는 이야기에 귀를 기울이며 나만의 휴식 시간을 낭비하지 않는다. 하지만 아돌프 히틀러의 영이 곁에 있다는 그의 주장이 나의 관심을 끌었다. 이 사기꾼은 적외선 카메라와 초고속 디지털 카메라, 방의 온도를 측정할 수 있는 특별한 장치와 심지어 공간의 에너지를 기록할 수 있다는 도구들을 포함하여 온갖 종류의 전자 기기를 가지고 있었다.

나는 죽은 사람과 대화한다는 그의 진지한 주장은 코미디라고 생각한다. 마룻바닥이 삐거덕거리거나 낡은 창틀 사이로 바람이 불 때마다 그와 함께 있던 사람들은 공포심에 비명을 질렀다. "저 소리 들려요?" 잠시 후 겁에 질린 어떤 사람이 소리를 질렀다. "창문에서 검은 그림자를 봤어요!" 배경 음악이 으스스한 분위기를 연출했고, 1930년대 빛바랜 영화처럼 선명하지 못한 화면은 호기심 많은 시청자들에게 더욱 음산한 분위기를 자아냈다.

대부분의 크리스천들, 특히 성경을 잘 아는 신자들은 이런 리얼리티 프로그램을 무시하지만 수백만 명의 청소년들과 주술에 호기심을 갖고 있는 사람들은 여러 음향과 귀신의 이미지에 사로잡혀 이런 조작된 다큐멘터리의 미끼에 걸려든다. 시청자들 중에는 직접 영매나 심령술사들을 통해 망자와 대화해 보거나 그들이 좋아하는 스타 심령술사를 모방하여 "다른 세계"의 소리를 들으려 하는 사람들도 있다. 이러한 접촉은 소위 귀신의 집이라는 배경 속에서 시도되는 경우가 많다.[1]

귀신 나오는 집의 정체

귀신의 집은 죽어서 육체와 분리된 영들이 영구적 혹은 일시적으로 거하는 집을 말한다. 이 영은 과거에 그 집에 거주했던 사람이거나 그 집 또는 땅과 밀접하게 관련된 사람인 경우가 많다. 귀신 나오는 집 안팎에서는 기괴하고도 설명할 수 없는 초자연적인 일들이 일어나곤 한다. 생각보다 많은 사람들이 귀신 나오는 집이 있다고 믿는다. 2005년에 실시된 갤럽 조사에 따르면 미국인의 37퍼센트, 캐나다인의 28퍼센트, 영국인의 40퍼센트가 과학적으로 설명할 수 없는 일들이 귀신의 집에서 벌어지고 있다고 믿고 있다.[2]

과학적으로 설명할 수 없는 이상한 일들이 벌어지는 집에서 살아 본 적이 있다는 사람들이 많다. 그들에 따르면 인적이 드문 한밤중에 초인종이 울리거나 사람이 말하는 소리가 들렸다고 한다. 또 계단을 오르내리는 분명한 발자국 소리를 들었거나 문이 쾅 소리를 내며 닫히고, 가구들이 스스로 움직이거나 유리가 깨지고, 때로 거울에 흐릿한 귀신의 모습이 갑자기 나타났다고도 한다. 죽은 사람의 형체를 한 귀신들을 선명하게 포착한 사진들은 이러한 믿음에 힘을 실어 준다. 하지만 지난 수년간 수많은 심령사진들이 정밀 감식 결과 조작이나 합성임이 드러났다.

물론 설명할 수 없는 인상적인 형상이 나타난 경우도 더러 있었다. 교양 있고 사회적으로 명망 있는 사람들 사이에서 회자되는 이런 사진과 귀신 목격담들은 초자연적인 세계에 대한 흥미를 증폭시켰고, 할리우드에서는 이러한 인기에 편승해 과학적으로 설명할 수 없는 초자연적인 현상이나 귀신과 유령을 소재로 한 영화들을 제작하고 있다.

국내외에서 진행되고 있는 "귀신의 집"에 관한 연구들을 연결시켜 줄 실마리가 있다. 그 집에 살았던 사람들과 그들에게 벌어진 사건들을 세밀하게 연구한 결과 그 장소나 근처에서 기이한 죽음이나 폭력적 살인 등 피를 흘리는 사건이 벌어졌다는 사실이다. 즉, 대부분의 장소가 어떤 죽음, 때로는 살인 사건과 관련된 경우가 많았다. 이번 장에서는 바로 이것이 중요하다는 사실을 발견하게 될 것이다.

죽은 사람의 영혼인가, 친숙한 영인가?

이 낡은 집들이 어떤 영에 "사로잡혔다"고 한다면, 다음과 같이 질문하게 된다. 이것은 이미 세상을 떠난 사람의 영인가? 아니면 성경에서 찾지 말라고 경고한 친숙한 영(우리 주변에 있는 영들)인가? 성경은 사람이 죽을 때 벌어지는 일에 대해 명백하게 말씀한다. 사람은 영·혼·육(몸) 세 부분으로 되어 있다(살전 5:23). 사람이 죽으면 영과 혼은 몸을 떠나고 몸은 흙으로 돌아간다.

성경은 족장들의 죽음을 기록하며 그들의 "기운이 다하여 자기 열조에게로 돌아갔다"고 가르친다(창 25:8, 17; 35:29). 여기서 '기운'은 영원한 부분으로 내면의 영을 말한다. 인간의 영이 몸에서 떠날 때 그 영은 자신이 거했던 육체와 비슷한 모양과 특성을 유지한다(고전 13:12). "기운이 다한다"는 것은 육체에서 혼과 영이 떠나는 것을 묘사한 말이다. 수명을 다한 족장들은 "자기 열조(조상)에게 돌아갔다"고 하는데, 이 표현은 아브라함, 이삭, 야곱, 아론에게 사용되었다(창 25:8; 35:29; 49:33; 신 32:50). 이것은 구약 시대의 영들은 모두 땅속 어딘가에 있는 세상을 떠난 영들의 세계, 곧 스올이라는 장소에 모여 있음을 암시한다(눅 16:19-26).

기운이 다했다는 개념은 그리스도께서 숨을 거두시면서 "다 이루었다"고 외치신 순간을 기록한 세 복음서에서도 나타난다(막 15:37; 눅 23:46; 요 19:30). 이것은 단순히 호흡이 멎었음을 뜻하는 관용 표현에 불과하다고 주장하는 사람들도 있다. 하지만 그리스도께서 죽으신 후 무슨 일이 일어났는지 자세히 살펴보자.

첫째, 그리스도 곁에 달린 두 강도 중 한 사람은 그리스도께 그분의 나라에 들어가실 때 자신을 기억해 달라고 간청했다. 그리스도는 "오늘 네가 나와 함께 낙원에 있으리라"고 대답하셨다(눅 23:43). 그리스도와 강도 모두 그날 해 지기 전에 숨을 거두었다.

그리스도께서는 제자들에게 앞서 이 일에 대해 알려 주셨다. "요나가 밤낮 사흘 동안 큰 물고기 뱃속에 있었던 것같이 인자도 밤낮 사흘 동안 땅속에 있으리라."(마 12:40) 죽을 때 혼과 영이 몸을 떠난다는 사실을 믿지 않는 사람들은 "땅속에 있다"는 말을 그리스도께서 사흘 밤낮 무덤에 계셨다는 것으로 이해한다. 하지만 다른 성경 구절들은 그분의 혼과 영이 몸을 떠나 무슨 일을 하셨는지 말해 준다. 그분은 사실 낙원(아브라함의 품)에 내려가셔서 땅 아래 갇혀 있던 영혼들에게 말씀을 전하셨다.

> 올라가셨다 하였은즉 땅 아래 낮은 곳으로 내리셨던 것이 아니면 무엇이냐 내리셨던 그가 곧 모든 하늘 위에 오르신 자니 이는 만물을 충만하게 하려 하심이라 _엡 4:9-10

그리스도께서 땅속으로 내려가신 목적은 무엇일까? 베드로는 다음과 같이 기록했다.

> 그리스도께서도 단번에 죄를 위하여 죽으사 의인으로서 불의한 자를 대신하셨으니 이는 우리를 하나님 앞으로 인도하려 하심이라 육체로는 죽임을 당하시고 영으로는 살리심을 받으셨으니 그가 또한 영으로 가서 옥에 있는 영들에게 선포하시니라 _벧전 3:18-19

십자가에서 "다 이루었다"고 외치신 그리스도의 영은 의인들이 있는 땅속으로 가서서 그들에게 선포하셨다. 우리는 "아브라함의 품"(눅 16:22)에 있는 이들이 아브라함, 이삭, 야곱과 그의 아들들, 다윗, 선지자들 등 모세의 율법 아래서 죽은 하나님과 언약 관계에 있는 모든 히브리 사람들이라는 사실을 기억해야 한다. 이들 대부분은 1,500여 년간 모세의 율법 아래 살았던 사람들이다. 그리스도께서는 사흘간 이 영들에게 하나님의 구속 계획을 선포하셨고 이 땅에서 그분이 성취하신 일들을 알려 주셨으며, 주님과 함께 있었던 회개한 강도는 그것이 사실이라는 것을 확증해 주었을 것이다. 결국 이 무명의 강도는 율법 아래서 십자가에 못박혔다가 은혜 아래 죽은 첫 번째 사람이 되었다!

그리스도께서 이 지하 감옥에서 사역하셨다는 사실을 증거하는 일이 부활하시던 날 아침에 일어났다. 부활하신 그리스도는 이 옥에서 의로운 영혼들을 데리고 나오셨다! 마태의 기록을 살펴보자.

이에 성소 휘장이 위로부터 아래까지 찢어져 둘이 되고 땅이 진동하며 바위가 터지고 무덤들이 열리며 자던 성도의 몸이 많이 일어나되 예수의 부활 후에 그들이 무덤에서 나와서 거룩한 성에 들어가 많은 사람에게 보이니라 _마 27:51-53

부활해서 예루살렘에 나타난 이 "성도들은" 영과 혼이 몸과 결합한 구약의 성도들이었다. 성경은 일단 사람이 죽어 이 세상을 떠나면 의로운 사람의 혼과 영은 셋째 하늘(고후 12:1-7)에 있는 낙원으로 옮겨진다고 말한다. 하지만 구속의 언약을 누리지 못한 죄인이나 불신자는 땅 아래 음부라 불리는 곳에 격리된다(눅 16:22-23). 여기서 중요한 사실은 일단 인간의 영이 둘 중 어느 곳에 가게 되면 땅에서 배회하거나 이전에 살던 집 또는 "귀신의 집"에 돌아갈 수 없다는 것이다.

망자와의 대화

어떤 사람들은 신접한 자를 찾아간 사울 왕의 이야기를 근거로 소위 강신술(강령회)을 통해 죽은 자의 영을 만날 수 있다고 주장한다. 사무엘상 28장 7-14절에는 사울 왕이 신접한 무당에게 죽은 의인 사무엘의 영과 접촉하라고 요구한 아주 이상한 이야기가 기록되어 있다.

사울이 그의 신하들에게 이르되 나를 위하여 신접한 여인을 찾으라 내가 그리로 가서 그에게 물으리라 하니 그의 신하들이 그에게 이르되 보소서 엔돌에 신접한 여인이 있나이다 사울이 다른 옷을 입어 변장하고 두 사람과 함께 갈새 그들이 밤에 그 여인에게 이르러서는 사울이 이르되 청하노니 나를 위하여 신접한 술법으로 내가 네게 말하는 사람을 불러 올리라 하니 여인이 그에게 이르되 네가 사울이 행한 일 곧 그가 신접한 자와 박수를 이 땅에서 멸절시켰음을 아나니 네가 어찌하여 내 생명에 올무를 놓아 나를 죽게 하려느냐 하는지라 사울이 여호와의 이름으로 그에게 맹세하여 이르되 여호와께서 살아 계심을 두고 맹세하노니 네가 이 일로는 벌을 당하지 아니하리라 하니 여인이 이르되 내가 누구를 네게로 불러 올리랴 하니 사울이 이르되 사무엘을 불러 올리라 하는지라 여인이 사무엘을 보고 큰 소리로 외치며 사울에게 말하여 이르되 당신이 어찌하여 나를 속이셨나이까 당신이 사울이시니이다 왕이 그에게 이르되 두려워하지 말라 네가 무엇을 보았느냐 하니 여인이 사울에게 이르되 내가 영이 땅에서 올라오는 것을 보았나이다 하는지라 사울이 그에게 이르되 그의 모양이 어떠하냐 하니 그가 이르되 한 노인이 올라오는데 그가 겉옷을 입었나이다 하더라 사울이 그가 사무엘인 줄 알고 그의 얼굴을 땅에 대고 절하니라

이 부분은 학자들 사이에서 논란이 되고 있는 본문이다. 학자들 중에는 이 세상을 떠난 선지자 사무엘의 영이 사울과 대화하기 위해 땅속 의인들의 영이 머무는 곳에서 올라왔다고 주장하는 이들도 있다. 또 다른 학자들은 이것이 사무엘을 흉내 낸 친숙한 영이라고 믿는다. 성경 본문을 비교하여 어느 해석이 더 옳은지 살펴보자.

첫째, 주님의 영은 사울을 떠났고, 악령에 시달리던 그는 미래에 대해 알아보기 위해 신접한 여인을 찾았다. 이 귀신이 친숙한 영이라는 첫

번째 근거는 성령은 언제나 하나님의 말씀이나 뜻과 일치하신다는 사실이다(요 16:13). 본문은 사울이 성경적인 방법으로 여쭈었지만, 하나님이 응답하지 않으셨다고 기록한다. 하나님은 신접한 여인을 통해 의인에게 말씀을 전하시는 분이 아니다.

둘째, 망자와의 대화는 하나님의 율법에 엄격히 금지되어 있다. 하나님은 타락한 왕을 위해 그분의 법을 깨고 다른 세계의 메시지를 주시는 분이 아니다. 성경 어디에서도 이 세상을 떠난 이에게 메시지를 구했다는 내용을 찾아볼 수 없다.

셋째, 신접한 무당은 습득한 정보를 이용했다. 사울은 이미 모든 무당을 죽이라는 명령을 내렸다(삼상 28:9). 구약의 법은 백성들 가운데 무당, 박수, 초혼자(친숙한 영)들을 제거하라고 명령했다(출 22:18; 신 18:10). 엘리야가 바알의 거짓 선지자들을 제거하고 그들과의 동맹을 거절했던 것처럼(왕상 18장) 전능하신 하나님은 그분의 백성과 그들의 의를 위해 질투하셨다.

신접한 여인은 친숙한 영을 이용했다. 친숙한 영은 죽은 자를 흉내 낼 수 있다. 친숙한 영과 대화하거나 그것의 음성을 들으려는 것은 철저히 금지된 것임을 다시 한 번 강조한다(레 19:31; 신 18:11). 이런 종류의 영은 사람이나 장소, 사물에 대한 사전지식과 정보로 사람들을 속인다. 실제로 강령술(강신술)을 행하는 주술사들은 세상을 떠난 이들을 흉내 내는 친숙한 영을 통해 슬픔에 빠진 가족들을 속이는 경우가 많다. 이 신접한 여인과 그녀가 주술로 불러 올린 영도 마찬가지였다. 이 여인이 땅에서 올라오는 "영"을 보았다는 점에 주목하라. 이것은 (누가복음 16장의 부자처럼) 죽어서 지하 세계에 들어가던 영이거나 땅과 지하 세계를 드나드는 악한 영들 중 하나일 것이다.

욥기에 보면 하나님은 사탄에게 어디에서 왔느냐고 물으셨다. 원수는 다음과 같이 대답했다. "땅을 두루 돌아 여기저기 다녀왔나이다."(욥 1:7; 2:2) 천사들은 하늘에 드나들 수 있고, 악한 영들은 땅속을 드나들 수 있다.

이 영의 모습은 사울 왕에게는 보이지 않았다. 그래서 신접한 여인에게 그의 모습에 대해 물었던 것이다. 그녀는 그 영이 "겉옷을 입은 노인"의 모습이라고 말했고, 사울은 그 영이 사무엘이라고 짐작했다(삼상 28:14). 사울이 이 영을 볼 수 없었다는 사실을 기억하라. 모든 정보는 사무엘이 아니라 신접한 여인의 입에서 나온 것이었다. 이 여인은 사울과 영 사이에서 중개자 역할을 했다. 이것이 바로 죽은 자와 대화한다고 주장하는 사람이 산 사람에게 정보를 전달하는 방법이다. 이 세상을 떠난 망자는 육성으로 말할 수 없다. 오직 이 여인과 같은 영매나 무당의 목소리를 통할 뿐이다.

위에서 살펴본 증거들은 모두 이 영이 어떤 구체적 정보를 습득한 친숙한 영임을 말해 준다. 이 영이 정말 사무엘인지는 사울과 그의 아들들에게 벌어질 일들에 대해 얼마나 정확하게 예언했느냐에 달려 있다.

> 사무엘이 이르되 여호와께서 너를 떠나 네 대적이 되셨거늘 네가 어찌하여 내게 묻느냐 여호와께서 나를 통하여 말씀하신 대로 네게 행하사 나라를 네 손에서 떼어 네 이웃 다윗에게 주셨느니라 네가 여호와의 목소리를 순종하지 아니하고 그의 진노를 아말

렉에게 쏟지 아니하였으므로 여호와께서 오늘 이 일을 네게 행하셨고 여호와께서 이스라엘을 너와 함께 블레셋 사람들의 손에 넘기시리니 내일 너와 네 아들들이 나와 함께 있으리라 여호와께서 또 이스라엘 군대를 블레셋 사람들의 손에 넘기시리라 하는지라
_삼상 28:16-19

이 예언을 세부적으로 살펴보면 다음과 같다.

* 여호와께서 사울을 떠나셨다.
* 사울의 나라는 그의 손을 떠나 다른 사람(다윗)에게 넘어갔다.
* 사울은 통치 초기에 아말렉을 진멸하라는 하나님의 명령에 거역했다.
* 전쟁에서 패한 사울과 그의 아들들은 그 다음 날 죽을 것이다.
* 사울과 그의 아들들은 땅속 스올에 떨어질 것이다.

만일 이 영이 사무엘이라면 그는 이런 세부적인 내용들을 어떻게 알았을까? 또한 이 영이 사무엘이 아닌 다른 영이었다면 그 내용을 어떻게 알 수 있었을까?
첫째, 이 정보들은 이미 이스라엘 전역에 퍼져 있었다.

* 여호와께서 사울을 떠나셨다(삼상 16:14).
* 사울의 나라는 그의 손을 떠나 다른 사람(다윗)에게 넘어갔다(삼상 15:28; 16:1-13).

* 사울은 아말렉을 진멸하라는 하나님의 말씀에 순종하지 않았다(삼상 15:1-28).

친숙한 영이란 이처럼 어떤 사람이나 장소, 특정 지역에서 일어난 사건들에 관해 잘 알고 있는 악한 영이다. 이런 종류의 악한 영들은 그들이 시작된 지역이나 그들이 계속해서 사람들을 통제해 왔던 곳에 머물고 싶어 한다. 예를 들면, 그리스도께서 무덤에 살던 사람에게서 군대귀신을 쫓아내시자 그들은 자신들을 그 지방에서 내보내지 말아 달라고 간청했다(막 5:10). 그 영들은 자신들에게 친숙한 그곳을 편하게 여겼던 것이다. 그리스도는 더러운 영이 사람에게서 나와 쉴 곳을 찾았으나 찾지 못하고 그 사람 혹은 원래 있던 지역으로 돌아가고자 했다고 말씀하셨다. 만일 그 악한 영이 돌아갈 수 있다면 자기보다 더 악한 일곱 귀신을 끌어들여 함께 거하며 그곳을 통제할 것이다(막 12:43-45).

죽은 자와 대화하는 것을 강령술이라고 한다. 이방 나라들과 고대 제국에서 시행되던 이 강령술을 하나님은 율법으로 엄히 금하셨다.

너희는 신접한 자와 박수를 믿지 말며 그들을 추종하여 스스로 더럽히지 말라 나는 너희 하나님 여호와이니라 _레 19:31

그의 아들이나 딸을 불 가운데로 지나게 하는 자나 점쟁이나 길흉을 말하는 자나 요술하는 자나 무당이나 진언자나 신접자나 박수나 초혼자를 너희 가운데에 용납하지 말라 _신 18:10-11

신접자는 미래를 알아보기 위해 망자와 대화하는 사람을 가리킨다. 이 방 족속들은 죽은 자에게 자주 제사를 지내곤 했는데, 이것은 하나님이 금하신 것이었다. 하나님은 그분의 백성들에게 "죽은 자 때문에 너희의 살에 문신을 하지 말며 무늬를 놓지 말며"(레 19:28), "눈썹 사이 이마 위의 털을 밀지 말라"(신 14:1)고 말씀하셨다. 이것은 다음 사실을 뒷받침해 준다. 친숙한 영들은 과거의 정보에 대해 잘 알고 있으며, 이 영에게 자신을 내어주거나 사로잡힌 자들을 통해 그것을 말할 수 있다.

소위 뉴에이지 운동을 하는 사람들은 자신의 몸을 매개로 이상한 영들과 접촉한다. 이러한 영들을 과거로부터 온 승천 대사들(ascended masters)이라 부르면서, 우주를 배회하는 이 영들이 생명과 관련된 수많은 신비를 초자연적으로 깨달을 수 있게 해 준다고 주장하는 사람들도 있다. 나는 고대 인디언들이 자신들에게 통찰력을 주었으며, 훗날 세밀한 역사 연구 과정에서 그들이 준 정보의 정확성이 증명되었다고 주장하는 사람들의 글을 자주 접한다. 즉 이 영들이 고대인들의 영이라는 말이다. 그러나 친숙한 영이 활동하는 방법을 이해하게 되면 그것은 아무것도 증명할 수 없다는 사실을 깨닫게 된다. 이것은 영적인 세계가 실재한다는 것과 이런 영들이 세상을 떠난 사람의 영이 아니라 사탄의 타락 이후 존재해 온 악한 영들이라는 사실을 증명해 준다.

악한 영과 교감하는 영매는 어떤 것이든 과거의 정보를 알 수 있다. 사랑하는 사람을 잃고 상실감에 빠진 유족들이 이러한 영매를 만날 때 속임은 절정에 이르게 된다. 일단 접신이 시작되면 영은 영매에게 그 사람에게 일어난 사건이나 가족의 이름 등의 정보를 준다. 유족은 죽은 사람과 대화하는 줄 알고 기뻐서 어찌할 바를 모른다. 때로 이 영의 행복과 평강을 위해 가족들이 특별한 일을 해야 할 때도 있다. 수년간 인기 TV 프로그램에서 활동하던 어느 유명한 심령술사는 자신이 죽은 사람과 대화한다고 주장했다. 나는 그가 질문을 통해 특정한 답을 유도하거나 유족들이 동의할 만한 지하 세계의 메시지를 어떻게 조합하는지 살펴보았다.

성경에는 (죽은) 모세와 (죽지 않고 승천한) 엘리야가 그리스도께 나타나 장차 예루살렘에서 받으실 고난에 대해 자세히 나누는 모습이 기록되어 있다(마 17:1-4). 이것은 드문 일로 하나님이 직접 주관하셨다. 그리스도는 정보를 얻기 위해 이들의 혼령을 불러내신 것이 아니었다. 그리스도께서는 자신에 대한 하나님의 계획과 목적을 잘 알고 계셨다. 하나님은 과거의 유명한 선지자들을 보내셔서 추가적인 정보를 그리스도께 알려 주셨다. 하지만 하나님의 법은 모든 영매, 점쟁이, 주술사, 무당 등을 철저히 금하고 있다. 이것은 신자가 절대로 건너지 말아야 할 어둠의 강에 위험한 영적인 다리를 놓는 것으로 결코 해서는 안 된다.

믿는 사람은 미래를 영적으로 통찰하고 방향과 길을 찾기 위해 성경적인 방법들을 의지해야 한다. 우리는 그리스도께서 재림하실 것(살전 4:16-17)과 부활 때에 의인이 살아날 것(고전 15:52), 천국의 실재와 새 예루살렘에서의 영원한 삶(계 22장)을 확신한다. 만일 우리가 충성한다면 그리스도와 함께 천 년 동안 다스리고 통치하게 될 것이다(계 20:1-4).

앞서 말한 대로 귀신이 나오는 집들 대부분은 사실 살인과 자살 혹은 폭력에 의한 죽음 등으로 피를 흘린 곳이다. 주술의 세계에서 악한 영들이 피 흘린 곳에 매력을 느낀다는 것은 상식이다. 우상숭배와 관련된 종교들 대부분은 피와 관련된 의식을 행하는 경우가 많다. 가인이 아벨을 살해하자 아벨의 피 소리가 땅에서부터 하나님께 부르짖었다(창 4:10). 인간의 피가 어떻게 영계에서 소리를 내는지 확실히 알 수는 없지만 폭력적인 피 흘림이 악한 영들이 친근하게 여기는 장소가 될 수 있음을 보여 주는 예는 헤아릴 수 없이 많다.

집 안에 있는 악한 영들 쫓아내기

이사한 집에서 이상한 소리가 들리거나 사람의 그림자 또는 한밤중에 움직이는 물체들이 보인다면 어떻게 해야 할까? 믿는 자들은 그들의 가정에서 이런 반갑지 않은 것들을 어떻게 제거할 수 있을까?

친구이자 복음 전도자인 랜디 콜드웰은 나에게 이상하고 기괴한 이야기를 들려주었다. 그의 동생이 목회하는 알칸사스 교회에는 가끔 출석은 하지만 한 번도 그리스도께 헌신하지 않은 남자가 있었다. 어느 날 밤 그는 그 남자로부터 전화를 받았다. 그는 단도직입적으로 말했다. "목사님, 오늘 끝을 볼 거예요. 더는 못 참겠어요." 그는 자살하려고 손에 권총을 들고 있다고 말했다. 목사는 그런 끔찍한 짓은 저지르지 말아 달라고 부탁하면서 허락한다면 만나서 대화를 나누고 싶다고 했다. 그 남자가 대답했다. "주차하실 때 창가에 제 그림자가 보이면 노크하세요." 그날 밤 급히 그의 집으로 달려간 목사는 거실 창가에 비친 남자의 그림자를 보며 차를 세웠다.

목사가 집 안에 들어가자 그는 문을 닫으며 목사의 머리에 총을 겨누었다. "바보같이 왜 왔어? 오늘 밤 난 죽을 거야. 그리고 너도 데려갈 거야." 악한 영에 완전히 사로잡힌 남자는 진정하라는 목사의 말을 듣지 않았다. 그 남자가 계속 총을 겨누며 방아쇠를 당기겠다고 위협하는 동안 목사는 성경을 인용하면서 이것은 원수가 그의 생각에 장난을 치고 있는 것이라고 말해 주었다. 그는 쉬지 않고 기도하면서 성경을 인용했다. 그렇게 한 시간쯤 지나자 무시무시한 일이 벌어졌다.

거실 문이 저절로 열리더니 쾅 소리를 내며 닫혔다. 목사는 하이힐을 신은 여자가 마루를 가로질러 걷는 듯한 소리를 들었다. 그 소리는 거실에 있는 안락의자 앞에서 멈추더니 마치 누군가 그곳에 앉는 것처럼 의자의 쿠션이 움직이는 모습이 보였다. 그리고 의자가 저절로 흔들리기 시작했다. 엄청난 공포가 엄습해 왔다. 그는 지금까지 한 번도 본 적이 없는 강력한 마귀적 현상을 지켜보고 있었다. 그때 남자가 말했다. "이 여자가 누구인지 궁금하겠지? 이 여자의 이름은 모드야. 너도 모드를 보고 싶지?"

목사는 대답했다. "나는 모드를 보러 온 게 아니에요. 나는 당신을 만나러 왔어요." 안락의자가 계속 흔들리는 동안 그는 성경을 인용하기 시작했다. 그러자 남자가 말했다. "커피 마실래?" 그가 손으로 딱 하고 소리를 내자 커피메이커가 저절로 커피를 내리기 시작했다.

갑자기 성령의 담대함이 목사에게 임했다. 남자가 "모드가 오늘 밤 너를 죽이라고 말했어"라고 말하자, 목사는 이 악한 영의 실체를 꾸짖으며 그 남자가 자유를 얻도록 명령했다. 그는 큰 소리로 성경을 암송하면서 그리스도 안에 있는 권세 가운데 계속 머물렀다. 약 한 시간 반의 영적 전쟁 후 흔들리던 의자는 멈췄고 거실을 떠나는 발자국 소리가 들리더니 문이 닫혔다. 그러자 남자는 총을 떨어뜨리고 목사와 함께 기도하기 시작했다.

랜디에 의하면, 그 지역에 강력하고 신비한 영에 사로잡힌 집시 여자가 살고 있었는데, 믿음이 약한 이 남자의 집에 친숙한 영을 보내어 죽음의 영이 틈타게 만들었다는 사실을 오랜 시간이 지난 후에 알게 되었다고 한다.

이것이 속임이다

만일 귀신의 집을 찾아다니는 퇴마사들이 유령은 떠돌아다니는 악한 존재에 불과하다고 인정하고 받아들인다면 정확한 정보를 전달하는 것이다. 그러나 이들은 이런 장소를 "죽은 자의 영들이 출몰하는 곳"이라고 부른다. 그들은 육신을 떠난 죽은 사람의 영은 이곳저곳을 배회하다가 그들의 안식을 가로막는 요소가 제거되어야 비로소 쉴 수 있게 된다고 말하면서 이것을 "안식하지 못하는 죽은 자의 영"이라고 부른다. 하지만 죽은 사람의 영혼에 대한 전문가라고 자처하는 이들은 "안식하지 못하는 영"을 위로해 줄 방법을 결코 알려 주지 않는다. 이 악한 영들을 "죽은 자의 영들"이라고 부르면서 이들이 천국이나 지옥 어디에도 들어가지 못하고 이곳저곳 떠돌아다니다가 어떤 집이나 건물에 출몰하는 것이라고 말하는 것은 거짓이며 속임이다.

과학적으로 설명할 수 없는 일들에 집착하는 이 세대에게 우리는 성경적인 관점으로 초자연적인 것들을 가르쳐야 한다. 목회자들은 주일마다 성도들을 말씀으로 격려하기 위해 시간을 들여야 한다. 하지만 과학적으로 설명할 수 없는 일에 관심을 갖는 문화와 천사 및 악한 영들의 세계를 알고자 하는 이 세대의 갈망에 대해서는 인식하지 못하는 경우가 많다. 이러한 갈망은 주술 행위에 대한 성경의 경고 그리고 영적 세계와 그 역사에 대한 성경적 지식에 반드시 부합해야 한다.

죽은 사람의 혼과 영은 즉시 몸을 떠나 죽은 자의 부활이 있기까지 셋째 하늘에 있는 낙원(고후 12:1-4)이나 구약과 신약 모두에 나타나는 지하 세계의 어떤 공간인 음부(눅 16장)에 머물게 된다. 집이나 건물, 토지에 출몰하는 영은 인간의 영이 아니라 특정 지역에 친숙한 악한 영이다.

그리스도의 이름의 권세

더러운 영이나 친숙한 영이 이러한 현상을 일으킨다는 가장 확실한 증거는, 믿는 자가 그런 집의 영적 분위기에 영적 권세를 행사할 때 완전히 사라진다는 사실이다.

십 대 사역자 시절 나는 마귀나 악한 영에 관련된 것들에 심취해 있었다. 몇 시간 혹은 며칠 동안 영적 전쟁이나 마귀를 대적한 이야기 등을 연구하곤 했다. 놀랍게도 특히 밤이면 영적인 세계로부터 온 이상한 현상들을 경험하기 시작했다. 6개월 동안 깨어 있을 때 실제로 내 침대가 흔들리거나 가구들이 움직이는 소리를 들었고, 심지어 저주의 목소리를 듣기도 했다. 얼굴을 가린 채 검은 옷을 입고 나타난 악한 영들도 여러 차례 목격했다. 이것은 상상이 아니었다. 나는 극심한 정신적 고통과 공포에 시달렸다.

당시 어머니는 순복음교단의 전도 책임자로 놀라운 하나님의 사람이었던 플로이드 로혼의 사무실에서 비서로 일하고 계셨다. 어머니는 그에게 개인적으로 찾아가 부탁했다. "페리와 이야기를 나눠 주실 수 있으세요? 귀신에 심취한 뒤 그 아이에게 온갖 이상한 일들이 일어나고 있어요." 그는 나를 사무실로 불러서 이렇게 말했다. 나는 그의 말을 결코 잊을 수 없다. "페리, 네가 마귀에게 집중하면 마귀들이 나타나지만, 네가 예수님께 집중하고 그분을 전파하면 그분이 나타나신단다!" 나는 내가 원수에게 지나치게 집중한 나머지 원수가 내 관심에 반응하고 있다는 사실을 깨달았다. 플로이드의 말대로 나는 믿음과 예수님 그리고 그분의 권세를 선포하기 시작했다. 그러자 그리스도의 임재가 나타났고 원수의 압제로부터 사람들이 자유를 누리게 되었다.

핵심은 이것이다. 귀신을 찾거나 영적인 세계에서 일어나는 일에 집중하는 사람들은 결국 영과 대면하게 될 것이다. 그러나 이런 귀신은 쉴 곳을 찾아 시간과 빛의 세계를 떠돌고 있는 죽은 사람들의 영이 아니다. 이것은 악한 영이다. 대면하거나 흥밋거리로 삼을 대상이 아니다. 하나님의 말씀과 그리스도의 보혈 그리고 그러한 세력을 대적하는 믿음의 권세가 이런 잘못된 전제로부터 사람들을 자유롭게 할 수 있다는 것은, 하나님 나라의 법이 어둠의 나라보다 뛰어남을 보여 줄 뿐 아니라, 매주 TV에서 방영하는 귀신 나오는 집이 거짓임을 폭로한다.

Exposing Satan's Playbook
Chapter 13

사탄은 믿는 자의 가계에 저주를 내릴 수 있을까?

환경에 아무런 문제도 없을 때, 은행에 예치된 목돈도 있고, 식탁 위에 음식은 풍성하며, 호숫가에 있는 새집에서 편안한 의자에 앉아 여유를 즐길 때는 결코 이런 질문이 떠오르지 않을 것이다! 아무런 문제가 없을 때는 이렇게 고백한다. "하나님은 선한 분이에요." "감사하게도 이렇게 복을 받았네요." 심지어 이렇게 말한다. "하나님보다 좋은 분은 없어요."

하지만 치명적인 질병이나 사고, 갑작스런 시련이 닥치면 하나님께서 그들을 치셨다고 믿는 신자들이 있다. 그들은 전능하신 하나님께서 은혜의 손길을 거두시고 사탄이 저주하도록 허락하셨다고 생각한다. 과거의 죄나 조상들이 오래전에 범한 가계의 죄들이 하나님의 모든 복을 파괴했다고 믿는다! 조상들이 치르지 않은 죗값을 누군가 감당해야 하는데, 그 사람이 바로 자신이라고 말한다! 나는 신자들이 이렇게 말하는 것을 수없이 들었다. "모든 게 엉망이에요. 내가 뭘 잘못했는지 모르겠어요." 그들은 마치 깨닫지 못한 불순종 때문에 하나님께서 자신들에게 벌을 주신 것처럼 말한다.

이러한 저주의 열병은 믿는 사람의 생각 속으로 기어들어 와서 끔찍한 시련이나 비극을 일으키는 것처럼 보인다. 최근 몇 년간 교회 가운데 가계의 저주와 관련된 강력한 가르침이 선포되었다. 이것은 신자가 직면하는 여러 종류의 질병과 어려움들, 재정적인 문제와 그 외 불안 요소들에 대해 여러 가지로 설명해 주었다. 이 모든 것은 바로 그들이 깨뜨려야 할 저주 때문이었다. "크리스천이 가계의 저주 아래 있을 수도 있을까?"라는 질문에 답하기 전에 우리는 문제와 부정적인 상황들이 삶의 일부라는 사실을 인식해야 한다. 성경은 "여인에게서 태어난 사람은 생애가 짧고 걱정이 가득하다"고 기록하고 있으며(욥 14:1), 다음과 같이 말씀하는 구절도 있다.

> 재난은 티끌에서 일어나는 것이 아니며 고생은 흙에서 나는 것이 아니니라 사람은 고생을 위하여 났으니 불꽃이 위로 날아가는 것 같으니라 _욥 5:6-7

욥기는 의인의 고난에 대해 이야기하고 있다. 만일 오늘날의 사역자 중 일부가 욥의 시대에 살았더라면 욥이 사탄의 공격 대상이 된 것이 아니라 가계의 저주 아래 놓였다고 선포했을 것이다. 욥기는 욥이 "동방 사람 중에 가장 훌륭한 자"(욥 1:3)라고 말하며 시작된다. 그에게는 각기 자기 집을 소유한 일곱 아들과 세 딸이 있었다(2절). 욥기 1장 3절에는 그의 재산 목록이 정리되어 있다.

* 양 7,000마리
* 낙타 3,000마리
* 소 500겨리
* 암나귀 500마리
* 많은 종들

마른하늘에 날벼락이 치면서 욥은 파멸과 상실, 슬픔을 안겨 주는 사건과 사고들을 연달아 경험했다. 갈대아 사람과 스바의 거친 유목민들이 급습하여 욥의 낙타와 소, 나귀들을 강탈해 갔다(욥 1:14-15, 17). 하늘에서 불이 떨어져 양 7천 마리를 살라 버렸다(16절). 도둑 떼의 습격과 자연재해가 벌어지고 있는 동안 광야에서 불어닥친 거센 바람이 욥의 자녀들이 모여 잔치를 벌이고 있는 첫째의 집을 강타해서 세 딸과 일곱 아들의 목숨을 앗아갔다(18-19절). 동방 최고의 부자가 불과 몇 시간 만에 최악의 거지로 전락했다. 이것으로도 부족하다는 듯이 나중에는 종기가 욥의 온몸을 덮었다(욥 2:7).

욥의 세 친구 데만 사람 엘리바스와 수아 사람 빌닷과 나아마 사람 소발이 그의 비극적인 소식을 듣자마자 그를 "위로"하러 왔다(11절). 종기로 인한 욥의 상태가 알아볼 수 없을 만큼 너무나 처참해서 그들은 옷을 찢고 7일간 아무 말 없이 그와 함께 땅바닥에 앉아 있었다(12-13절). 이것은 슬픔을 함께하는 고대의 관습이었다.

엘리바스는 히브리어로 "하나님의 인내"라는 뜻이다. 빌닷은 "혼란 혹은 논쟁하는 사람"이며, 소발은 "일찍 일어나다"의 뜻이다. 32장에 등장하여 대화를 이어가는 부스 사람 엘리후는 "내 하나님은 그분이시다"란 뜻이다. 이들과 나누는 일련의 대화를 크게 세 부분으로 나눌 수 있는데 첫 번째는 욥기 4-11장, 두 번째는 12-20장, 세 번째는 21-31장이다.

욥의 친구들은 왜 하나님께서 그의 삶에 이런 끔찍한 문제를 허락하셨는지 설명하려고 했다. 그들은 욥의 삶 가운데 감춰진 죄가 있기 때문에 하나님께서 그를 겸손하게 하시려고 이런 일들을 허락하셨다고 주장한다. 하지만 그런 끔찍한 사건들을 일어나게 한 욥의 죄가 무엇인지는 말하지 못한다. 욥의 친구들은 도덕적으로 선한 사람은 자동적으로 은혜와 복을 누리는 삶을 살지만, 반대로 어떤 악이나 죄를 범하면 하나님의 심판의 대상이 된다는 식의 주장을 펼친다. 즉 욥이 모든 것을 잃고 고통받는 것은 그가 하나님이 분노하실 만한 죄를 범했기 때문이라는 논리였다.

이들이 모르고 있거나 깨닫지 못한 것을 설명하고자 대화와 논쟁을 벌인지 몇 주 혹은 몇 달이 지났을 때 하나님은 결국 회오리바람 가운데 나타나 다음과 같이 말씀하셨다.

여호와께서 욥에게 이 말씀을 하신 후에 여호와께서 데만 사람 엘리바스에게 이르시되 내가 너와 네 두 친구에게 노하나니 이는 너희가 나를 가리켜 말한 것이 내 종 욥의 말같이 옳지 못함이니라 _욥 42:7

친구들은 진심 어린 충고를 했지만, 그들의 의견은 완전히 잘못된 것이었다.

욥의 친구들과 마찬가지로 우리도 참담한 비극을 겪고 있는 동료 신자에게 왜 그런 일이 일어났는지 설명하며 위로하려고 애쓴다. 아이를 잃은 사람에게는 이렇게 말한다. "천국에 천사가 필요했던 거야. 그래서 주님이 그 아이를 데려가셨어." 젊은 나이에 죽은 사역자에 대해서는 다음과 같이 설명한다. "그리스도의 재림을 준비하시기 위해 하나님이 그를 데려가신 거예요." 이런 식의 말들은 진심일 수도 있다. 하지만 유족들에게는 전혀 위로가 되지 않는다. 살다 보면 말로 설명할 수 없는 난관과 시련을 겪을 때가 있다. 그래서 우리는 하나님의 뜻과 지혜를 신뢰해야 한다. 천국에서 하나님을 만날 때에야 비로소 이해되는 일들도 있기 마련이다.

하나님의 왼편에 있는 욥의 삶

성경에는 "하나님의 우편"(행 2:33; 5:31; 7:55-56; 롬 8:34; 엡 1:20)을 포함해

서 "오른손"에 대한 수많은 구절들이 있다. 성경에서 "하나님의 오른손"은 권세, 통치, 능력을 상징한다. 예를 들어 야곱은 손자인 므낫세와 에브라임을 축복할 때 손을 엇갈려 형 대신 동생의 머리 위에 오른손을 얹었다(창 48:13-18). 보통 오른손은 장자의 축복을 받게 될 상속자에게 얹었다. 족장들의 오른손은 특별한 인정과 축복의 손으로 여겨졌으며, 기도할 때나 다음 세대에게 영적인 축복을 전수할 때 특히 그러했다. 그러나 욥은 "하나님의 왼손"을 언급하는데, 이것은 오직 욥기에만 등장한다.

> 그런데 내가 앞으로 가도 그가 아니 계시고 뒤로 가도 보이지 아니하며 그가 왼쪽에서 일하시나 내가 만날 수 없고 그가 오른쪽으로 돌이키시나 뵈올 수 없구나 _욥 23:8-9

랍비의 관점에서 하나님의 왼손은 오른손에 있는 은혜와 복에 반대되는 난관과 시련, 어둠의 측면을 암시한다. 이러한 개념의 기원은 하나님께서 빛과 어둠을 창조하셨을 때로 거슬러 올라간다. 랍비적 개념에서 하나님은 오른손으로 빛을 만드셨고 왼손으로 어둠을 구별하셨다(창 1:18). 하나님의 오른손에서 사람은 그분의 호의와 은혜, 번성을 경험하게 된다. 반면 왼손에는 어둠과 시련, 고뇌가 있다.

욥기 23장에서 이 고통받는 성도는 하나님을 찾아 앞으로도 가 보고 뒤로도 가 보았지만 발견하지 못했다고 고백한다. 그 후 욥은 자신이 하나님의 왼쪽에 있다고 말한다. 그는 끔찍한 고통과 영·혼·육의 고뇌에도 하나님이 여전히 자신의 왼쪽에서 일하고 계신다고 믿었다. 극한 위기와 캄캄한 시련, 고통 중에도 하나님은 우리와 함께하신다.

이 땅에서 우리가 경험하는 기근, 지진, 폭풍, 홍수 등의 자연재해는 식량 공급과 식수, 우리의 가정과 사업에 영향을 준다. 어떤 지역에 대한 심판으로 자연재해가 일어나는 것이 아니다. 기후 변화는 수세기 동안 지속되고 있으며 반복적으로 일어나는 현상이다. 그리스도는 이렇게 말씀하셨다. "하나님이 그 해를 악인과 선인에게 비추시며 비를 의로운 자와 불의한 자에게 내려 주심이라."(마 5:45) 인생을 살다 보면 선한 사람들에게 나쁜 일이 일어나기도 하고, 좋은 일이 나쁜 사람들에게 일어나기도 한다.

가계의 저주에 관한 가르침은 그분과 언약을 맺고 전심으로 그분을 섬기는 신자의 삶에 하나님이 항상 역사하고 계신다는 사실을 놓치고 있는 것처럼 보인다. 의인의 발걸음은 주님이 정하신다(시 37:23). 신자가 겪고 있는 시련이 저주라면 사도 바울은 신약에서 최악의 저주를 받은 사람일 것이다! 바울이 선교 여행을 하며 겪었던 내용들을 살펴보자.

> 그들이 그리스도의 일꾼이냐 정신없는 말을 하거니와 나는 더욱 그러하도다 내가 수고를 넘치도록 하고 옥에 갇히기도 더 많이 하고 매도 수없이 맞고 여러 번 죽을 뻔하였으니 유대인들에게 사십에서 하나 감한 매를 다섯 번 맞았으며 세 번 태장으로 맞고 한 번 돌로 맞고 세 번 파선하고 일주야를 깊은 바다에서 지냈으며 여러 번 여행하면서 강의 위험과 강도의 위험과 동족의 위험과 이방인의 위험과 시내의 위험과 광야의 위험과 바다의 위험과 거짓 형제 중의 위험을 당하고 또 수고하며 애쓰고 여러 번 자지 못하고 주리며 목마르고 여러 번 굶고 춥고 헐벗었노라 이외의 일은 고사하고 아직도 날마다 내 속에 눌리는 일이 있으니 곧 모든 교회를 위하여 염려하는 것이라 누가 약하면

내가 약하지 아니하며 누가 실족하게 되면 내가 애타지 아니하더냐 _고후 11:23-29

1세기의 신자들이 바울에게 다음과 같이 말한다고 상상해 보라. "스데반의 죽음에 동조했고(행 7:58-60; 8:1), 믿는 자들을 핍박했으며, 사람들을 감옥에 가두었고, 많은 이들에게 강제로 모독하는 말을 하게 만든(행 22:4; 26:11) 과거의 죄들 때문에 당신은 저주 아래 있습니다." 이 모든 것은 회심하기 전 바울이 자행한 일들이다.

그러나 바울의 시련은 과거의 이러한 행동 때문이 아니었다. 그는 이전 것은 모두 잊고 앞에 놓인 것을 잡으려 한다고 말했다(빌 3:13). 바울은 지속적으로 그를 괴롭히던 "사탄의 사자", 곧 "육체의 가시"에 대해 말했다(고후 12:7). 바울은 유대 종교 지도자들 때문에 많은 고통을 받았다. 그들은 그가 그리스도께 회심한 것에 분개하면서 복음을 전하는 것을 막으려고 박해와 체포, 압력을 행사했다. 그리스도께서 "율법의 저주에서 우리를 속량하셨다"고(갈 3:13) 기록한 바울이 율법의 저주로 고통받고 있다는 것은 말이 되지 않는다.

시련의 실제적인 이유들

노아는 방주를 짓기 위해 100년을 보냈고, 온 세상을 뒤덮은 150일간의 홍수 후 방주에서 나와 포도밭을 가꾸었다. 그는 포도주에 취해 장막에 나체로 누워 있었다(창 9장). 롯은 멸망하는 소돔에서 빠져나올 만

큰 의인이었지만 동굴에 취해 누워 있다가 자신도 모르게 두 딸과 근친상간을 범하고 말았다(창 19:30-38). 아브라함은 위대한 순종의 사람이자 믿음의 조상이었지만, 두려움 때문에 사라가 아내가 아니라고 거짓말을 했다(창 12:11-13). 이삭도 자신을 보호하기 위해 아내인 리브가를 여동생이라고 속였다(창 26:7). 젊은 야곱은 형의 축복과 장자권(창 27장)을 가로채기 위해 기꺼이 아버지를 속였다.

시므온과 레위는 여동생이 강간당했다는 소식을 듣자 한 부족 전체를 몰살했다. 심히 분노한 야곱은 두 아들에게 이렇게 말한다. "너희가 나를 괴롭게 하여 나로 하여금 이 땅의 거주민들 가운데서… 악취를 내게 하였도다."(창 34:30, 한글 킹제임스) 기드온은 300명의 용사로 거대한 미디안 군대를 물리쳤지만, 전리품으로 취한 금으로 에봇을 만들어 이스라엘 백성들이 숭배하게 만들었다(삿 8:27). 삼손의 약점은 블레셋 여자에게 푹 빠진 것이었다(삿 14-16장).

"훔쳐보기 좋아하는" 다윗은 왕궁에서 불륜을 저질렀고, 솔로몬은 여자들을 향한 음욕으로 700명의 후궁과 300명의 첩을 두었는데(왕상 11:3), 이 이방 여인들 때문에 마음이 하나님으로부터 멀어지게 되었다(1-4절). 이처럼 성경은 다양한 실패자들의 이야기로 가득하다.

족장들이나 왕들이 직면한 수많은 도덕적, 영적 도전들은 가계의 저주의 결과가 아니었다. 이것은 단순히 육체의 일(갈 5:19-21)이자 정욕과의 싸움이었다(고전 3:1-4). 타락한 신자는 문제의 원인을 마귀 탓으로 돌리기 쉽다. 하지만 대부분의 경우 그것은 마귀가 아니라 그들 안에 있는 육체(정욕) 때문이다. 가계의 저주에 관련된 가르침에 심취한 사람들은 모든 부정적인 상황이 저주 때문이라고 생각하는 경우가 많다.

나는 가족에 분노의 문제가 있는 사람들을 만난 적이 있는데, 그들은 이렇게 말했다. "분노는 단지 가계에 흐르는 저주일 뿐이에요." 간음 문제로 씨름하는 사람들은 이런 핑계를 댄다. "그건 우리 가문에 있는 저주의 한 부분이에요." 이런 저주의 개념에 너무 깊이 빠져 들게 되면 자신의 행동에 대한 책임을 회피하게 될 수도 있다. 저주받았다는 생각은 자신의 행동에 대한 책임을 더욱 회피하게 만든다. 즉 자신의 육체의 정욕에 대해 책임을 지려고 하지 않는다.

대속이 당신의 본성을 바꾼다

그리스도를 통해 구속의 언약을 받은 사람들이 누리는 초자연적인 은혜 중 하나는 구원이 단순히 생각이 아니라, 인간의 마음과 영에 실제적인 변화를 일으킨다는 사실이다. 그리스도의 보혈을 믿음으로 구속의 새 언약과 죄 사함을 받은 사람들은 새로운 피조물이다! 성경은 누구든지 그리스도 안에 있으면 새로운 피조물(창조)이며 옛것은 지나갔고 모든 것이 새롭게 되었다고 말씀한다(고후 5:17). 이 언약은 사람이 자신의 죄를 회개하고 악에서 떠날 때 시작된다. 성경은 "만일 우리가 우리 죄를 자백하면 그는 미쁘시고 의로우사 우리 죄를 사하시며 우리를 모든 불의에서 깨끗하게 하실 것"이라고 기록한다(요일 1:9). 그리스도의 보혈을 통해 우리가 언약의 인침을 받는 순간 "이전 것은 지나갔으니 보라 새것이 된다."(고후 5:17) 하나님은 과거의 죄를 모두 용서하시고 다시는 기억하지 않으신다. "나 곧 나는 나를 위하여 네 허물을 도말하는 자니 네 죄를 기억하지 아니하리라."(사 43:25)

가계의 저주와 관련된 성경 구절들

가계의 저주와 관련하여 가장 자주 인용되는 본문 두 가지가 토라에 있다.

> 그것들에게 절하지 말며 그것들을 섬기지 말라 나 네 하나님 여호와는 질투하는 하나님인즉 나를 미워하는 자의 죄를 갚되 아버지로부터 아들에게로 삼사 대까지 이르게 하거니와 나를 사랑하고 내 계명을 지키는 자에게는 천 대까지 은혜를 베푸느니라 _출 20:5-6

> 여호와께서 그의 앞으로 지나시며 선포하시되 여호와라 여호와라 자비롭고 은혜롭고 노하기를 더디 하고 인자와 진실이 많은 하나님이라 인자를 천 대까지 베풀며 악과 과실과 죄를 용서하리라 그러나 벌을 면제하지는 아니하고 아버지의 악행을 자손 삼사 대까지 보응하리라 _출 34:6-7

두 본문에 "저주"라는 말은 나타나지 않지만, 죄에 대한 하나님의 심판이 암시되어 있다. "갚다(보응)"의 원문 '파콰드'(paqad)는 "호의적인 혹은 적대적인 의도로 방문하다"의 뜻이다.[1] 본문은 자녀와 후손들에게 대물림된 아버지의 죄에 대한 심판에 대해 말씀하고 있다.

그리스도는 예루살렘을 향해 우시며 하나님께서 보내신 수많은 선지자들을 그들이 어떻게 거부하고 죽였는지 회상하셨다. 그리고 그분의 세대에 심판이 임할 것이라고 말씀하셨다. 그들이 "보살핌(또는 심판)받는 날을 알지 못했기" 때문이었다(눅 19:44). '보살핌받다'에 해당하는 헬라어 '에피스코페'(episkope)는 "(구제를 위한) 검사(조사)"의 뜻이다.[2] 하나님은 그분의 거룩한 도성에 복과 안정을 주고 싶으셨지만, 백성들의 행동은 결국 약 40년 후인 주후 70년에 성전과 예루살렘의 멸망을 자초하고 말았다. 그리스도께서는 아벨로부터 성전과 제단 사이에서 죽인 바가랴의 아들 사가랴의 피까지 그들이 의인들의 무고한 피를 흘렸기 때문에 예루살렘이 멸망한다고 말씀하셨다(마 23:35).

무고한 피를 흘린 죄가 대대로 이어지자 하나님이 심판을 위해 오셨다는 사실에 주목하라.

같은 맥락으로 전능자께서는 출애굽기 20장 5-6절에서 그분 외에 다른 신을 두지 말라고 이스라엘을 가르치셨다. 이스라엘은 참 하나님 한 분만 섬겨야 했다. 3-4절에서 전능하신 하나님은 그분의 백성들이 살아 있는 피조물의 형상을 숭배하는 것을 금하셨다. 즉 그들이 우상을 숭배한다면 하나님이 그들의 죄를 심판하실 것이다. 이 일은 후에 모세가 시내 산에 십계명을 받으러 간 사이 이스라엘 백성들이 금송아지를 숭배하면서 실제로 일어났다. 40일 후 진영으로 돌아온 모세는 히브리인들이 황금 우상 앞에서 춤추는 모습을 보았다. 모세는 레위인들에게 죄인들을 죽이라고 명령했고, 언약을 깨뜨린 3천 명의 사람들이 죽었다(출 32:28).

가계의 저주와 관련된 두 번째 본문인 출애굽기 34장은 이스라엘 백성들이 금송아지를 숭배한 것(출 32:19)에 화가 난 모세가 첫 번째 돌판을 깨뜨린 후 다시 십계명을 받기 위해 시내 산에 다녀온 후의 일이다. 소를 숭배하며 애굽을 떠난 이 세대 사람들은 우상숭배의 죄로 인해 약속의 땅을 유업으로 받지 못했다(민 14:22-23). 하나님은 그들의 유업을 제거하심으로 그들의 죄를 심판하셨다. 주님은 아버지 대에 우상숭배를 허용하면 그것이 그들의 아들들과 삼사 대까지 지속된다는 것을 아셨다. 이것은 우상숭배에 대한 심판의 경고였다.

아버지의 죄에 대한 심판을 경고하는 세 번째 본문은 신명기 5장 9절로 출애굽기의 두 본문과 거의 비슷하다. 그러나 신명기 본문에는 중요한 경고가 추가되어 있는 것을 발견할 수 있다.

> 그것들에게 절하지 말며 그것들을 섬기지 말라 나 네 하나님 여호와는 질투하는 하나님인즉 나를 미워하는 자의 죄를 갚되 아버지로부터 아들에게로 삼사 대까지 이르게 하거니와 나를 사랑하고 내 계명을 지키는 자에게는 천 대까지 은혜를 베푸느니라 _신 5:9-10

크리스천이 가계의 저주 아래 있을 수 있다고 가르칠 때 자주 간과하는 요점 두 가지가 있다. 첫째, 죄의 심판은 여호와를 "사랑하고 그의 계명을 지키는" 자가 아니라 미워하는 자에게 임한다. 이것은 출애굽기 20장 6절과 신명기 5장 10절에 언급되어 있다. 둘째, 하나님은 그분을 사랑하고 그분의 명령을 지키는 자에게는 천 대까지 은혜를 베푸신다. 이처럼 순종하는 자와 불순종하는 자, 주님을 사랑하는 자와 미워하는 자가 구별된다.

성경은 악을 행하고 자손에게도 그러한 죄악을 물려주는 사람들은 결국 하나님의 호의를 경험하지 못할 것이라고 분명하게 말씀한다. 그들은 하나님의 사랑과 자비를 거절한 것이다. 반면, 진정한 신자는 자신이 범한 죄든, 조상이 범한 죄든, 과거의 죄로 인해 심판의 저주를 받지 않는다. 그들이 진실로 하나님을 사랑하고 그의 명령을 지킨다면 말이다! 만일 원수가 이미 오래전에 용서받은 죄들을 합법적으로 끄집어내어 우리를 정죄할 수 있다면 그리스도의 보혈과 용서해 주시는 하나님의 능력은 무기력하고 공허한 것이 되고 말 것이다. 하지만 성경은 우리가 죄를 지으면 하늘에 계신 신실한 대제사장이신 그리스도께서 우리의 죄를 용서하시고 모든 불의에서 깨끗하게 하신다고 말씀한다(요일 1:9).

우리는 사탄이 "우리 하나님 앞에서 밤낮 우리 형제들을 참소하는 자"임을 잘 알고 있다(계 12:10). '참소자'의 헬라어는 '카테고로스'(kategoros)로, 어떤 사람이 불법을 행했다고 고소하는 자 또는 회중 가운데 어떤 사람을 대적하는 자를 지칭한다. 믿는 자들이 죄를 용서받으면 사탄의 참소는 아무런 의미가 없게 된다. 죄의 증거들이 제거되어 그들의 삶에 영향을 미칠 수 있는 아무런 법적 조치도 취할 수 없기 때문이다.

가계의 저주를 뒷받침할 세 본문 모두 모세의 율법에 기록되어 있기 때문에 바울이 갈라디아서에 기록한 말씀은 놀랍고도 강력한 진리를 담고 있다. 그는 "그리스도께서 우리를 위하여 저주를 받은 바 되사 율법의 저주에서 우리를 속량하셨다"고 기록했다(갈 3:13).

모세의 율법에 언급된 "저주들"은 하나님의 백성들의 불순종과 거역으로 인한 심판의 결과로 구체적으로 다음과 같은 것들이 포함되어 있다.

* 성읍과 들에서 저주를 받음
* 토지의 소산과 가축에 대한 저주
* 몸의 소생에 대한 저주
* 하는 모든 일에 대한 저주와 혼란 그리고 책망
* 육신의 질병과 문제들로 진멸됨
* 가뭄과 기근, 전염병 등의 자연재해
* 재정적 파탄과 도둑맞음, 경제적 손실과 파산, 압류당함
* 관계의 파괴와 가족을 잃게 됨
* 전쟁에서 패하고 원수에게 사로잡힘, 이방 땅에 포로로 끌려감
* 명성을 잃게 됨

그리스도의 보혈과 하나님의 언약 안에서 구속받은 신자들은 하나님의 말씀을 따르기 때문에 율법으로 인한 것이든 그것과 상관없는 것이든 저주가 달라붙을 수 없다.

무당이나 주술사들의 저주

다음과 같은 질문을 하는 사람들이 있다. "무당이나 사탄 숭배자 혹은 주술사들이 말이나 주술적 행위로 내린 저주가 실제적으로 신자에게 영향을 미칠 수 있습니까?" 우선 모압 왕이 발람에게 모압의 산들에서 골짜기를 바라보며 이스라엘 백성들을 저주해 달라고 청하는 장면을 떠올려 보자(민 22:6). 발람이 저주의 말을 내뱉으려고 할 때마다 그의 입에서는 오직 축복의 말만 나왔다. 분노한 왕은 그를 책망하며 다른 산으로 옮겨 히브리인들을 저주해 달라고 요구한다. 하지만 매번 그의 입에서는 축복의 말만 쏟아졌다(민 23장). 결국 발람은 주께서 복 주신 사람을 저주할 수 없다고 고백했다. 이스라엘은 하나님의 은혜 아래 있었다(민 23:8). 이스라엘과 맺은 하나님의 언약은 왕의 저주보다 강했다.

이 진리는 그리스도의 구속 언약을 받은 사람들에게도 동일하게 적용된다. 그리스도의 보혈은 보이지는 않지만 주술사들이 보낸 악한 영들을 차단하는 강력한 보호막을 형성한다. 1980년대 초 나는 알라바마 노스포트에서 4주간 부흥회를 인도한 적이 있는데, 그것은 그 지역 전체에 알려졌다. 나는 1년 후 다시 그곳을 방문하게 되었고, 어느 날 오후 무당과 관계된 젊은 여자의 전화를 받게 되었다. 그녀는 내가 저주에 걸리지 않는 비결이 궁금하다고 말했다. 그녀는 무당들이 죽음의 영들을 보냈지만 나에게 아무런 영향도 미치지 못하고 돌아왔다고 했다. 나는 그녀를 집회에 초대했고, 그날 밤 그녀는 단상 앞으로 나와 수많은 더러운 영들로부터 자유를 얻었다.

나중에 나는 그녀에게 주술의 영들이 내가 그리스도와 맺은 보혈의 언약을 뚫을 수 없으며, 이 언약에는 천사의 보호와 주님께서 친히 베푸시는 개인적 보호가 포함된다(시 91편)고 말해 주었다. 이러한 보호는 나의 힘이나 능력, 의가 아니라 오직 주님의 은혜와 자비, 능력 때문이라는 사실을 나는 잘 알고 있다.

두려움은 저주에 힘을 실어 준다

아이티 섬이나 뉴올리언스의 도시들은 부두교의 온상이 되었다. 자세히 살펴보지는 않겠지만 부두교의 남녀 사제들은 옛날 아프리카 부족의 의식과 주술적 행위들을 기독교와 기이한 형태로 혼합시키는 경우가 많다. 이들의 주술 행위는 귀신의 활동과 밀접한 관련이 있다. 따라서 무슨 일이 있어도 피해야 한다.

부두교가 추종자들에게 엄청난 통제력을 발휘하는 것은 미신과 두려움 때문이다. 어떤 소년을 사로잡고 있는 귀신을 쫓아내지 못한 제자들은 그리스도께 그들이 실패한 이유를 물었다. 주님은 대답하셨다. "너희 믿음이 작은 까닭이라."(마 17:20) 소년 안에 있던 악한 영은 제자들의 믿음이 연약함을 감지했던 것이 분명하다. 그래서 소년의 육신을 계속 장악할 수 있었던 것이다. 바울은 우리에게 하나님은 두려워하는 마음(영)을 주시지 않는다고 말했다(딤후 1:7). 이것이 바로 부두교와 같은 악령의 지배를 받는 종교 체계들이 사람들의 생각을 강하게 사로잡고 있는 이유이다. 그들 대부분은 미신을 믿고 있으며, 자신들이 보고 들은 것을 두려워한다.

친구이자 목회자인 래리 맥다니엘은 오래전 아이티 섬에 거하는 선교사들을 총괄하고 있었다. 수백만 아이티 사람들을 사로잡고 있는 부두교에 대해 잘 알고 있는 그는 부두교 제사장들과 맞서야 하는 경우가 많았다. 한번은 어떤 움막에 들어갔다가 혼과 영들을 담고 있다는 항아리들을 보게 되었다. 항아리 안에 혼이든 영이든 아무것도 살고 있지 않다는 것을 보이기 위해 래리는 항아리 몇 개를 땅에 던져 깨뜨렸다. 물론 그것을 지켜보던 사람들은 두려워했지만, 그가 가진 큰 믿음과 두려움 없는 그의 마음은 악한 영들의 공격으로부터 그를 보호해 주었다.

나는 앞서 이야기한 십 대 시절 6개월간의 직접적이고 실제적인 귀신의 공격을 경험한 후 두려움의 위력을 깨닫게 되었다. 공격이나 소리, 유령의 출현이 매주, 매달 지속되자 나는 이런 것들이 끊임없이 계속될지도 모른다는 생각에 두려워졌고, 결국 두려움이 원치 않는 침입자가 지속적으로 드나드는 틈이 된다는 사실을 깨달았다. 이러한 영들과 그것들이 일으키는 현상을 두려워하지 않게 되자 전쟁도 끝이 났다.

우리의 가계 가운데 분명한 주기나 패턴, 영들이 존재할 수도 있다. 하지만 나는 동일한 원리를 가계의 저주에도 적용할 수 있다고 생각한다. 자신이 저주 아래 있다고 믿고 그것을 받아들인 사람은 저주가 자신을 따라다닌다며 두려워하게 된다. 그러면 두려움으로 인한 부정적 생각과 감정이 지속되면서 영적 전쟁 가운데 육신을 공격받을 수도 있다. 원수는 항상 그를 맞아들이고 허용하는 문을 통해 들어온다. 그러나 일단 삶 가운데 정체가 드러나고 분리되면 그것은 더 이상 당신 안에 머물 수 없다(요 14:30; 엡 4:27). 소위 저주라는 것들은 밝히 드러나 성령의 다스림을 받아야 할 육체의 일에 불과한 경우가 많다(갈 5:19-21). 바울은 날마다 죽는다고 했다(고전 15:31). 이것은 육체를 날마다 단련할 필요가 있다는 뜻이다.

자신이 가계의 저주 아래 있다고 생각하는 사람이 있다면 그는 그리스도의 구속 언약이 마귀의 일을 멸했다는 사실과 그로 인해 과거로부터 어떻게 자유로워졌는지 깨닫는 단계까지 나아가야 한다. 그리스도 안에서 우리는 새로운 피조물이 되었다. 이전 것은 지나갔다. 그리스도는 구속자나 구원자에 불과한 분이 아니다. 그분은 저주를 깨뜨리셨다!

그리스도께서는 믿는 자들에게 원수의
모든 능력을 제어할 영적인 권세와 성령의
충만함을 통한 특별한 권능을 주셨다

Exposing Satan's Playbook

Exposing Satan's Playbook
Chapter 14

거의 알려지지 않은 허세 전략

나는 영적 전쟁에서 사용되는 실제적인 전략이 포커에도 있다는 이야기를 들은 적이 있다. 바로 다른 사람들보다 더 좋은 패를 가지고 있는 척하여 상대방이 포기하게 만드는 것이다. 이것은 또한 누군가 거짓말을 하고 있다는 생각이 들 때 그것이 진짜인지 증명해 보일 것을 요구한다는 뜻이기도 하다. 예를 들어 부모의 훈육에 화가 난 자녀가 다음과 같이 말한다. "이제 나가서 살 거야!" 부모는 자녀에게 돈도 없고, 직장도 없고, 차도 없다는 사실을 잘 안다. 그래서 이렇게 반응한다. "그래, 나가서 한 번 살아봐. 너도 이제 다 컸잖아." 이렇게 되면 보통 아이는 집에 머물고 문제는 해결된다. 이것이 바로 허세를 부리는 것이다.

이것은 군사전략으로도 사용된다. 한때 이스라엘 군 지휘관이었던 사람이 다음의 놀라운 이야기를 들려줄 때 나는 골란고원에 있었다. 1973년 10월 6일부터 25일까지 시리아가 이집트-아랍 연합군과 함께 은밀하게 책동한 침략 계획은 이스라엘을 놀라게 했다. 이것이 바로 제4차 중동전쟁(Yom Kippur War: 1973년 10월 6일 유대교의 속죄일에 이집트·시리아가 이스라엘을 공격하여 일어난 전쟁)이다. 시리아가 북부 지역인 골란고원을 공격하는 동안 이집트는 이스라엘이 점유하고 있는 시나이 반도를 따라 남부 지역을 급습했다. 이 전쟁은 유대절기인 대속죄일의 금식일이자 이슬람교의 거룩한 라마단 기간에 발발했다.

회당에서 금식하며 기도하고 있었던 이스라엘 군인들은 허를 찔렸고, 시리아의 탱크와 군대는 이스라엘 국경으로 거침없이 밀고 들어왔다. 골란고원의 넓은 언덕 지역 중 하나에는 작은 이스라엘 공동체 키부츠가 있었다. 상황을 파악한 마을 사람들은 몇 기의 미사일을 장착한 낡은 탱크 한 대 외에 방어할 길이 전혀 없다는 사실을 깨달았다. 시리아 탱크가 그들을 향해 오자 이스라엘 사람들은 낡은 탱크를 산등성이에 배치한 뒤 미사일 한 방을 쏘았다! 화들짝 놀란 시리아군은 진군을 중단했다. 이해가 되지 않지만 이 한 대의 탱크와 사람들의 지혜로운 대처에 시리아군은 혼란에 빠졌다. 이스라엘에 더 많은 탱크가 있는 걸까? 앞에 어떤 함정이 설치되어 있는 것은 아닐까? 이것이 바로 엄포(허세) 전략의 좋은 예이다!

허세의 대가

원수는 허세의 대가이다. 인간의 생각에 불화살과 정신적 계략을 사용함으로써(엡 6:16) 본래 모습보다 자신을 더 강하고, 중요하고, 무섭게 보이려 한다. 그는 협박의 대가이다! 그는 믿는 자의 머릿속에 생각을 주입하려 하지만, 사실 그것은 영적인 허세 또는 엄포에 불과하다. 영적 허세 또는 엄포의 예들을 몇 가지 살펴보자.

* 당신은 최근 그리스도께 회심했다. 그러자 원수가 말한다. "너는 오래 못 갈 거야. 머지않아 이전의 상태로 돌아가게 될 걸?!" 이런 정신적 불화살이 당신의 생각을 향해 날아오면 확신을 잃게 되고 실패할지 모른다는 두려움이 지속적으로 일어난다.
* 당신은 육체의 질병을 치유받은 뒤 하나님의 선하심을 간증할 준비를 하고 있었다. 그런데 마음속에서 작고 고요한 음성이 들려온다. "간증하지 않는 편이 좋아. 병이 재발하면 어떻게 해? 그러면 바보처럼 보일 거야. 그냥 조용히 있는 게 좋겠지?" 원수는 간증의 힘을 잘 알고 있다. 그래서 근거 없는 두려움을 일으켜서 침묵하게 만들고자 한다.
* 어떤 사역에 거액의 헌금이나 십일조를 드리려고 마음먹었다. 그런데 갑자기 불안해지더니 이런 생각이 든다. "그렇게 하지 않는 게 좋겠어. 혹시 그 돈이 필요할 수도 있잖아. 경기가 나쁘다는 것은 너도 잘 알지? 갑자기 예상치 못한 청구서가 날아오면 어떻게 해?"

끊임없이 밀려드는 부정적인 생각은 결코 멈추지 않을 것처럼 보인다. 이런 생각들은 항상 있는 것들이지만, 영적인 돌파가 일어나기 직전에는 더욱 심해진다. 사역 초기 나는 신자들이 이렇게 고백하는 것을 들었다. "마귀가 제게 속삭이며 거짓말을 하고 있어요."

나는 "그런 생각들은 주님이 주신 것이 아니라 원수로부터 왔다는 것을 아시나요?" 하고 물었다.

"네, 물론이죠."

나는 다시 "요한복음 8장 44절에 그리스도께서 사탄은 거짓말쟁이요 거짓의 아비라고 가르치셨다는 것도 알고 있나요?" 하고 물었다.

"네, 잘 알고 있어요!"

그러면 나는 보통 이렇게 말한다. "그것이 거짓말이고 거짓말쟁이가 준 음성이라는 것을 안다면서 왜 그것을 즐기고 있는 거죠?" 많은 경우 사람들은 멍한 눈으로 나를 쳐다보다가 곧 부드럽게 미소 짓는다. 마치 깜깜한 방에 갑자기 밝은 빛이 임하는 것처럼 말이다.

당신의 소중한 재산을 매일 훔쳐 달아나는 이 영원한 거짓말쟁이를 더 이상 신뢰하지 마라.

원수의 대표적인 허세 세 가지

분명히 말하건대, 나는 원수의 교묘하고 간교한 속임수의 위력을 과

소평가하거나 수백만 명의 사람들에게 미치는 영향력을 무시하는 것이 아니다. 그러나 진리를 통해 원수의 허세 전략 세 가지를 드러냄으로써 무지로 인한 오해를 제거할 수 있다.

첫째, 원수는 자신이 어디에나 존재한다고 믿게 만든다(무소부재).

믿는 자들은 모두 하나님이 영이시고(요 4:24) 어디에나 계신 무소부재한 분이라는 사실을 알고 있다. 이러한 하나님의 능력은 다른 모든 피조물들과의 차이점이 된다. 천사들도 영적인 존재이지만, 그들은 한 번에 한 장소에만 나타날 수 있고 다른 장소로 이동하려면 빛의 속도로 이동해야 한다. 기름부음을 받은 그룹으로 지음받았던 사탄(겔 28:14) 역시 한 번에 모든 장소에 나타날 수 없다. 그는 온 세계에 "통치자들과 권세들과 이 어둠의 세상 주관자들과 하늘에 있는 악의 영들을 통해" 영향을 미칠 수 있다(엡 6:12).

사람들이 사탄을 무소부재한 존재라고 여기는 이유 중 하나는 영적 공격을 받고 있는 신자들이 나누는 대화 때문이다. 텍사스에 사는 신자가 말한다. "원수와 지금 싸우고 있어요." 동시에 테네시에 살고 있는 성도도 말한다. "사탄이 나를 괴롭히고 있어요." 같은 시간 미시간에 살고 있는 사람이 친구에게 말한다. "마귀가 우리 집에서 날뛰고 있어." 서로 수백 킬로미터나 떨어져 있는 다른 지역에 살고 있는 세 사람이 모두 사탄과 싸우고 있다. 이런 말을 들으면 사탄이 모든 곳에 있는 것처럼 여겨질 것이다.

그러나 분명한 사실은 "옛 뱀 곧 마귀라고도 하고 사탄이라고도 하는" 한 명의 타락한 천사장만 있다는 것이다(계 12:9). 그는 한 번에 한 장소에만 나타날 수 있다. 뱀의 모습으로 에덴동산에 나타났던 사탄은(창 3:1-6) 나중에 욥을 보호하는 울타리를 뚫고 들어가려는 모습으로 나타난다(욥 1:10). 사탄은 다윗이 인구조사를 하도록 부추겼으며(대상 21:1), 대제사장을 대적하기 위해 예루살렘에 있는 제단에 서 있는 천사의 모습으로 등장하기도 했다(슥 3:1-2).

사탄이 타락한 천사의 이름이라면 믿는 자들은 왜 항상 사탄이 그들을 공격했다고 말하는 것일까? 어쩌면 사탄이 히브리어로 "대적자"를 뜻하기 때문일 수도 있다. 즉 사탄은 당사자인 사탄뿐 아니라 의인을 대적하는 모든 존재를 가리키는 말이기도 하다.

솔로몬이 불순종했을 때 성경은 "하나님께서 솔로몬의 대적(자)을 일으키셨다"고 말씀한다(왕상 11:14, 23, 25). 이들은 솔로몬의 통치 기간에 그를 대적해 일어난 사람들로, 이 "대적(자)"의 히브리어 역시 '사탄'이다. 즉 사탄은 당사자인 사탄은 물론 특정 사람을 대적하는 사람 모두를 지칭하는 말이다. 사탄과 경건하지 않은 사람들은 모두 의인을 반대하는 자들이다. 즉 경건한 사람들과 의인들의 대적이다. 문맥에 따라 사탄이 타락한 천사를 가리키는지 아니면 (이를테면 솔로몬의) 대적자인지 확실히 알 수 있다.

그러므로 믿는 자들이 대적과 영적 전쟁을 치르거나 그들로 인해 극심한 어려움을 겪는다고 할 때, 그것은 보이지 않는 영적인 원수일 수도,

육신을 가진 인간일 수도 있다. 그러나 결코 사탄이 무소부재하다는 근거도 없고 비성경적인 개념을 받아들이지 마라. 사탄은 당신이 이런 잘못된 인식을 받아들이기를 간절히 바라고 있다.

둘째, 원수는 자신이 모든 것을 알고 있다고 믿게 만든다(전지).

하나님은 전지하신 분이다. 즉 그분은 "모든 것을 아신다." 하나님은 과거와 현재뿐 아니라 미래의 사건들도 아신다. 그분은 인간의 시간 개념을 초월한 곳, 즉 시간의 제한을 받지 않는 영원한 세계에 살고 계시기 때문에 과거와 현재, 미래를 동시에 보실 수 있다.

예를 들면, 성경은 그리스도를 창세 때부터 죽임을 당한 어린 양이라고 부른다(계 13:8). 욥기 38장 4-7절에 기록된 대로 '창세'는 하나님께서 세상을 만드신 때를 가리킨다. 하지만 그분은 창조 때 죽임을 당하지 않으셨다. 그리스도는 아담을 창조하신 지 약 4천 년 후에 이 땅에 오셨다. 그렇다면 창세 때부터 죽임을 당한 어린 양은 무슨 뜻일까? 베드로는 그리스도께서 창세 전부터 죽임을 당하셨다는 개념을 다음과 같이 설명한다. "창세 전부터 (우리를 위해 피를 흘리시기로) 미리 알린 바 되신 이나 이 말세에 너희를 위하여 나타내신 바 되었다."(벧전 1:20)

하나님은 과거와 현재, 미래를 동시에 보실 수 있기 때문에 그리스도께서 인류를 위한 대속의 제물로 죽게 되실 그날을 이미 보셨다. 그래서 전지하신 하나님은 그리스도의 죽음이 있기도 전에 마치 그것이 이미 일어난 것처럼 말씀하신다. 그분은 그 일이 일어날 것을 알고 계셨기 때문이다!

　원수는 하나님처럼 되기를 갈망한다(사 14:14). 하나님이 모든 것을 알고 계시기 때문에 원수는 영적 전쟁 가운데 있는 사람들에게 자신이 모든 것을 알고 있는 것처럼 보이려고 한다. 그들의 상황이나 계획은 물론 그들이 영적 전쟁에서 성공하거나 승리하지 못하게 막는 온갖 방법도 알고 있는 것처럼 위장한다. 하나님과 언약을 맺은 사람이 원수가 모든 것을 알고 있다고 믿게 되면 문제가 시작된다. 이러한 두려움은 믿는 자가 긍정적인 활동을 하려 할 때마다 주저하게 만든다. 원수는 두려움을 통해 심지어 시작도 하기 전에 그의 행동을 저지한다.

　그리스도가 탄생하시던 때로 돌아가 보자. 목자들과 동방박사들이 미래의 왕을 베들레헴에서 경배한 뒤 헤롯은 로마군 암살단을 보내어 두 살 아래의 영아를 모두 죽였다(마 2:16). 헤롯이나 군사들 모두 어떤 아이가 진짜 왕인지 알 길이 없었다. 마리아와 그리스도를 데리고 애굽으로 가라는 경고를 받은 요셉은 아이의 목숨을 구할 수 있었다. 만일 사탄이 모든 것을 알았다면 아기의 탈출 경로를 알아냈을 것이고 그리스도는 어린 나이에 죽으셨을지도 모른다.

　또 다음과 같이 질문할 수도 있다. 만일 사탄이 그리스도의 십자가와 부활로 인해 궁극적으로 패배할 것을 알았더라면 그는 왜 십자가 사건을 막지 않고 내버려 두었던 것일까? 사역 초기에 주님은 자신이 고난받고 죽으신 후 제삼일에 부활할 것을 알려 주셨다. 이것을 들은 시몬 베드로는 즉시 그리스도를 꾸짖으며 그런 일은 일어나지 않을 것이라고 말했다. 예수님은 다음과 같이 베드로를 꾸짖으셨다. "사탄아 내 뒤로 물러가라 너는 나를 넘어지게 하는 자로다 네가 하나님의 일을 생각하지 아니하고 도리어 사람의 일을 생각하는도다."(마 16:23) '넘어지게 하다'의 헬라어 '스칸달론'(skandalon)은 동물을 덫에 걸리게 유인하는 미끼를 뜻한다.

사탄은 그리스도의 미래에 혼란을 느끼고 있는 베드로를 미끼로 덫을 놓았다. 십자가를 지시기 직전 그리스도는 겟세마네 동산에서 땀이 핏방울같이 되기까지 간절하게 중보하셨다(눅 22:44). 어딘가에 존재하는 "세상의 왕"(사탄)으로 인해 내면의 싸움이 더욱 치열해졌지만 그는 예수님의 고난과는 아무런 상관이 없었다. 그리스도는 다음과 같이 말씀하셨다. "이 세상의 임금이 오겠음이라 그러나 그는 내게 관계할 것(나를 어떻게 할 아무런 권한)이 없다."(요 14:30) 세상의 왕은 "이 세상의 신"(고후 4:4)이자 "공중의 권세 잡은 자"(엡 2:2), 곧 사탄이다!

성경은 사탄과 이 세상의 통치자들이 그리스도의 죽음과 부활로 시작될 승리와 정복을 깨닫지 못했다고 말씀한다.

> 오직 은밀한 가운데 있는 하나님의 지혜를 말하는 것으로서 곧 감추어졌던 것인데 하나님이 우리의 영광을 위하여 만세 전에 미리 정하신 것이라 이 지혜는 이 세대의 통치자들이 한 사람도 알지 못하였나니 만일 알았더라면 영광의 주를 십자가에 못 박지 아니하였으리라 _고전 2:7-8

원수가 고난받으신 메시아의 못 자국 난 손(사 53장)에 그의 참패가 있다는 것을 알았더라면 십자가를 막았을 것이다! 이처럼 인류의 대적자는 전지한 자가 아니다. 그는 우리와 마찬가지로 그리스도께서 언제 재림하실지에 대해서도 아는 바가 없다. 심지어 하늘의 천사들도 그날과 그때를 알지 못한다. 오직 아버지만 아신다(막 13:32). 요한계시록 12장에 따르면 사탄과 그의 사자들이 대환난 기간에 하늘에서 쫓겨나 땅에 내쳐질 때에야 사탄은 "자기 때가 얼마 남지 않았음을" 비로소 알게 된다고 한다(12절).

셋째, 원수는 자신이 모든 것을 할 수 있는 것처럼 믿게 만든다(전능).

하나님은 전능하신 분이다. 그분께는 "모든 것을 하실 수 있는 능력이 있다." 이러한 능력은 창세기 1, 2장에서 우주와 세상, 인간을 포함한 모든 생명체를 창조하신 하나님의 모습에서 나타난다. 시편은 하나님의 제한 없는 권능의 위대함을 묘사한 아름다운 노래와 시들로 가득하다(시 60, 63, 66편 등). 하나님의 가장 위대한 능력은 바로 그분이 선포하신 말씀 가운데 드러난다! 창세 이래로 하나님은 "그의 능력의 말씀으로 만물을 붙들고" 계신다(히 1:3).

원수는 믿는 자들이 자신의 능력을 하나님과 대등하게 여기는 것을 정말 좋아한다. 만일 우리가 속아서 이 거짓을 받아들이게 되면, 우리의 모든 기도와 사탄을 꾸짖는 말은 아무런 영향력이 없는 자기만족에 불과한 것이 되고 만다. 만일 원수가 전능했다면 욥을 시험하기 위해 하나님의 허락을 구하지 않았을 것이다(욥 1장). 또한 사탄에게 제한을 두신 분은 바로 하나님이셨다. 하나님은 욥에게 할 수 있는 것과 할 수 없는 것을 정해 주셨다. 사탄은 종기로 욥의 몸을 쳤지만 그의 생명은 건드릴 수 없었다(욥 2:4-6).

그리스도께서는 믿는 자들에게 "원수의 모든 능력"을 제어할 영적인 권세와(눅 10:19) 성령의 충만함을 통한 특별한 권능을 주셨다(행 1:8). 복음서와 사도행전에서 사도들이 악한 영들을 꾸짖으면, 그들은 고통받던 사람들에게서 떠나갔다(마 17:18). 만일 우리가 하나님께 순복하면 마귀를 대적할 수 있고 그는 달아날 것이다(약 4:7). 베드로는 "믿음을 굳건하게 하여" 원수를 대적하라고 말했다(벧전 5:9). 원수가 전능하지 못하다는 것은 명백한 사실이다.

원수는 자신을 실제보다 더 강하고, 똑똑하고, 위대한 존재로 보이고 싶어 한다. 악이 오늘날의 사회와 세계 전역에 영향을 미치고 있는 모습을 볼 때 이런 속임은 더욱 그럴듯해 보인다. 사탄은 전능자보다 능력 있는 존재가 아니다. 다만 사탄을 대적하는 대신 기꺼이 그에게 굴복하는 사람들이 많을 뿐이다.

그는 또한 당신보다 영리하지도 않다. 다만 경험이 많을 뿐이다. 그는 오랫동안 게임을 벌여 왔고, 지난 수천 년간 효과를 본 계략과 속임수를 담은 전략서를 가지고 있다. 그는 인생의 게임에서 효과가 있었던 한 가지 속임수를 가지고 "이거면 다 통한다"며 허세를 부리지만, 적어도 당신이 그것을 바랄 때에야 원하는 결과를 얻을 수 있다. 따라서 우리는 원수가 이용하는 도구나 방법들에 대해 알 필요가 있다(고후 2:11).

하늘에 마음을 둔 사람에게 성경은 이 땅의 삶을 위한 하나님의 전략서이다. 당신의 관심은 위에 있지만(골 3:2), 이 땅에서의 삶을 위해 방향은 아래로 향한다. "장래 일들"을 알려 주시는 성령님은(요 16:13) 허세를 탐지하셔서 그런 일들이 벌어지기 전에 그 계략을 밝히 드러내신다. 그분은 천사와 악한 영들의 세계에 드나드시며 하나님의 비밀(고전 14:2)과 원수의 전략을 계시해 주신다.

Exposing Satan's Playbook
Chapter 15

포르노-방해의 영
이면에 있는 성적 유혹의 영

바울은 젊은 디모데에게 다음과 같이 썼다. "그러나 성령이 밝히 말씀하시기를 후일에 어떤 사람들이 믿음에서 떠나 미혹하는 영과 귀신의 가르침을 따르리라 하셨으니"(딤전 4:1) 이 일은 오늘날 그대로 벌어지고 있다.

포르노의 의미를 모르는 사람은 거의 없을 것이다. 포르노는 현대 그리스어 '포르노그라피아'(pornographia, "창녀"를 뜻하는 포르네porne와 "매춘"을 뜻하는 포르네아pornea가 어원)에서 유래한 말로, 어원은 '그라페인'(graphein: "뭔가를 쓰거나 기록하다"의 뜻)이다. 포르노는 "창녀 혹은 매춘에 대한 그림이나 기록물" 모두를 뜻한다.[1] 매춘은 역사 초부터 신약 시대에 이르기까지 이방 문화에 존재했다.

이탈리아 폼페이를 여행하는 동안 가이드가 화산재로 뒤덮인 어떤 건물 안으로 우리 일행을 데리고 들어갔다. 그는 도시 전역을 뒤덮은 유명한 화산 폭발이 있기 전에는 27개 이상의 매음굴이 있었다고 말해 주었다. 건물 내부 벽에는 사람들이 돈을 주고 요구할 수 있는 다양한 성행위들을 묘사한 그림들이 온전히 남아 있었다. 폼페이의 우상숭배 의식과 성적 타락에 대해 자세하게 들은 뒤 어떤 사람이 말했다. "이 도시가 멸망한 이유를 알겠네요."

역사 전반에 나타난 에로틱한 조각상과 예술, 창녀들과의 관계는 이방 문화에서는 일반적인 일이었다. 남자들은 보통 보는 것에 약해서 음란한 이미지를 보면 감정적으로나 육체적으로 자극을 받을 수 있다.

다섯 살부터 아홉 살까지 버지니아 남서부 지역의 시골에 있을 때 유일한 포르노 잡지는 《플레이보이》였다. 당시 이 잡지는 약국 계산대 아래에 비치되어 판매되고 있었는데, 어른들은 나체 사진을 찍어서 파는 것을 허락하는 이 끔찍한 사회가 앞으로 어떻게 될까 하며 걱정하시곤 했다. 40년이 지난 오늘 결국 음란물들은 계산대 아래에서 계산대 위로 올라왔고, 케이블 방송과 인터넷을 통해 쉽게 접할 수 있는 것이 되었다.

열한 살에 접한 음란물

내가 이 이야기를 공개적으로 나눈 것은 단 한 번뿐이지만, 이번 장의 흐름상 잘 맞겠다는 생각이 든다. 열한 살 중학교에 다닐 때, 아버지는 버지니아 북부 지역에서 목회를 하고 계셨다. 이웃에는 나와 같은 또래의 청소년들이 많이 살고 있었다. 우리는 아지트를 만들어 길거리 축구도 하고, 집 근처 야구장이나 농구장에 가기도 하는 등 운동으로 많은 시간을 보냈다. 집 뒤편으로는 아름다운 개울이 흐르고 있었고 해적 놀이나 숨겨진 보물을 찾는 상상을 하면서 시간을 보내기도 했다.

어느 날 저녁 거대한 콘크리트 다리 근처의 4차선 고속도로를 건너던 나와 친구들은 도로 중앙 가로수 사이에서 뭔가 가득 담겨 있는 커다란 쓰레기 봉투를 발견했다. 호기심에 사로잡힌 우리들은 안을 열어 보았다가 온통 여자 나체 사진들로 도배된 잡지들을 발견하고 깜짝 놀랐다.

열한 살까지 나는 옷을 입지 않은 여자를 한 번도 본 적이 없었다. 독실한 기독교 가정에서 자란 나는 그것을 보고 크게 당황했다. 친구들은 이 잡지들을 우리 집 근처에 있는 숲 속으로 가져가서 자세히 살펴보자고 제안했다. 우리는 도로 위에 차들이 없을 때 20권 이상의 잡지가 담긴 봉투를 숲으로 옮긴 뒤 나뭇잎을 덮어 잘 감춰 두었다.

열한 살에서 열세 살 사이의 아이들은 여러 날 동안 몰래 숲 속에 들어가서 그 사진들을 보았다. 크리스천 부모님 밑에서 자라며 교회에 다니던 우리는 너무나 순진해서 이런 이미지들이 어린 우리의 삶에 끔찍한 결박이 될 것이라고는 아무도 생각하지 못했다. 우리에게 이것은 도전이자 남 몰래 누리는 즐거움이었다. 우리는 심지어 우리의 은밀한 아지트를 '플레이보이 클럽'이라고 불렀다.

나는 어떤 이미지가 어린아이나 청소년에게 얼마나 큰 충격을 줄 수 있는지 말해 주고 싶다. 열한 살에 내가 처음으로 본 이미지는 여전히 내 기억 속에 선명하게 남아 있다. 그때 봤던 다른 사진들은 기억나지 않지만 내가 처음으로 봤던 사진만은 아직도 또렷하다. 이것은 음란물로 규정된 사진들이 실제로 생각 속에 각인되고 영향을 끼친다는 사실을 보여 준다.

돌이켜 보면, 그 잡지를 발견한 것은 우연이 아니라 어떤 더러운 영의 치밀한 각본이었다는 생각이 든다. 더러운 영은 어린 나를 음란물에 중독시켜서 나의 생각을 육체의 욕망에 가두고 싶어 했던 것이다. 하지만 같은 해 버지니아 로아노크에서 열린 청소년 수련회에서 나는 내 삶을 온전히 그리스도께 헌신했고 성령 세례를 받았다. 이 놀라운 영적 경험으로 나는 성경을 연구하고 성도들과 함께하며 주님을 따르기로 마음먹게 되었다.

뇌는 시각, 청각, 후각, 미각, 촉각 등 오감의 도움으로 기능하는 신경학적 기적이다. 뇌는 오감을 통해 받아들인 정보를 저장하고, 입수한 이미지와 정보를 검색한다. 이미지에 의해 만들어진 우리의 사고와 감정, 기억은 신경 메시지 형태로 뇌에 저장된다. 각 메시지와 이미지는 수백 억 개의 신경세포인 축삭돌기와 수상돌기를 통해 뇌 속에 길을 낸다. (신경섬유라고도 하는) 축삭돌기는 긴 실타래 같은 신경세포의 일종으로 뉴런 세포체로부터 전기 신호를 가져온다. 나무의 가지와 같은 역할을 하는 수상돌기는 세포체에 전기 신호를 받아들이고 전달하는 세포이다.[2]

만일 어떤 사람이 매년 지속적으로 음란물을 본다면 실제로 뇌 속에 한 방향으로만 움직이는 통로를 내게 된다. 그 과정을 되돌리는 것은 수년이 걸리는 어려운 일이다. 우리가 어떤 사람을 "오직 …밖에 모르는 사람"이라고 말하는 이유가 바로 여기에 있다. 일단 어떤 이미지들이 뇌에 각인되면 오랜 시간이 지나도 그것을 기억해 낼 수 있기 때문이다.

감사하게도 어린 시절 경험한 음란 잡지들의 영향력은 사라졌고 주기적으로 생각을 사로잡던 것들도 초창기에 파쇄되었다. 하지만 우리 세대 젊은이들의 삶에는 TV에서부터 영화와 인터넷에 이르기까지 읽고 보고 듣는 모든 것 가운데 성적 이미지들이 만연해 있다.

마지막 때의 포네로스(매춘부)의 영

에베소서 6장에서 바울은 믿는 자에게 필요한 하나님의 영적 갑옷에 대해 계시하면서 다음과 같이 말했다. "그러므로 하나님의 전신 갑주를 취하라 이는 악한 날에 너희가 능히 대적하고 모든 일을 행한 후에 서기 위함이라."(13절)

바울은 악한 날들이 아니라 악한 날에 대해 말했다. 만일 "악한 날들"이라고 말했더라면 악이 지속적으로 풀어질 기간이나 때에 대한 언급이었을 것이다. 마지막 때에 풀어질 미혹하는 영들에 대해 언급하고 있는 디모데전서 4장 1절은 이러한 기간이나 때를 암시한 것이 분명하다. 하지만 에베소서 6장 13절은 특정한 날(악한 날), 즉 신자 개인이 겪게 될 극히 어려운 날을 가리키고 있다. 바울 시대의 "악한 날"이란, 로마 정부의 관료들에게 체포되어 의인의 핍박을 받거나 믿는 자의 삶에 영향을 미칠 수 있는 전반적인 유혹 또는 영적인 공격을 받는 날을 지칭하는 것일 수도 있다.

에베소서 6장 13절에 기록된 "악"의 헬라어 '포네로스'(poneros)는 "나쁜, 악한, 비통한, 해로운, 외설적인" 등의 뜻으로 광범위하게 사용된다.[3] 요한계시록에 등장하는 "음녀"(17:1, 15-16)의 원어는 '포르네'(porne)로 "매춘부", "창녀"를 뜻하는 말이다.

바울이 경고한 악한 날에는 음란과 성적 타락, 성도착이 만연할 것이다. 로마 시대에는 성적인 난잡함이 일상적인 것이었다. 이탈리아 로마의 박물관에 있는 그리스-로마 시대 예술품들이나 당시의 대중목욕탕을 돌아보면, 그림과 조각상 속에서 온통 나체로 도배된 로마 문화를 엿볼 수 있다. 풍요의 남신과 여신에 대한 집착은 신이나 종교의 이름으로 지나친 성적 방종을 초래했다. 고린도의 다이아나 신전에는 참배자들을 섬기기 위한 수백 명의 신전 창기들이 있었다.

이러한 성도착은 결국 로마 제국의 몰락을 야기했다. 도덕적, 영적 타락은 경제적 몰락에 이어 결국 정치적 몰락을 가져왔고 이방 열 부족이 로마 제국 서부 지역 절반을 차지하게 되었다.

에베소서 6장 12절에서 바울은 하나님 나라에 맞서 이 땅에서 다양한 차원으로 활동하고 있는 사탄의 왕국의 네 종류의 영들에 대해 알려 준다. 높은 지위에서 낮은 지위에 이르기까지 어둠의 세계의 각 단계의 영들은 자신만의 권세를 가지고 있다. 각 영들의 주요 목표는 인간의 몸을 장악하거나 조종해서 하나님을 대적하는 죄를 범하게 만드는 것이다. 이런 영들은 인간의 삶에 문제나 질병을 일으킬 수 있다. 포르노의 영은 없을지라도 "악한 날"(포네로스)과 성 중독을 포함한 육체의 정욕(요일 2:16)은 있다. 이러한 중독에 빠진 사람들은 그 이면에서 활동하는 영에 사로잡혀 있는 것이다.

오늘날 세상은 성 도착과 변태 성욕에 빠져 있다. 미국은 문자 그대로 동성애에 깊이 빠져 있다. 진보적인 교육가들은 다가오는 세대가 이런 식의 "대안적인 삶의 양식"을 아무런 거부감 없이 그대로 수용하게 될 것이라고 확신한다. 아버지 없이 자란 세대는 이 나라에 여자 같은 남자들을 양산했을 뿐 아니라, 교회에도 영향을 미쳤다. 사역자들은 극도로 예민한 교인들이 불쾌함을 느낄 만한 찬양이나 말씀, 예배 형식을 피한다. 음란물에 대한 집착은 수백만 명의 남자들에게 영향을 미치고 있는 속박 중 하나에 불과하다. 동성애를 거부하고는 있지만 두 여자가 외설적인 성행위를 하는 것을 지켜보는 것이 불편하지 않다고 고백하는 사람도 있다.

악한 날을 살아가고 있다는 사실 외에 끊임없는 포르노 중독을 초래하는 근본 원인 중 아직 논의하지 않았거나 깨닫지 못하고 있는 것은 과연 무엇일까?

극도의 기쁨을 주는 도파민

낯선 여자들의 에로틱한 사진에 남자들이 그렇게 큰 영향을 받는 이유는 무엇일까? 남자와 여자를 향한 순결한 계획은 본래 사랑에 빠진 남자와 여자가 혼인 서약을 한 뒤, 남편과 아내가 감정적, 육체적 친밀함 가운데 서로를 기뻐하는 것이었으며, 결혼한 부부의 성관계는 출산과 즐거움 모두를 위한 것이었다.

남편이 아내를 바라보거나 부부가 성관계를 할 때 수많은 화학 물질들이 풀어진다. 신혼여행 동안 남편에게는 극도의 행복감을 주는 테스토스테론, 옥시토신, 세로토닌, 도파민이 풀어진다. 도파민은 우리 몸에서 가장 주목할 만한 화학 물질 중 하나로 뇌에서 생성되며 데이트를 하고 싶은 욕구나 친밀한 관계를 맺고자 하는 욕구, 식욕 등을 자극한다. 도파민은 한마디로 만족감을 주는 중요한 화학 물질이다.[4]

쥐 실험을 통해 성관계 시 도파민의 중요성이 밝혀졌다. 수컷 쥐와 대단히 공격적인 암컷 쥐를 같은 우리에 두었다. 여섯 차례의 교미 후 지친 수컷 쥐는 더 이상 암컷에게 반응하지 않았다. 그러나 새로운 암컷 쥐를 넣어 주자 언제 피곤했냐는 듯이 수컷 쥐의 공격적인 본능이 순식간에 살아나 적극적으로 교미를 했다. 결국 두 번째 암컷 쥐에도 흥미를 잃기는 했지만, 새로운 암컷 쥐가 들어올 때마다 수컷 쥐의 공격적인 본능은 살아났다. 매번 뇌에서 생성되는 화학 물질인 도파민을 새롭게 공급받았기 때문이다.

도파민 수치가 떨어지면 의욕도 잃게 된다.[5] 즉 하나님께서 만드신 바로 이 자연적인 화학 물질이 남성의 몸에 흐르지 않게 되면, 몸과 마음이 새로워지지 않게 되어 잠시라도 자신을 만족시켜 줄 혼외 관계를 찾게 되거나 술이나 마약, 포르노 중독에 빠지게 될 수도 있다.

쥐 실험은 남자가 지속적으로 음란물을 보면 어떻게 되는지를 보여 준다. 그는 결국 배우자에 대한 흥미를 잃고 만다. 그리고 자신의 뇌에 수많은 화학 물질을 생성시키는 새로운 여자와의 시각적 혹은 육체적인 만남을 통해서만 쾌감을 느끼게 된다. 그는 이제 더 이상 아내를 사랑하지 않으며 이 새로운 여자와 사랑에 빠졌다고 착각하지만 사실 그것은 속임이다. 그것은 사랑이 아니다. 기분을 좋게 하는 화학 물질이 분비된 것이다. 원수는 이런 식으로 환경과 감정을 사용하여 그 사람을 속인다. 그는 자신이 사랑에 빠졌다고 착각하지만 사실은 정욕에 빠져 있는 것이다.

어떤 사람을 보자마자 사랑에 빠졌다고 말하는 사람들이 있다. 나는 사실상 그것이 첫눈에 (성적으로) 끌린 것이라고 생각한다. 진정한 사랑은 관계와 헌신의 토대 위에 세워져야 하기 때문이다.

청소년들이 어린 나이에 데이트를 시작하는 것은 위험하다. (미국의) 부모들은 자녀들이 16세에 데이트를 하는 것을 허락한다. 사실 이 시기에는 화학 물질들이 걷잡을 수 없이 분비되어 그들의 온몸을 뒤흔든다. 청춘남녀가 손을 잡고, 포옹하고, 결국 키스까지 하면 기분을 좋게 하는 모든 종류의 화학 물질들이 그들의 몸을 휘감게 된다. 그들은 서로에게 단지 "좋은 감정"만 느꼈을 뿐인데, 열다섯 혹은 열여섯 살에 "사랑에 빠졌다며" 결혼까지 불사하려 한다! 나는 남자 친구의 사랑이 식자 상처받고 우울에 빠져 목숨을 끊으려 하는 십 대 소녀들을 보았다. 사실 남자 친구는 그들 대신 그의 화학 물질을 더 강하게 자극해 줄 다른 여자를 발견했을 뿐이다.

우리 교회 청년부에서는 젊은이들에게 연애 대신 교제를 권한다. 어른들이 있을 때 서로의 집을 방문하거나 신뢰할 수 있는 다른 청년들과 함께하는 가운데 만나게 한다. 그리고 유혹과 혼란을 야기할 수 있는 육체적인 접촉은 하지 말라고 권한다. 주님은 각 사람에게 배우자를 주신다. 동반자를 발견할 때, 남녀는 먼저 영적으로 끌리고 그 다음에 감정적으로, 마지막으로 결혼 후 육체적으로 끌리게 된다. 특히 남자들은 결혼하는 그날부터 죽음이 아내와 자신을 갈라놓을 때까지 자신들의 몸을 지키는 법을 배워야 한다.

10점 만점에 10점

소위 10점 만점의 완벽한 여자에 대한 환상을 갖고 있는 남성들은 그들의 이상형이 컴퓨터 특수 효과로 얼굴과 눈 주변의 주름을 제거하고, 점을 빼고, 피부색을 윤기 있게 만들었다는 사실을 모르는 경우가 많다. 심지어 몸매도 완벽하게 조작할 수 있다. 즉 그들이 보는 것은 10점 만점으로 조작된 이미지이다.

남자들은 포토샵으로 예뻐진 여자들의 포르노 사진을 보면서 그의 옷을 세탁해 주고, 집안일을 하며, 자녀를 양육하고 있는 배우자의 민낯, 출산 후 불어난 몸매, 헝클어진 머리와 비교한다. 그러면 수컷 쥐처럼 흥미를 잃게 된다. 포르노 사진을 보면서 모든 테스토스테론과 도파민을 소모하여 더 이상 나올 게 없거나 부족하기 때문이다. 그는 음란물들을 접할 때 얻는 감정적 고취를 통해 새로운 쾌감을 느낀다. 포르노가 대중적으로 인기를 얻는 이유는 결혼이라는 관계를 벗어나지 않는 범위 내에서 남자들에게 환상적인 세상을 제공해 주기 때문이다. 하지만 그리스도는 당시 사람들에게 마음에 음욕을 품고 여자를 바라보는 자마다 이미 간음죄를 범한 것이라고 말씀하셨다(마 5:28).

감정의 교류는 동료나 가족, 친구들을 이어주는 정상적인 방법이다. 혼인 서약 안에 있는 부부의 진정한 사랑은 놀라운 안정감과 평안을 누리게 해 준다. 하지만 감정은 주변 상황과 환경에 따라 변할 수 있다. 통장에 돈이 있고, 새집을 사고, 직장에서 보너스를 받으면 행복하게 미소 지으며 "하나님은 언제나 좋으시다"고 노래한다. 그러나 실직하거나 자녀가 병으로 고통받거나 집에 큰돈이 들어가야 하는 상황에 직면할 바로 그때 당신의 서약과 감정을 지키기로 한 맹세를 반드시 지켜야 한다.

결혼 실패에 대한 반응

남편이 인터넷 판타지에 빠져 있거나 다른 여자와 바람을 피고 있다는 사실을 알게 된 여성은 남편을 다르게 대한다. 즉시 남편을 떠나는 여성이 있는가 하면 결혼 관계를 회복하기 위해 상담을 구하는 여성도 있다. 이런 화학 물질이 뇌에 미치는 영향력과 방식을 이해하지 못하면, 성적인 죄에 빠진 남편을 신뢰를 저버리고 욕망에 눈이 멀어 바람 난 배우자나 다시는 사랑할 수 없는 상대로 여기게 되는 경우가 많다.

얼마 전 어떤 유명한 사역자가 잠시 윤리적 죄에 빠졌다. 그것을 눈치챈 그의 아내의 머릿속에는 혼인 서약을 파기한 이 문제를 어떻게 처리할지 수많은 생각이 지나갔다. 하지만 기도 가운데 주님은 이렇게 말씀하셨다. "그는 구원받을 가치가 있는 사람이란다." 그녀의 남편은 덫에서 빠져나와 가정과 결혼을 회복할 가치가 있는 존재라는 말씀이었다. 잘못을 뉘우치고 다시 좋은 남편이 되고 싶어 하는 남편의 갈망은 아내에게 그와 함께할 수 있게 힘을 주었고, 원수가 이 싸움에서 승리하지 못하게 막았다. 현재 두 사람의 결혼 생활은 그 어느 때보다 견고하다.

나에게는 한때 간음에 빠졌던 친구들이 여러 명 있다. 그들 대부분은 자신의 죄를 고백하고 용서를 구했다. 남편의 고백을 들은 후 남편이 다른 여자와 "사랑에 빠졌다"고 생각하는 아내들이 있는데, 이것이 상담을 진행할 때 가장 다루기 어려운 부분이다. 이런 일이 있을 때마다 남편들에게 당시 그들의 솔직한 감정이 무엇이었는지 개인적으로 질문해 보면 대부분 이렇게 대답한다. "아내는 제가 거짓말하고 있다고 생각해요. 하지만 결코 아내에 대한 사랑은 변하지 않았어요. 죄를 짓고 있을 때 주님이 강함 찔림을 주셨어요. 저는 결코 아내에게 상처 주고 싶지 않았어요. 하지만 통제할 수 없는 힘이 나를 몰아갔어요."

대부분의 경우 이 힘은 다음 세 가지의 합작품이다. 첫째, 기분을 좋게 만드는 화학 물질의 작용. 둘째, 유혹하는 영의 힘(딤전 4:1, 한글 킹제임스). 셋째, 추격의 쾌감, 즉 금단의 열매에 손을 댔을 때 하와가 느꼈던 것과 동일한 쾌감이다. 성경은 이것을 유혹이라고 한다.

극단적인 쾌감

아담과 하와는 극단적인 쾌감을 발견했다. 하나님처럼 되어 선악을 알고 싶은 유혹이 하와의 생각을 사로잡았다(창 3:5). 아름다운 아내에게 설득된 아담은 금단의 열매를 맛보기로 했고, 선악을 알게 하는 나무 열매를 먹은 최초의 부부는 죽게 되었다(19절).

남자는 본성적으로 짜릿한 스릴을 좋아한다. 스포츠나 롤러코스터, 번지 점프, 스카이 다이빙을 통해 이런 기분을 느낄 수도 있는데, 이런 활동은 아드레날린이라는 화학 물질을 급격히 생성한다. 아드레날린이 분출되면 심장박동은 빨라지고, 숨은 가빠지며, 손에 땀이 나기도 한다. 남자들은 여자들보다 여러 면에서 스릴을 추구하고 위험을 감내하는 것을 좋아하는 성향이 있다.

태초에 하나님은 아담에게 통치권을 주셨다(창 1:26). 창세기 10장에 등장하는 니므롯은 "용감한 사냥꾼"이었다. 에서 역시 들에서 사는 사냥꾼이었다(창 25:27). 나는 사슴 사냥의 본 고장이라 불리는 웨스트버지니아에서 태어나고 자랐다! 개인적으로 나는 사냥에 흥미가 없다. 눈앞에 사슴이 지나가는 순간을 노리며 여러 시간 동안 숨어서 기다리는 지루함은 상상조차 하기 싫다. 하지만 산을 누비는 사냥꾼들은 위장을 하고, 도시락과 커피가 든 보온병을 준비한 뒤 최고의 엽총을 들고 매복지에서 몇 시간 혹은 하루 종일 앉아 있는다. 수고한 보상으로 잡은 수사슴을 거실 선반에 장식하기 위해서이다. 이 전리품은 이듬해까지 전시될 것이고 이런 과정은 계속 반복될 것이다.

남자들의 이러한 사냥 본능은 때로 여성에게 향하기도 한다. 우리 부부는 아름다운 아내를 둔 평범한 외모의 남자가 소위 못생긴 여자와 불륜에 빠지는 것을 보면서 그 이유가 궁금해졌다.

답은 간단하다. 바로 추격의 쾌감 때문이다. 특정 요소들이 남자들 안에 있는 사냥 기질을 자극한 것이다. 남자들은 자신이 응원하는 팀이 엔드 존에 들어가서 6점을 얻을 때까지 부딪치고, 태클하고, 점프하고, 소리를 지른다! 그리고 터치다운으로 팀이 승리하면 서로 하이파이브를 하며 죽어라 소리를 질러 댄다. 어떤 사람들은 이것을 테스토스테론 과다 분비라고 한다. 세계 전역에서 활동하고 있는 이러한 경쟁의 영은 회사를 확장시키고, 팀을 승리로 이끌며, 사업체에 새로운 상품을 출시하게 만들기도 하지만, 때로는 잘못된 연인을 쫓아가게도 만든다. 결혼반지에 싫증이 나고 결혼 생활이 지겨워지면 위험하다. 즉 남성 안에 있는 사냥의 영은 자신의 캠프를 떠나 다른 남자의 숲 속에 있는 연인을 찾으라고 유혹한다.

마지막 때의 한 가지 징조

남자들을 향한 이러한 공격 양상들은 마지막 때 원수의 무기 중 일부이다. 그리스도는 마태복음 24장에서 "그날의 징조들"에 대해 말씀하셨다. 이것은 재림 전에 일어나게 될 중요하고 구체적인 사건들이다. 그

중 하나를 살펴보자.

> 불법이 성하므로 많은 사람의 사랑이 식어지리라 _마 24:12

그리스도께서 "죄"가 아니라 "불법"이 성할 것이라고 말씀하신 것에 주목하라. 그리스도인들은 죄와 불법을 혼용해서 사용하는 경우가 많다. 하지만 두 단어는 원어(헬라어)뿐 아니라 불순종의 정도도 다르다.

신약에서 보통 "죄"로 번역된 헬라어 '하마르티아'(hamartia)는 "과녁을 벗어나다"의 뜻으로,[6] 과녁을 향해 쏜 화살이 완전히 경로에서 이탈했음을 의미한다. 죄는 사람을 정도에서 벗어나게 하고, 하나님의 말씀과 개인을 향한 그분의 뜻에서 멀어지게 만든다. 마태복음 24장 12절에 나타난 "불법"의 헬라어는 '아노미아'(anomia)로 "법을 위반하고 악을 행하는 것"을 의미한다.[7]

구약에서 죄란 하나님의 법에 불순종하는 모든 행동을 말했다. 하지만 유혹에 빠져 죄를 지을 수 있다는 점에서(요일 2:1) 불법은 그보다 심각한 단계의 죄라고 할 수 있다. 불법은 하나님의 명령을 알면서도 계획적으로 죄를 범하는 것이다. 지속적으로 죄를 범하다가 결국 불순종과 타락의 삶을 살게 되는 것이다. 다윗은 밧세바를 범하는 죄를 지었다. 하지만 그가 자신의 아이를 임신한 그녀와 결혼하기 위해 그녀의 남편을 죽일 음모를 꾸몄을 때 그의 죄는 불법의 단계로 넘어갔다.

마지막 때에는 "불법이 성할 것이다." 성한다는 것은 증가한다는 것이다. 그리스도께서 재림하시기 전에 불법이 증가할 것이다. 마음에 품은 불법으로 "많은 사람의 사랑이 식어질" 것이다(마 24:12). "식어진다"는 말은 증발시켜 온도를 낮추거나 열을 내려 공기를 차갑게 만들어 온도를 떨어뜨린다는 의미를 가진 단어에서 나왔다. "얼음처럼 차가운 사람"이란 표현을 들어 본 적이 있는가? 이것이 바로 이 구절의 이미지이다.

불법이 결국 사랑(과 사랑하는 삶)의 불을 빼앗아 차갑고 냉정한 관계로 당신을 끌고 갈 것이다! 우리는 함께 일하는 사람들과 피를 나눈 가족들 안에 있는 죄와 불법에 둘러싸여 있다. 마지막 때의 악한 영적 권세는 오늘 우리가 살아가는 세상 가운데 계속 증가하고 있는 불법을 통해 활동하고 있다.

공격의 영 이면에서 활동하는 방해의 영

처음에 음란물을 접하게 되는 것은 어떤 영과 관련이 없을 수도 있다. 그러나 원수는 각각의 상황을 자기에게 유리하게 이용할 만큼 똑똑하다. 더러운 영은 마치 자석의 N극과 S극이 서로를 끌어당기듯 이런 이미지들을 끌어들여 당신의 뇌에 각인시키는 일에 아주 능숙하다. 악한 영들을 거절하고 꾸짖을 수도 있지만, 더 강한 속박을 막기 위해서는 눈을 통해 들어오는 이미지와 정보들을 끊어야 한다. 이것이 바로 문을 닫는 것이며, 사람의 죄나 부정적인 행동을 먹고 사는 모든 악한 영의 세력을 끊어 내는 것이다.

과학자들이나 연구원들, 의료 전문가들은 음란물과 크랙 코카인(crack cocaine: 태워서 흡입하는 형태의 코카인) 같은 마약이 뇌의 동일한 영역에 실제적인 영향을 미치고 있는 것에 주목한다. 어떤 이들은 포르노가 크랙 코카인보다 중독성이 더 강하다고 주장한다. 마약은 중독 치료나 의학 또는 영적 방법으로 몸에서 뽑아낼 수 있지만, 포르노로 생성된 이미지들은 제거되지 않고 기억 속에 오랫동안 각인되어 있을 수도 있기 때문이다.[8]

기분을 좋게 만드는 마약과 음란물은 뇌의 동일한 영역에 영향을 미치기 때문에 이러한 견고한 진을 무너뜨리는 것은 쉬운 일이 아니다. 감정적 고조와 편안한 느낌, 현실에서 벗어나 판타지 속에서 살고 싶은 욕구는 그런 이미지를 떨쳐 버리거나 그런 사람과의 관계를 끊을 수 없게 몰고 간다.

다음은 내게 비밀을 털어놓았던 친구들에게 도움이 되었던 내용 중 몇 가지이다.

1. 그것은 현실이 아니다. 포르노의 세계는 전부 판타지를 위해 사람이 만들어 낸 것이다. 당신의 옷을 세탁하고, 요리하고, 집안일을 하며, 자녀를 돌보고, 수많은 청구서들을 처리하는 사람은 바로 당신의 아내이다. 아내가 당신의 진정한 조력자이며 신뢰할 수 있는 친구이자 검증된 상품이다! 당신은 판타지에 빠져 하루 종일 방 안에만 틀어박혀 살아갈 수 없다. 현실 세계에는 책임져야 할 것들과 일, 청구서, 좋을 때와

나쁠 때가 있기 때문이다. 현실 세계로 돌아가라.

2. 결코 첫 사랑을 잃지 말라. 만일 사랑이 식어 가고 있거나 생활의 염려로 사라져 가고 있다면 배우자와 함께할 재미있는 일을 찾아보라. 시간을 내어 데이트를 하거나 주말여행을 다녀오든지, 호수나 조용한 바닷가에 가서 몸과 마음의 긴장을 풀든지, 근사한 레스토랑에서 저녁 식사를 해 보라. 우리 부부는 날씨 좋은 날 손잡고 산을 오른다. 두 사람이 함께하는 활동을 해 보라. 그리고 휴대폰은 꺼 두라!

3. 돌아가서 좋은 날 찍었던 추억의 사진과 비디오를 꺼내어 보라. 몇 달에 한 번씩 나는 빛바랜 가족 사진첩을 꺼내어 하나하나 살펴본다. 신혼 초에 찍은 작고 아름다운 알라바마 소녀의 사진들을 볼 때면 두 가지 생각이 내 머릿속을 스쳐 지나간다. "맞아. 이래서 내가 그녀와 결혼했지. 그녀는 귀여운 여우였어." "그녀와 결혼하다니 난 정말 행운아야." 그러고 나면 다시 아내에게 헌신하게 된다. 나는 남은 세월을 아내와 함께하고 싶고, 그녀가 내 장례식에서 나에 대한 이야기를 들려주었으면 좋겠다. 부정적인 순간이나 실망했던 때가 아니라 좋은 추억들을 떠올려 보라.

4. 마음을 열고 문제를 나누라. 특히 여성들은 지금 내가 하는 말에 주목하기 바란다. 음란물이나 성적인 죄에 빠진 남자들은 대부분 그 사실을 털어놓고 싶어 하지만, 아내가 자신을 거절하거나 비난하거나 떠날

까 봐, 부부관계가 싸늘하게 식을까 봐 두려웠다고 말한다. 만일 남편을 진심으로 사랑한다면 그가 당신에게 "이러이러한 문제로 씨름 중이야"라고 고백할 수도 있다는 사실을 분명히 이해해야 한다. 그리고 남편을 죄인 취급해서는 안 된다. 오히려 그를 위해 기도하고 그에게 더욱 가까이 다가가야 한다.

성경은 부부가 서로의 성적인 필요를 채워 주지 않으면 사탄이 남편이나 아내를 유혹할 수 있다고 가르친다(고전 7:5). 그리고 그런 씨름 가운데 있는 남편(또는 아내)을 거부하면 사탄이 그것을 무기 삼아 부부를 분열시키고 정복할 수 있다. 남편이나 아내가 자신이 지금 유혹받고 있다고 고백할 때, 그것을 불륜의 욕망이 아니라 사랑과 기도로 막아 내야 할 공격으로 이해하라.

5. **견고히 서서 악한 영들을 꾸짖으라.** 수년 전 여러 달 동안 끔찍한 정신적 공격과 싸우면서 혼자 감당할 수 있을 것 같고 거쳐야 할 기간인 것 같아서 아내에게 전혀 알리지 않았다. 하지만 결국은 그 공격을 폭로했고 그 후에야 완전한 자유를 얻게 되었다. 몇 달 후 아내에게 내가 겪었던 싸움에 대해 말해 주자 그녀는 큰 소리로 말했다. "왜 얘기하지 않았어요? 나도 뭔가 잘못됐다는 것을 느끼고 있었어요. 당신을 위해 기도할 수 있게 알려 주었더라면 좋았을 텐데요." 그때 이후 원수의 공격을 받고 있다는 생각이 들 때면 나는 아내에게 안수하고 기도해 달라고 부탁하는데, 정말 역사하는 힘이 있다.

악한 영의 존재를 분별했다면, 그 영을 꾸짖고 묶인 것이 풀어지고 제거되도록 명령하라! 두 사람이 합심할 때 풀어지는 특별한 권세가 있다(마 18:19).

6. 원인을 차단하고 제거하라. 어쩌면 당신을 곁에서 지켜봐 줄 친구가 필요할 수도 있다. 그는 당신을 감시해 주면서 케이블 방송을 제거하거나 인터넷 필터링 프로그램을 설치해 줄지도 모른다. 알코올 중독이나 마약 중독처럼 포르노에 중독된 사람들은 충분히 치유될 때까지 그런 이미지들을 볼 수 없게 보호해 줘야 한다. 또한 치유를 받은 이후에도 지속적으로 훈련을 받아야 한다.

7. 성령의 충만함을 받으라. 성령의 권능은 믿는 자에게 의와 평강과 기쁨을 준다(롬 14:17). 과거에 중독자였던 사람들은 성령의 충만함을 경험하고 성령께서 주신 언어(방언)로 기도하면 영적으로 그리고 감정적으로 놀랄 만큼 충만해져서 그들을 사로잡았던 화학 물질들을 더 이상 갈망하지도, 필요성을 느끼지도 못하게 된다는 사실을 보여 준다. 성령을 통한 주님의 임재는 진정한 사귐과 교제 그리고 충만함을 준다. 주님이 마음의 빈자리를 채우시는 감정의 극치가 되신다.

의심의 여지없이 사탄의 주요 전략 중 하나는 개인을 음란물의 노예로 만드는 것이다. 그것은 믿는 자의 내면에 정죄감과 죄책감, 수치심을 일으켜 영적 생활과 기도의 확신을 방해한다. 하나님의 뜻은 당신이 능력과 사랑과 절제하는 마음으로 살아가는 것이다(딤후 1:7).

Exposing Satan's Playbook

Chapter 16

방해가 되는 습관 버리기

중독성이 강한 습관에 깊이 빠지거나 매여 본 적이 없는 신자들은, 이를테면 담배를 피우는 사람이 어째서 바로 담배를 끊고 자신들을 괴롭히고 있는 무거운 짐들(혹은 특정 죄들)을 내려놓지 못하는지 이해하지 못하는 경우가 많다(히 12:1).

그 이유는 특정 습관들이 사람의 기분을 계속 좋게 하는 화학 물질이나 신경계를 반복된 습관에 의지하도록 만드는 중독적인 매개체를 합성시키기 때문이다. 의료 보고서에 따르면 흡연자들은 흡연으로 인한 질병에 걸린 후에야 비로소 담배를 끊어야겠다는 생각을 하게 된다고 한다. 나는 주님을 사랑하고 정기적으로 교회에 출석하면서 담배를 습관적으로 피우는 많은 사람들을 알고 있다. 그들은 개인적으로 찾아와서 자신들의 습관이 기도 응답뿐 아니라 영적인 복을 가로막는 실제적인 장애물이 될 수 있는지 묻는다.

감사하게도 나는 한 번도 담배를 피우거나 피우고 싶었던 적이 없다. 사실 나는 담배와 담배 연기에 알레르기가 있다. 흡연실에 들어가면 눈물이 나고 코가 막히면서 기분이 나빠진다. 또 냄새에 상당히 예민해서 먼 거리에서도 담배 냄새를 맡을 수 있다. 이것은 십 대 시절 나에게 개인적인 유익을 주었다. 이러한 몸의 반응 때문에 나는 결코 담배를 피울 수 없었다.

내가 순복음교회에서 자랄 때만 해도 흡연자는 교회에서 받아주지 않았다. 성화되어 그 습관을 버린 사람만 성도로 받아 주었다. 교회의 일원으로 받아들이지 않았던 이유 중 하나는 그 습관이 성령의 전을 더럽히기 때문이었다. "너희는 너희가 하나님의 성전인 것과 하나님의 성령이 너희 안에 계시는 것을 알지 못하느냐 누구든지 하나님의 성전을 더럽히면 하나님이 그 사람을 멸하시리라 하나님의 성전은 거룩하니 너희도 그러하니라."(고전 3:16-17) 또 다른 이유는 흡연이 교회 내 청소년이나 세상 사람들에게 좋은 본이 아니었기 때문이다. 우리 교단은 성도들이 교회뿐 아니라 교회 밖에서도 성화되고 거룩한 삶을 살아가기 간절히 바랐던 것이다.

이런 가르침 가운데 성장하면서 나는 한 가지 문제가 되는 부분을 발견했는데, 이것이 담배를 피우는 사람에게 정죄감이나 죄책감을 일으키는 경우가 많다는 것이었다. 특히 그 습관을 끊기 어려워하는 사람들에게는 더 심했을 것이다. 또한 비흡연자가 흡연자를 정죄하거나 판단하게 될 수도 있었다. 자신을 다른 사람보다 의롭게 여기는 바리새적 태도는 분명 성령으로부터 나온 것이 아니다. 나는 흡연자가 말씀의 능력으로 자유롭게 될 수 있는 교회에 머물기보다 심각한 정죄감에 빠져 다시는 교회에 나오지 않게 된다는 것을 알게 되었다. 그들은 회중에게 하나님의 은혜와 복을 받을 자격이 없는 존재라고 판단받을까 봐 두려워했다.

십 대 시절 나는 사역자들이 악한 습관에 대해 이야기하면서 자신의 몸을 더럽히는 사람은 "하나님이 멸하실 것이라"고 선포하는 것을 들었다. 장기간의 흡연이 각종 암을 유발한다는 것은 이제 보편적인 의료 상식이 되었다. 나는 결코 고린도전서 3장 16-17절 말씀을 가볍게 여기지 않는다. 그리고 인간의 몸이 이 땅에서 하나님과 성령이 거하시는 처소가 된다는 사실도 알고 있다. 하지만 어떤 사람이 흡연으로 결국 암에 걸렸다면 그 성전을 파괴한 것은 하나님이 아니다. 성전을 손상시킨 것은 연기 속에 있는 화학 물질들이다. 달리 말하자면, 하나님은 어떤 습관을 통해 누군가의 생명을 일찍 앗아 가시지 않는다.

이 책을 쓰면서 나는 이 구절에서 특히 "하나님이 그 사람을 멸하시리라"는 부분을 집중적으로 묵상했다. 신약 성경에서 '멸하다'로 번역된 헬라어는 대부분 '아폴루미'(appollumi)로 "완전히 파괴하다, 죽이다 혹은 멸하다"의 뜻이다(마 20:28). 하지만 본문에 사용된 헬라어 '프떼이로'(phtheiro)는 "시들다, 못 쓰게 되다, 시간이 갈수록 망가지다"의 뜻이다.[1] 내가 자라면서 들었던 방식으로 본문을 이해하면, 성전(몸)을 더럽히거나 담배를 피우는 사람을 죽이려 하시는 하나님을 보게 된다. 그러나 헬라어 원문의 뜻을 살펴보면, 하나님은 그 사람이 병들어 가거나 시간이 갈수록 엉망이 되는 것을 막지 않으시고 내버려 두시는 것이다.

이렇게 표현하고 싶다. 믿는 사람이 도덕적, 육체적 타락을 가져오는 어떤 행동을 지속한다면, 하나님은 그러한 행동의 결과로 몸에 들어오는 파멸(이를테면 질병)을 멈추기 위해 간섭하지 않으신다. 예를 들어 도덕적으로 부주의하고 음란물이나 간음에 빠져 전염성이 있는 성병에 걸린 사람이 있다. 그는 "하나님, 왜 이런 일이 나에게 일어나게 하셨나요?" 또는 "왜 이 일을 막지 않으셨죠?"라고 부르짖을 수 없다. 그 사람은 그런 삶이 어떤 결과를 가져올지 알면서도 그러한 상황 속으로 걸어 들어갔기 때문이다.

믿는 자가 흡연과 같은 습관을 이기지 못하고 지속한다면 그 사람의 몸은 결국 나쁜 습관의 결과에 굴복하게 될 것이다. 그리고 성전에 집어넣은 해로운 물질로 인해 질병(암이나 심장병 혹은 중풍)에 걸려 일찍 생을 마감하게 될 수도 있다. 흡연자들은 동맥경화나 비만, 심장병을 일으키는 음식들을 섭취하거나 과식으로 자기 몸을 학대하고 있는 사람들도 있다고 지적하는데, 맞는 말이다. 인생의 날수를 채우고 싶다면 육신의 생활 방식을 꼼꼼히 살펴보고 조절하여 튼튼하고 건강한 성전을 유지해야 한다.

모든 신자의 삶에는 죄와 가로막는 무거움 또는 믿음의 경주를 효과적으로 달리지 못하게 짓누르는 것들이 있다(히 12:1). 성경에는 어떤 행동들이 죄인지 기록되어 있다. 회색 지대는 없다. 죄는 죄일 뿐이다. 거짓말, 도둑질, 음행, 살인 등은 모두 죄다(갈 5:19-21). 또한 우리를 쉽게 지치게 만드는 무거운 것들이 있다. 히브리서 12장 1절 말씀을 살펴보자.

> 이러므로 우리에게 구름같이 둘러싼 허다한 증인들이 있으니 모든 무거운 것과 얽매이기 쉬운 죄를 벗어 버리고 인내로써 우리 앞에 당한 경주를 하며

'무거운 것'에 해당하는 헬라어는 '옥코스'(ogkos)로 "허리를 휘게 만드는 짐 혹은 영적으로나 정신적으로 짓누르는 것"을 뜻한다.[2] 이 단어는 비유적으로 경기를 완주하여 상을 받는 것을 가로막는 장애물을 암시한다. '얽매이다'에 해당하는 헬라어는 주자가 어느 곳을 향해 달려가고 있든지 곁에 바짝 붙어서 방해하거나 집중하지 못하게 훼방을 놓는 것을 뜻한다. 다른 습관들과 마찬가지로 흡연 습관은 여러 가지로 사람을 짓누를 수 있다. 담배를 사는 데 드는 비용은 지출의 부담을 준다. 그리고 옷과 차, 집에 악취(특히 비흡연자에게 미치는 불쾌감)가 밴다. 또 결국 당신의 폐와 심장, 동맥을 손상시킨다.

나는 청년들과 대화 중 여러 명의 여자 청년들이 과거에 담배를 피우던 사람과 데이트를 하고 작별 키스를 할 때 마치 재떨이에 키스하는 것 같았다고 말하는 것을 들었다. (미혼 청년들이여, 금연해야겠다는 생각이 들지 않는가?!) 과장된 말이었는지는 모르겠지만, 요지는 그러한 습관과 씨름하는 사람을 정죄하려는 것이 아니라 그것에 대한 지식과 깨달음을 주

려는 것이다.

흡연에 관한 사실들

미국 암학회가 흡연에 관해 조사한 바에 따르면 담배 연기 속에는 7천 개 이상의 화학 물질들이 포함되어 있는데, 그중 250개 이상이 몸에 해로운 물질이며, 적어도 69개는 암을 유발하는 것으로 알려져 있다.[3] 세계에서 폐암으로 사망한 사람 중 90퍼센트가 흡연자이다.[4]

병원에서 폐암환자가 죽어 가는 모습을 지켜본 간호사들에 따르면, 그들은 힘겹고 고통스럽게 호흡하다가 가장 끔찍한 죽음을 맞는다고 한다. 매일 1,200명의 미국인들이 흡연 때문에 사망하고 있고, 매년 43만 5천 명의 미국인들이 담배와 관련된 질병으로 죽는다.[5] 아직 담배를 피워 본 적이 없는 사람이라면 이 사실 하나만으로도 흡연에 대해 재고해 보게 될 것이다. 하지만 이미 이런 습관과 싸우고 있는 사람들은 어떨까? 그들은 왜 그토록 담배를 피우고 싶어 할까?

니코틴에 대한 갈망

커피 속에 카페인이 들어 있는 것처럼 담배 속에는 니코틴이라는 물질이 들어 있다. 니코틴은 담배 속에 함유되어 있는 천연 마약 성분으로 시간이 갈수록 중독성과 의존성을 높이는 주요 성분이다. 니코틴은 무색이며 중독성이 높은 화학 물질이다. 과거에는 작물을 해충으로부터 보호하기 위해 담배를 물에 섞어 살포하기도 했다. 웨스트버지니아에 사시는 조부 윌리엄 스톤은 해충이 작물을 갉아먹는 것을 방지하기 위해 이 방법을 사용하셨는데, 실제로 벌레들이 죽었다.

담배 연기를 들이마시면 니코틴은 폐로 들어가 혈액에 흡수되며, 연기를 마신 지 7-10초 만에 흡연자의 뇌에 이르게 된다.[6] 연구 자료에 따르면 니코틴은 심장박동수와 혈관, 호르몬, 신진대사에 영향을 미친다. 여성이 흡연을 할 경우 모유와 자궁 경부 점액에서 니코틴이 검출될 수 있다.[7] 혈액 속에 들어간 니코틴은 뇌 속에 있는 신경전달 물질에 영향을 미쳐 뇌의 보상회로 안에 도파민을 풀어 줌으로써 흡연자에게 갑작스런 편안함을 주거나 기분이 좋아지게 만든다.[8]

그러나 니코틴은 신경세포 사이에 흐르는 정보를 실제적으로 억제하고 방해하는 역할을 한다. 바로 이러한 이유로 담배를 피우면 피울수록 몸에 있는 니코틴 수치를 유지하기 위해 흡연량을 더욱 늘리게 되는 것이다. 또한 흡연은 심장박동을 빨라지게 하여 더 많은 산소를 필요하게 만든다. 연기 속의 화학 성분이 혈관을 좁혀 혈액을 천천히 흐르도록 만들기 때문에 흡연은 사실상 많은 흡연자들에게 고혈압을 유발한다.

또한 연구를 통해 간접흡연의 심각한 위험성도 증명되었다. 담배를 피우지 않는 가족이 흡연자와 함께 실내나 차 안에 있으면, 흡연자의 입과 담뱃불에서 나오는 연기를 통해 간접흡연을 하게 된다. 간접흡연은 담배 연기가 흡연자의 폐 속으로 직접 들어가는 것만큼이나 위험하다. 이 사실 하나만으로도 금연의 이유는 충분하다. 미국 암학회의 자료에 따르면 매년 4만 6천 명이 간접흡연과 관련된 심장 질환으로 사망한다고 한다. 또한 간접흡연은 아이들에게 호흡기 질환을 포함하여 천식이나 천식과 관련된 문제들을 증폭시키는 원인이기도 하다. 핵심은 간접흡연이 아이들뿐 아니라 집이나 방, 차 안에 함께 있는 비흡연자들을 실제로 죽일 수 있다는 것이다!⁹⁾

금연 시도

회심하기 전에 담배를 피우던 크리스천들이 많다. 오랜 사역 가운데 나는 많은 사람들이 그리스도께 돌아오거나 성령 세례를 받는 순간 즉시 담배를 끊는 것을 목격했다. 믿음의 선배들이 성화라고 부른 놀라운 일을 주님께서 행하신 것이다. 성화는 "거룩한 목적을 위해 어떤 물건이나 사람을 구별한다"는 뜻이다. 성화의 과정에는 불결한 습관을 버리는 것도 포함되지만 그것에만 국한되지는 않는다.

담배를 끊기 위해 열심히 노력하는 크리스천들도 있는데, 니코틴에 대한 욕구가 솟구치기 시작하면 다시 담배를 피게 된다. 여러 차례 금연을 시도하지만, 그들은 결국 포기한다. 니코틴 성분이 핏속에 있기 때문이다. 인간의 몸속에 풀어진 기분을 좋게 하는 수많은 화학 물질들이 또 다시 니코틴을 갈망하게 만드는 것이다. 바로 이 욕구 때문에 흡연의 무거움을 내려놓으려 했다가도 끝내 이기지 못하고 다시 담배를 피우게 되는 것이다.

담배를 끊어야 하는 이유

신자나 불신자 모두 여러 가지 이유로 담배를 끊고 싶어 한다. 첫 번째 이유는 장수하며 자녀와 손자들이 사는 모습을 지켜보고 싶기 때문이다. 전도서 7장 17절은 왜 어리석게 죄를 범함으로 "기한 전에 죽으려 하느냐?"고 질문한다. 어떤 육체의 습관들은 우리의 수명을 단축시킬 수도 있다. 위험한 화학 물질들을 피한다면 우리의 몸은 우리의 생명을 앗아 가는 질병 때문에 고통받지 않게 될 것이다.

간접흡연이 친구와 가족들에게 위험하다는 사실 때문에 담배를 끊고 싶은 갈망이 커질 수도 있다. 크리스천의 흡연은 다른 사람들, 특히 아이들이나 불신자들에게 본이 되지 않는다. 교회에 드나드는 사람들이 장로들이나 임원들이 피우는 담배 연기를 통과해야 한다는 것은 결코 바람직한 모습이 아니다!

담배는 또한 사람의 호흡이나 옷, 치아, 그 외 여러 가지에 물리적 영향을 미친다. 하지만 담배를 끊어야 하는 가장 중요한 이유는 하나님의 성전인 우리의 몸을 건강하게 유지하고 존귀하게 여겨야 하기 때문이다.

때로는 이렇게 반문하는 사람들도 있다. "글쎄요. 요즘 사람들은 커피에 너무 중독되어 있어요. 흡연이 그것과 다를 바가 있나요?" 나는 커피를 너무 많이 마셔서 호흡곤란으로 입원하거나 카페인 때문에 암에 걸린 사람을 본 적이 없다. 카페인 과다 섭취는 몸에 좋지 않다고, 만일 커피에 중독되어 있다면 커피를 끊으라고 말해 줄 수는 있다. 카페인 과다 섭취는 쉼을 방해하고 초조하게 만든다.

몇 년 전까지만 해도 나는 점심이나 저녁 식사 때마다 아이스티를 마셨을 뿐 아니라 하루에 세 잔의 커피를 마셨다. 결국 나는 목소리를 잃기 시작했다. 처음에는 성대에 작은 낭포가 생겨서 그렇게 되었다고 생각했다. 하지만 수년간 섭취한 카페인이 모르는 사이 나의 성대를 마르게 했다는 사실이 드러났다. 나는 즉시 커피를 끊었고 차 대신 생수를 마시기 시작했다. 한 달이 지나기 전에 내 목소리는 완전히 회복되었고 몸 상태도 훨씬 좋아졌다.

담배를 끊기 위해 해야 하는 것들

금연에 성공한 사람들은 담배를 끊고 싶어 하는 이들에게 도움이 될 만한 여러 가지 방법을 제시한다. 먼저 두 주간 흡연량을 줄여 보라. 이 기간에 당신이 피우는 담뱃갑 수를 줄이라. 흡연량을 줄여 나갈 때 처음 30-60일간은 흡연 욕구가 강해지겠지만 당신의 생각을 사로잡고 있는 흡연 욕구를 정신적으로 거부하라. 둘째, 그 기간에 집 안에서 모든 담배를 제거하라. 담배를 숨기고 있는 한, "딱 한 모금만"의 유혹은 계속될 것이다.

오늘날에는 니코틴에 대한 갈망을 감소시키는 데 도움이 되는 금연 도구들이 많다. 현재 복용하고 있는 약이 있다면, 금연을 돕는 약과 함께 복용해도 부작용이 없을지 전문의에게 문의해야 한다.

담배를 피우는 사람들이 모이는 장소를 피하는 것 또한 중요하다. 그리고 흡연하는 친구들에게 당신이 담배를 끊으려고 노력 중이니 곁에서 피우지 말아 달라고 부탁하는 것도 필요하다. 담배를 피우고 싶은 충동이 일어날 때는 입에 뭔가를 물고 있어라. 물을 머금고 있어도 좋고, 조금 이상하게 들릴 수도 있지만 자두 같은 것을 한 시간 정도 빨고 있어 보라. 또한 금연에 성공한 주변 사람들을 통해 계속 격려를 받는 것도 중요하다.

이상의 지침과 더불어 영적인 측면의 자유도 결코 무시해서는 안 된다! 성령의 기름부음은 개인의 삶을 묶고 있는 모든 속박의 멍에를 깨뜨릴 수 있다(사 10:27). 담배를 끊고 싶다고 결단하면 주님이 그 사람을 도와주실 것이다.

자유를 위해 기도하는 법

사역이 부흥하기 시작했을 때 담배를 끊고 싶어 하는 사람들을 위해 기도하던 중 두 가지 감동을 받았다. 니코틴이 담배 중독의 원인이기 때문에 나는 주님께 그리스도의 보혈의 능력으로 그 사람의 혈액 속에 있는 니코틴의 흔적을 모두 제거해 달라고 기도했다. 일종의 영적인 혈액 투석이었다. 이 기도에는 흡연 욕구가 사라지게 해 달라는 내용도 포함되어 있는 것이나 마찬가지였는데, 니코틴이 사라지면 흡연에 대한 욕구도 사라지기 때문이다.

두 번째 기도는 약간 급진적으로 들릴 수도 있다. 하지만 나는 이 기도의 효과를 여러 차례 목격했다. 나는 그 사람이 담배를 피우는 것을 싫어하게 해 달라고, 말 그대로 담배에 물리게 해 달라고 기도했다. 어떤 것에 물리거나 지긋지긋해지거나 싫어질 때 놀라운 변화가 일어날 수도 있다!

1981년 테네시 데이지에서 8주간의 부흥회를 열 때 결코 잊지 못할 이상한 사건을 경험했다. 어떤 여성이 남편의 담배가 든 종이봉투를 들고 와서 남편이 담배를 끊을 수 있게 "담배를 저주해 달라"고 요청했다. 그녀는 더 이상 집에서 담배 연기를 마시고 싶지 않았다. 그것이 자신과 자녀들에게 위험하다는 것을 잘 알고 있었기 때문이다. 나는 그녀의 남편이 담배를 피울 때 그것이 싫어지게 해 달라고 간절히 기도했다.

집으로 돌아간 그녀는 담배를 원래 있던 자리에 올려놓았다. 다음날 새 담뱃갑을 발견한 남편은 그 자리에서 한 개비에 불을 붙였다. 그 순간 그는 심하게 기침을 하기 시작했다. 다시 한 개비를 꺼내어 불을 붙였지만 동일한 현상이 나타났다. 그가 소리쳤다. "담배가 왜 이래? 너무

매워!" 세 번째 담뱃불을 붙였을 때는 갑자기 밖으로 달려 나가더니 마당을 뒹굴며 기침을 하기 시작했다.

처음에는 겁을 먹었지만 남편이 "이 담배 정말 역겨워. 너무 쓰잖아!"라고 말하자, 그녀는 안도하며 남편에게 자초지종을 알려 주었다. 그는 그것이 우연의 일치라는 것을 증명해 보이려고 또 다시 담배를 물었지만 역시 쓴맛이 났다. 그는 담배를 저주한 젊은 설교자를 보기 위해 부흥회에 오기로 결심했다. 그날 밤 주님께서 그를 만지셨고 그는 자유를 얻었다! 이것은 드물고 특이한 경우이지만, 하나님의 아들이 우리에게 자유를 주는 것이 하나님의 뜻이기 때문에(요 8:36) 믿음은 그 사람의 삶의 모든 영역에 분명한 자유를 줄 수 있다.

사역 초 우리는 담배를 끊고 싶어 하는 사람들을 위해 기도해 줄 때, 그들이 담배를 역겨워하게 해 달라고 구했다. 나는 금연을 간절히 원하는 신자들 가운데 이런 일들이 일어났다는 소식을 들었다. 그러므로 이러한 싸움에서 기도는 대단히 중요하고도 강력한 무기가 된다.

담배를 계속 피우는 습관은 흡연 당사자뿐 아니라 함께 사는 사람들의 건강에도 심각한 문제를 일으킬 수 있다. 나는 당신이 장수하고 당신의 수명을 단축시킬 수 있는 모든 습관을 버리는 것이 주님의 뜻이라고 믿는다. 믿는 자인 당신의 몸은 성령의 전이고, 하나님은 그분의 성전이 불결함에서 벗어나 정결해지기 바라신다. 하나님이 기름부음으로 당신의 멍에를 깨뜨리시고 이 습관에서 자유해질 수 있게 힘을 주시기를 우리는 합심해서 기도한다!

다양한 육신의 습관들은 신자에게 분명 장애물이 될 수 있다. 믿는 자가 완전한 자유를 얻게 되면 성령 안에 있는 놀라운 평안과 안식을 누리게 된다. 우리의 몸은 성령의 전이다. 따라서 우리는 우리의 몸을 잘 돌보기 위해 모든 노력을 기울여야 한다. 여기에는 적절한 음식과 운동, 쉼이 포함된다. 하나님께서 이것을 교훈하신 것은 우리의 몸을 잘 돌봄으로써 우리에게 장수와 더욱 풍성한 삶을 주시기 위함이다.

기도가 막힐 수 있을까?

이번 장 초반부에 담배를 피우는 사람이 나에게 던진 질문을 언급했다. "담배를 피우는 것이 기도 응답에 방해가 될 수도 있나요?" 성경에 따르면, 회개하지 않은 죄와 불법은 분명 당신의 기도 생활에 영향을 미친다. "내가 나의 마음에 죄악을 품었더라면 주께서 듣지 아니하시리라."(시 66:18) 기도로 하나님께 나아가는 것과 관련된 신약 본문을 살펴보면, 우리의 기도 생활이 막히는 것은 정죄감 때문에 기도 응답을 확신하지 못하기 때문이다. 성경은 다음과 같이 말씀한다.

> 자녀들아 우리가 말과 혀로만 사랑하지 말고 행함과 진실함으로 하자 이로써 우리가 진리에 속한 줄을 알고 또 우리 마음을 주 앞에서 굳세게 하리니 이는 우리 마음이 혹 우리를 책망할 일이 있어도 하나님은 우리 마음보다 크시고 모든 것을 아시기 때문이라 사랑하는 자들아 만일 우리 마음이 우리를 책망할 것이 없으면 하나님 앞에서 담대

함을 얻고 무엇이든지 구하는 바를 그에게서 받나니 이는 우리가 그의 계명을 지키고 그 앞에서 기뻐하시는 것을 행함이라 그의 계명은 이것이니 곧 그 아들 예수 그리스도의 이름을 믿고 그가 우리에게 주신 계명대로 서로 사랑할 것이니라 _요일 3:18-23

죄를 범한 사람은 찔림을 느끼게 되는데, 그 사람이 회개하도록 성령께서 그의 관심을 끄시고 사로잡으시기 때문이다. 만일 순종하고 회개하면 그 사람은 정죄감에서 자유로워지게 된다. 헬라적 사고에서 정죄는 죄를 범한 사람에게 판결을 내리는 것이다. 즉 찔림은 관심을 끄는 것이고, 정죄는 회개하지 않은 죄에 대한 처벌이다. 어떤 사람이 기도할 때 드러나거나 감춰진 죄 때문에 정죄감을 느낀다면 그는 기도의 확신을 잃게 된다. 어쩌면 이러한 이유로 많은 신자들이 자신과 자신들의 구체적 필요를 위해 다른 사람이 기도해 주기를 바라는 것일 수도 있다. 자신의 기도가 응답될 것이라는 확신이 거의 없기 때문이다.

어떤 행동에 집중하려고 할 때마다 항상 찔림을 느낀다면 당신의 기도는 방해받을 수 있다. 마음에 찔림이 있다는 것은 삶 가운데 불순종한 부분이 있다는 증거이기 때문이다. 만일 당신이 영적인 장애물을 극복하고 자유를 누리기 위해 최선을 다하고 있다면, 여전히 치열하게 씨름하고 있는 중일지라도, 하나님은 당신에게 은혜와 긍휼을 베풀어 주실 것이다. 당신에게 자유를 주시는 것이 그분의 뜻이기 때문이다!

흡연은 건강하지 않은 습관이다. 하나님은 당신이 장수하며 정해진 모든 날수를 채우기를 바라신다. 원수의 전략서에는 당신의 생명을 앗아 갈 온갖 계책들이 담겨 있다. 하지만 하나님의 전략서인 성경에는 그리스도께서 사람을 참으로 자유롭게 하기 위해 오셨다고 기록되어 있다(요 8:36). 이러한 자유 안에는 육체의 나쁜 습관으로부터의 해방도 포함되어 있다.

Exposing Satan's
Playbook

Chapter
17

그리스도를 영접한 이후에도
계속 유혹받는 이유

　　회심하지 않은 영혼들에게 구속의 언약을 전할 때 조금 문제가 될 수도 있는 부분이 있다. 복음을 전할 때 그리스도를 영접하면 많은 문제와 어려움들이 사라지게 될 것처럼 이야기한다면, 복음과 구도자 모두에게 부당하게 행한 것이다. 일부 초신자들은 그들이 회심하기 전에 겪었던 유혹의 화살들이 그리스도를 영접한 이후에도 여전히 날아오는 것을 발견하고는 깜짝 놀란다. 우리가 그리스도께 돌아온 후에도 유혹은 결코 사라지지 않는다. 따라서 다음의 두 가지, 사탄의 유혹이 어떤 식으로 우리의 심리에 작용하는지와 사탄의 불화살을 소멸하는 "믿음의 방패"를(엡 6:16) 사용하여 마음을 새롭게 하는 성령의 권능에 대해 반드시 이해해야 한다.

문제는 삶의 일부다

삶의 문제는 신자와 불신자 모두에게 일어난다. 모든 문제가 유혹의 결과로 나타나는 것은 아니다. 어려운 시기는 모든 사람에게 찾아온다.

> 나에게는 평온도 없고 안일도 없고 휴식도 없고 다만 불안만이 있구나 _욥 3:26

> 사람은 고생을 위하여 났으니 불꽃이 위로 날아가는 것 같으니라 _욥 5:7

> 여인에게서 태어난 사람은 생애가 짧고 걱정이 가득하며 _욥 14:1

욥기 14장 1절의 "걱정"에 해당하는 히브리어는 '로게즈'(rogez)로 어떤 소란이나 소동을 뜻하는 말이다. 또 흥분한 말이나 천둥소리와 관련해서 사용되기도 한다. 흥분한 말은 공격적인 성향을 보이며 등에 탄 사람을 떨어뜨리기도 한다. 사람들은 갑작스러운 천둥소리에 깜짝 놀라 심장박동이 빨라지기도 한다. 예상치 못한 문제에 부딪힐 때도 이와 동일한 반응이 나타나는 경우가 많다. 갑작스러운 것은 불안과 두려움을 야기할 수 있다. 그것이 근거가 있는 것이든 없는 것이든 말이다.

"나쁜 일은 한꺼번에 일어난다"는 말이 있다. 욥의 경우 자녀들과 가축 그리고 건강, 세 가지를 잃었다(욥 1-2장). 욥의 세 친구는 그에게 재앙이 닥친 이유에 대해 각자의 소견을 말했다(욥 2:11; 32:1-5).

불행이 세 갈래로 온다면, 영적인 권세와 연합은 셋이 하나가 될 때 커진다. 솔로몬은 이것을 다음과 같이 시적으로 표현하였다. "한 사람이면 패하겠거니와 두 사람이면 맞설 수 있나니 세 겹 줄은 쉽게 끊어지지 아니하느니라."(전 4:12) 그리스도께서는 "두세 사람이 내 이름으로 모인 곳에 나도 그들 중에 있느니라"고 말씀하셨다(마 18:20).

실제로 문제가 발생하게 되는 세 가지 주요 요인은 다음과 같다.

1. 개인의 행동이나 잘못된 결정으로 화를 자초한 경우
2. 보이지 않는 미지의 상황이나 외부 사람들이 초래한 예상치 못한 문제
3. 폭풍, 토네이도, 홍수, 가뭄, 화산 폭발, 지진, 기타 자연재해로 발생한 문제

욥은 반갑지 않은 침입자인 사탄의 목표물이 되어 예상치 못한 문제들을 견뎌야 했다(욥 1:1-12; 2:1-7). 문제는 우리의 안과 밖 모두에 영향을 미친다. 고린도후서 11장에서 사도 바울은 그가 세계 곳곳을 여행하며 경험한 어려운 환경과 악한 자들의 핍박 등 22가지 다양한 상황에 대해 이야기한다. 그는 이것들을 "밖에 있는 그 일들"이라고 말한다(28절, 한글 킹제임스). 또한 같은 구절에 언급된 "모든 교회를 위해 염려하는 것"은 내부 상황을 가리키는 것으로 보인다.

내부의 문제에는 내면의 감정이나 영적인 갈등, 건강의 문제, 자초

하지 않았지만 피할 수 없는 외부의 난관과 부정적인 상황도 포함된다. 유혹은 주로 외부(우리가 보고 듣는 것)에서 시작되는 압력으로, 내부의 압박과 더불어 우리에게 영향을 미친다. 외부의 시험은 보통 청각, 시각, 미각, 후각, 촉각 등의 오감을 통해 들어오는데, 육신은 이들 다섯 가지 통로의 지배를 받는다. 내부의 시험은 내면에 가지고 있는 생각들에 의해 발생한다.

유혹의 힘

'유혹'은 어떠한 억압 아래 시험을 받거나 철저히 조사받는 것을 뜻한다. '유혹하다'에 해당하는 히브리어에는 금과 은을 뜨거운 화염에 통과시켜 불순물을 제거한 뒤 순도 높은 귀금속을 만들어 내는 것처럼, "불로 금속 물질을 제거하거나 분석한다"는 의미가 내포되어 있다.

유혹은 하나님의 법이나 원칙에 상반되는 어떤 일을 생각하는 형태로 시작된다. 그러한 생각이 지속되면 정신적 압박으로 변하고 결국 그 사람의 감정을 자극하여 유혹에 빠지게 만든다. 믿는 자에게 가장 위험한 순간은 바로 생각이 감정이 될 때이다. 생각에 불과하던 유혹이 감정으로 발전하게 되면, 그것이 그 사람을 압박하기 시작한다. 또한 감정은 내면에 이미지를 만들어 내기 시작하는데, 이것을 상상이라고 한다. 이런 상상들이 지속되면 내면의 견고한 진이 된다. 이러한 견고한 진은 감정이 섞인 이미지들로 묶여 있어서 무너뜨리기 어렵다. 그리고 그 사람은 자신이 내면의 싸움을 싸우고 있음을 깨닫게 된다.

예를 들면, 남자들은 이성에 대해 시각 중심적이다. 포르노의 이미지들은 뇌에 영향을 미치는 감정의 고조를 경험하게 만든 뒤 사람의 생각 속에 각인된다. 그리고 그런 이미지들은 결국 그를 속박하는 견고한 진이 된다.

모든 생각은 의식과 무의식 두 차원에서 나온다. 의식적인 유혹은 우리가 보고 듣는 것에서 시작되지만, 무의식적인 유혹은 스스로 만들어 낸 내면의 판타지를 통해 작동한다. 원수는 생각 속에 어떤 이미지들을 심을 수 있고 내면의 이미지를 통해 감정을 조종할 수 있다. 이것은 죄인이나 불신자들, 또는 육적인 삶을 사는 신자들에게만 일어나는 일이 아니다. 성경 인물들 중에도 사탄이 넣어 준 생각에 직접적으로 영향을 받은 세 사람이 있다.

사탄은 믿는 자의 생각에 영향을 미칠 수 있다

예수님은 제자들에게 사람들이 자신을 누구라고 하는지 질문하셨다. 다양한 답이 나온 후 마지막으로 시몬 베드로가 외쳤다. "주는 그리스도시요 살아 계신 하나님의 아들이시니이다!"(마 16:16) 그리스도께서는 베드로가 하늘 아버지의 직접적인 계시를 받아 고백한 것이라고 말씀하셨다. 곧바로 예수님은 장차 고난당하실 것에 관해 말씀하기 시작하셨는데, 베드로는 그런 일은 일어나지 않을 것이라며 주님을 꾸짖었다. 그러자 예수님께서 말씀하셨다. "사탄아, 내 뒤로 물러가라."(23절) 베드로는 그리스도를 나무라면서 그분의 말씀은 사실이 아니라고 말하고 있었다. 사탄은 항상 하나님을 거짓말하는 분으로 만들고 싶어 한다. 베드로는 그리스도께 용기를 드리고 싶다는 생각에 그렇게 말한 것일 수도 있지만, 사실 그것은 전능자의 계획에 맞서고자 하는 사탄의 화살이었다.

두 번째로 가룟 유다는 그리스도의 사역팀에서 회계를 맡고 있었는데, 요한은 그를 "도둑"이라고 기록한다(요 12:6). 그는 최후의 만찬에서 성찬의 잔을 마셨다(요 13:26). 성경은 그리스도께서 새 언약에 대해 말씀하시는 이 거룩한 순간에 "유다에게 사탄이 들어갔다"고 기록한다(눅 22:3). 마음이 악으로 가득한 유다가 주의 잔을 마신 것은 대단히 위험한 일이었다.

수년 후 바울은 주의 성찬에 관해 다음과 같이 기록했다. "사람이 자기를 살피고 그 후에야 이 떡을 먹고 이 잔을 마실지니 주의 몸을 분별하지 못하고 먹고 마시는 자는 자기의 죄를 먹고 마시는 것이니라 그러므로 너희 중에 약한 자와 병든 자가 많고 잠자는 자도 적지 아니하니"(고전 11:28-30) 유다는 분명 합당하지 않은 방식으로 잔을 마심으로써 사탄에게 문을 열어 주었고, 결국 스스로 목숨을 끊고 말았다(마 27:3-5).

세 번째 놀라운 예는 사도행전 5장에 나타난다. 어떤 부부가 토지의 일부를 판 돈을 도움이 필요한 성도들에게 나누어 주라고 사도들에게 바쳤다. 그들은 공개적으로 헌신을 약속했지만, 은밀히 수익의 일부를 감출 음모를 꾸몄다. 베드로는 같은 날 부부와 개별적으로 대면했다. 그는 남편에게 "어찌하여 사탄이 네 마음에 가득하여 성령을 속이고자 했느냐"고 물었다(3절). 결국 아나니아와 삽비라는 전능자의 심판을 받아 목숨을 잃고 말았다.

베드로와 유다는 예수님의 제자였고, 아나니아와 삽비라는 예루살렘 교회의 일원이었다는 사실에 주목하라. 이들 중 마귀에 사로잡힌 사람은 아무도 없었다. 하지만 이들 모두 사탄이 넣어 준 생각에 따라 행동했다. 이것은 사탄과 그의 보이지 않는 세력들이 하나님의 말씀이나 뜻에 반대되는 생각의 화살을 믿는 자들의 내면을 향해 쏠 수 있음을 보여 준다. 바로 이런 가능성 때문에 바울은 다음과 같이 기록한 것이다. "이는 우리로 사탄에게 속지 않게 하려 함이라 우리는 그 계책을 알지 못하는 바가 아니로라."(고후 2:11) 사탄의 가장 강력한 도구는 혼돈과 분열, 유혹을 야기하는 잘못된 생각의 불화살을 쏘는 것이다.

생각은 전쟁터다

생각은 전쟁터다. 우리는 정보나 감정에 근거하여 선택을 하는 경우가 많다. 잠언은 지혜의 은사를 받은 솔로몬이(왕상 3:28) 대부분을 기록한 지혜의 보고이다. 잠언에는 지식, 총명, 지혜 등 세 개의 주요 단어가 등장한다. 각각을 정의하자면 지식은 여러 가지 사실이 축적된 것이고, 총명은 그것들을 구성하고 정리하는 능력이며, 지혜는 그것들을 적용하는 법을 아는 것이다. 그러나 참된 지혜를 주시는 분은 하나님이다.

적절한 지식에 근거하여 결정을 내리면 올바른 선택을 할 수 있고,

대부분 긍정적인 결과를 얻을 수 있다. 하지만 순간적인 느낌이나 감정에만 의존하여 내린 결정은 어려움과 혼란을 야기하게 될 수도 있다.

16세 때 나는 아버지의 교회에 다니는 한 소녀와 교제하게 되었다. 당시 14살이었던 그녀는 나이보다 정신적으로나 영적으로 성숙했던 것 같다. 나는 반지를 사서 그녀에게 주었고, 그녀의 아버지 앞에서 결혼 계획을 말씀드렸다. 당시 상황이 세세하게 기억나지는 않지만 그가 웃지 않았던 것은 분명하다. 자녀를 둔 아버지가 되니 당시 그녀의 아버지가 무슨 생각을 했을지 이해가 된다. 무슨 일을 해서 얼마나 벌어먹을 수 있을까? 그리고 어디서 살 생각일까? 등등. 당시 나에게는 차가 있었고, 그것으로 시작하면 된다고 생각했다! 철없던 시절 그것은 지혜가 아니라 감정에 근거한 생각이었다.

6년 후 나는 지금까지 30년 이상을 함께하고 있는 내 영혼의 반려자 팸을 만났다. 나는 감정보다는 계시와 정보에 근거해서 결혼을 결심했다. 알라바마 노스포트에서 열린 4주간의 부흥회에서 아내를 만났을 때 성령의 음성으로 그녀와 결혼하게 될 것을 알았다. 나는 그녀와 많은 시간을 보내면서 우리가 살 곳, 전기세와 식비, 차량 유지비, 집기 등 현실적인 결혼 비용에 대해서도 생각해 보았다. 즉 성공적인 결혼 생활을 위해 상호간의 사랑과 지식을 토대로 한 결정을 내렸다. 올바른 결정을 내리려면 정서적인 안정감과 생각의 전쟁터에서 승리하기 위한 정확한 지식, 이 두 가지가 필요하다. 또한 남자와 여자의 이성적인 측면과 감성적인 측면을 이해하면 양자를 향한 원수의 유혹 수법을 드러낼 수 있다.

사탄이 남자와 여자를 유혹하는 법

인간의 뇌는 좌뇌와 우뇌라는 두 개의 반구로 구성되어 있으며, 두 반구는 뇌량(corpus callosum)이라고 하는 섬유조직으로 연결되어 있다. 각 반구는 인간의 몸에서 서로 다른 기능을 수행한다. 시각적인 우뇌는 직관적, 총체적, 임의적으로, 언어의 방인 좌뇌는 논리적이고 순차적으로 기능한다.[1] 남성과 여성이 동일한 과제를 받으면 보통 뇌의 다른 측면을 사용하는 경우가 많다. 여성이 공감과 애정, 감정을 사용하는 일에 능숙한 반면, 남성은 대부분 이성적인 성향을 가지고 있으며 조금 더 차갑고 냉정한 모습을 보인다.

좌뇌와 우뇌의 이러한 차이는 남자와 여자의 쇼핑 습관에서도 드러난다. 남자들은 대부분 목표한 곳으로 바로 가서 10분 내에 원하는 것을 사서 나온다. 반면 여자들은 신발 한 켤레를 사려고 다섯 켤레의 신발을 신어 본다. 자신이 원하는 사이즈, 모양, 색깔, 심지어 상표까지도 정확해야 하기 때문이다!

남자들이 수학 공식에 매달려 시간을 보낸다면, 여자는 연애 소설을 선호한다. 자세하게 설명할 때 남자들 대부분은 기본적으로 흑백 논리를 원하지만, 여자들은 관련된 이야기나 자신의 의견을 피력할 때 대단히 섬세한 모습을 보이는 경우가 많다. 남자들은 돈 문제와 관련하여 기꺼이 위험을 감수하려 하지만, 여자들은 안정감과 위험요소가 덜 한 것을 원하는 성향이 있다. 운전하다 길을 잃으면 남자들은 금방 길을 찾기 바라면서 30분 동안 같은 자리를 빙빙 돈다. 그러면 아내들은 잠시 차를 세우고 지도나 약도를 찾아보라고 간청한다!

남성과 여성의 뇌 기능과 이성적/감성적 반응의 차이점에 대한 책과 논문들은 많이 나와 있지만, 영적인 원수가 인간의 이성적 측면과 감성적 측면을 이용해서 남녀를 유혹하는 방법에 대한 책은 한 번도 본 적이 없다.

이성이 서로에게 끌리는 이유 중 하나는 보통 남편이 약한 곳에서 아내가 강하고, 아내가 힘겨워하는 부분을 남편이 처리해 줄 수 있기 때문이다. 나는 대단히 반응이 빠른 사람이지만, 아내는 상당히 신중해서 단순히 감정이 아니라 지식에 따라 반응하고 대처한다. 직원 회의도 아내가 주관하고 있는데, 사실 우리 직원들은 나보다 그녀와 회의하는 것을 더 좋아한다. 나는 성급하게 반응하는 반면 그녀는 경청해 주기 때문이다. 남자와 여자의 이런 상반성은 관계의 균형을 이루는 데 아주 유용하다.

하지만 원수가 이런 차이점을 악용해 부부 사이를 틀어지게 만드는 경우도 있다. 이것은 결혼 생활에서 비일비재한 일이다. 배우자가 지나치게 이성적이고 감정을 거의 표현하지 않는 사람이라면, 안아 주거나 손을 잡는 등의 애정 표현을 어려워할 수도 있다. 반대로 배우자가 지나치게 다정하고 애교가 넘치는 사람이라면, 원수는 애정 표현을 더 잘하거나 스킨십이 강한 사람들을 올무로 부부간의 차이를 극대화시킬 수도 있다. 애교나 스킨십은 사람의 DNA 속에 내재된 일종의 사랑의 언어이다. 이것의 결핍은 원수가 유혹의 화살을 만들 빌미를 제공한다. 고린도전서 7장 5절은 바울이 부부의 육체적 관계의 중요성에 대해 이해하고 있었음을 보여 준다.

> 서로 분방하지 말라 다만 기도할 틈을 얻기 위하여 합의상 얼마 동안은 하되 다시 합하라 이는 너희가 절제 못함으로 말미암아 사탄이 너희를 시험하지 못하게 하려 함이라

"서로 분방하지 말라"는 것은 부부의 육체적 관계를 가리키는 것이다. 바울은 남편과 아내가 금식하거나 기도할 시간을 갖기로 동의했다면 성관계를 피하라고 말한다. 하지만 오직 그 기간만이다. 이후에는 다시 합해야 한다. 만일 그들이 서로의 육체와 감정적 필요를 채워 주기를 거부한다면 사탄이 그들을 유혹할 수도 있다.

배우자가 지나치게 감정적이어서 거의 이성적인 판단을 내리지 않는 경우도 마찬가지이다. 옷이나 물건을 충동구매하는 여자들(가끔은 남자들도 그렇다)은 쇼핑을 통해 감정의 극치와 만족을 경험한다. 매월 말이면 그들의 배우자들은 식탁에 앉아 신용카드 청구서들을 들여다보며 이 소비의 영을 파쇄할 방법을 찾으려고 전전긍긍한다. 빚을 갚을 만한 여력이 없거나 지혜롭지 못한 소비 습관 때문에 생긴 높은 부채는 수많은 부부의 이혼 사유가 되고 있다. 또한 이러한 빚 때문에 가족의 기본적인 생활조차 어려운 경우도 있다.

모든 감정은 현실과 균형을 이루어야 한다. 현실에만 집중하고 감정을 드러내지 않는 사람은 지나치게 따분하고 지루한 반면, 매사에 감정적인 사람은 환경이나 순간의 감정에 따라 롤러코스터처럼 심한 기복을

보일 것이다. 이런 사람과 함께 살거나 서로를 이해하는 것은 상당히 어려운 일이다.

예수님은 이성과 감정의 균형을 이루신 완벽한 본이시다. 예수님은 불쌍히 여기는 마음을 가지셨으며(마 9:36), 우리의 연약함을 동정하셨고, 모든 일에 우리와 똑같이 시험을 받으셨지만 죄는 없는 분이다(히 4:15). 그분은 나사로의 무덤 앞에서 눈물을 흘리셨고(요 11:35) 때로는 백성들의 불신 때문에 당황하고 놀라기도 하셨다(막 6:6). 종교 지도자들과 논쟁하실 때는 이성적이셨고, 병든 자와 고통받는 자들에게 사역하실 때에는 긍휼이 넘치셨다.

한 여자의 힘

PMS 전략 때문에 권력과 권세의 자리에 있던 위대한 남자들이 실각했다는 것은 더 이상 비밀이 아니다. PMS란 교만(Pride), 돈(Money), 성(Sex)을 가리킨다.

포효하는 사자나 천 명의 블레셋 군사도 삼손 한 사람을 이길 수 없었다. 그러나 미용 가위를 든 블레셋 여자 한 명이 이 하나님의 사람을 제거했다(삿 16장). 하와는 남편이 금단의 열매를 먹도록 영향력을 행사했고(창 3:6), 사라는 아브라함을 설득해 하갈을 통해 자녀를 얻게 만들었다(창 16:1-3). 들릴라는 나실인 서원의 비밀을 알려 줄 때까지 삼손의 마음을 괴롭혔다(삿 16:4-18). 다윗은 아름다운 밧세바를 얻기 위해 기꺼이 자신의 자리를 걸었다. 게다가 그녀를 아내로 맞고 자신의 죄를 덮기 위해 그녀의 남편을 죽였다(삼하 11장). 이방에서 온 아내들은 솔로몬의 지혜를 무기력하게 만들었고, 그의 마음이 하나님을 떠나게 만들었다(왕상 11장).

헤롯 왕은 자신 앞에서 춤을 춘 소녀에게 왕국의 절반이라도 주겠다고 했다가 그녀의 어머니가 영향력을 행사하는 바람에 세례 요한의 목을 베고 말았다(막 6:22-25). 이처럼 한 여자가 한 남자의 열정과 감정, 흥분을 자극하고 그의 감성적 측면을 파고들어 그의 이성을 마비시킬 수 있다.

"그런 짓을 하다니 그 친구 도대체 무슨 생각을 한 거야?" 사람들이 이렇게 말하는 것을 들어 봤을 것이다. 한 나라의 대통령이나 유명한 운동선수들, 심지어 설교자들과 교인들까지도 순간적인 육체의 쾌락과 만족을 위해 이성을 창밖으로 던져 버린다. 방심하는 사이 매혹적인 여자가 남자 안에 있는 욕망을 자극하여 결국 아내와 자식을 버리게 만들거나 두 집 살림을 하게 만들 수도 있다. 이 매혹적인 여성이 그의 호르몬과 감정, 관심을 자극했기 때문이다.

원수는 여성을 조종해서 유혹에 빠뜨리는 방법을 포함하여 두 가지 측면으로 생각에 접근하는 법을 알고 있다. 나는 18세부터 지금까지 수천 개의 도시들을 순회하면서 신실한 여자 성도들이 목회자나 섬기는 자들과 육체적/감정적 외도에 빠졌다는 안타까운 소식을 수도 없이 들었다. 모두가 그런 것은 아니지만, 그들 대부분은 믿지 않거나 교회에 다니지 않는 등 자신의 기대에 부응하지 않는 남편을 두고 있었다. 하나님은 여자를 듣는 것과 들리는 것에 따라 살도록 창조하셨다. 따라서 여성들에게는 말이 대단히 중요하다. 그들에게 반드시 필요한 것 중 하나가 안정감이다. 여기에는 청구서를 지불할 수 있는 재정적인 능력, 안전하게 살 집, 관심과 돌봄 그리고 대화를 나눌 상대도 포함된다.

다윗과 밧세바 이야기를 살펴보자. 다윗의 본처는 사울 왕의 딸 미갈이었다. 사울이 주선한 결혼은 출발부터 우여곡절이 많았다. 사울은 다윗의 목숨을 21번이나 노렸고, 딸인 미갈을 다른 남자에게 줘 버렸다! 왕이 된 다윗은 미갈을 되찾아 자신의 궁으로 데려왔다. 언약궤를 들여오던 날 백성들 앞에서 에봇을 입고 춤을 추는 다윗의 모습을 왕궁에서 지켜본 미갈은 그가 돌아오자 그의 행동을 비난했다. 사무엘하 6장 23절은 그때 이후로 "사울의 딸 미갈이 죽는 날까지 그에게 자식이 없었다"고 기록한다. 다윗은 아내 미갈과 다시는 부부 관계를 하지 않았던 것으로 보인다.

이 일 후 얼마 지나지 않아 전쟁이 있었고 다윗은 왕궁 주변을 거닐고 있었다. 그러다가 한 여자가 목욕하는 모습을 보게 되었고 그녀를 자신의 침실로 끌어들였다. 그녀의 남편은 다윗의 용사들 중 한 사람인 우리아였다(삼하 11장). 밧세바가 임신하자 다윗은 전방에 있던 그녀의 남편을 불러들여 잠자리를 같이하게 만들려고 했지만, 우리아는 다윗과 이스라엘 군대를 향한 충성심 때문에 그것을 완강히 거절했다. 우리아가 두 번이나 그것을 거절하자 다윗은 결국 그를 최전방에 보내 죽이고 말았다.

남편이 있는 아름다운 여인이 어쩌다가 왕과 불륜에 빠졌을까? 하나님께서 우리아가 아내와 잠자리를 같이하지 못하게 하심으로써 결국 다윗의 죄를 드러내신 것이라고 말하는 사람도 있을 것이다. 맞는 말일 수도 있다. 하지만 나는 우리아를 지나치게 바쁜 남편의 전형이라고 말하고 싶다. 만일 전쟁터에서 불려 나와 사랑스런 아내와 이틀 밤을 지낼 수 있게 된다면, 나는 이틀간 아무 데도 가지 않고 집에 머물 것이다! 어쩌면 밧세바는 오늘날의 주부들처럼 남편의 관심을 받고 싶었을지도 모른다. 다윗은 왕비와 별거 중이었고, 군 지휘관인 우리아는 멀리 있었다. 잠시 할 일 없이 나태한 시간을 보내던 다윗은 그의 남은 인생에 엄청난 재난을 가져올 일을 저지르고 말았다.

남자들은 보는 것과 애정 표현 그리고 감정적 자극을 통해 유혹을 받을 수 있다. 반면 여자들은 관심과 말, 남자의 사회적 위치 때문에 유혹을 받을 수 있다. 인류의 원수는 최초의 부부인 아담과 하와의 삶에 죄를 가져와 하나님과 단절시키는 데 성공했다. 원수가 6천 년간의 전투 경험에서 터득한 세 가지 주요 무기는 육체의 정욕과 안목의 정욕, 이생의 자랑으로, 모든 불화살이 여기에서 시작된다.

시험과 유혹

그리스도의 몸 가운데 더러 시험과 유혹의 의미나 목적을 혼동하는 경우가 있다.

시험은 불로 단련한 금처럼(벧전 1:7) 하나님께서 당신에게 허락하신 믿음의 시련이다. 유혹은 타오르는 불이라고 할 수 있는데, 이 둘의 목적과 결과는 서로 다르다.

하나님은 믿음의 시험을 허락하시는 분이다. 하지만 사탄은 유혹하는 자이다(마 4:3). 야고보서 1장 13절은 "하나님은 악에게 시험(temptation)을 받지도 아니하시고 친히 아무도 시험(temptation)하지 않으신다"고 말씀한다. 이스라엘 민족이 광야를 지날 때 하나님은 그들의 마음속에 있는 것을 드러내시려고 그들을 시험하셨다(신 8:2). 몸은 애굽에서 나왔지만, 그들 안에는 애굽식 사고방식이 남아 있었다. 이것은 그들이 애굽의 황소 신 아피스를 연상시키는 금송아지를 만들어 숭배하면서 드러났다(출 32장). 어떤 압력이 가해지기 전까지는 그들의 마음속 깊은 곳에 감춰진 연약함이 무엇인지 아무도 모른다.

이러한 진리는 우리에게도 동일하게 적용된다. 화를 잘 내거나 우울증이 있거나 부정적인 말을 쏟아내는 것이 우리의 문제일 수도 있다. "마음에 가득한 것을 입으로 말하기" 때문에(마 12:34) 내면의 속사람에게 가해진 압박은 때로 후회할 말을 입 밖으로 내뱉게 만들기도 한다. 하나님은 당신을 증명(검증)하기 위해 시험하시지만, 사탄은 당신을 파멸시키기 위해 유혹한다(요 10:10).

믿음의 시련을 견뎌 낸 성도는 인격과 정직의 열매를 맺게 된다. 사탄이 유혹에 성공하면 죄책감과 정죄감, 수치의 열매를 맺는다. 지금까지 하나님과 동행하면서 나는 수많은 시련과 환난을 겪었다. 돌이켜 보면 승리해서 앞으로 나아갈 때마다 모든 상황 가운데 나를 살피시는 하나님을 더욱 신뢰하게 되면서(빌 4:13) 믿음이 더욱 굳건해졌다. 사탄의 유혹은 정반대의 결과를 위해 고안된 것이다. 사탄은 베드로를 밀 까부르듯이 하여 믿음을 떨어뜨릴 계획을 세웠다. 사탄의 공격을 받기 전 그리스도는 베드로를 위해 중보하셨고 그의 믿음이 "떨어지지 않도록" 기도하셨다(눅 22:32).

수십 년 동안의 사역 경험과 7만 시간 이상의 말씀 연구를 통해 나는 우리가 겪는 모든 유혹이 우리가 믿음에서 실패하여 하나님을 떠나도록 고안된 것임을 알게 되었다. 바울은 데살로니가전서 3장 5절에서 다음과 같이 경고했다.

> 이러므로 나도 참다 못하여 너희 믿음을 알기 위하여 그를 보내었노니 이는 혹 시험하는 자(tempter)가 너희를 시험하여 우리 수고를 헛되게 할까 함이니

믿는 자로서 우리에게 중요한 것은 다른 사람들이 경험하고 있는 유혹이나 고난을 근거로 그들을 판단해서는 안 된다는 것이다. 다른 사람을 판단하면 그들이 겪는 것과 똑같은 어려움을 우리도 경험하게 된다.

> 형제들아 사람이 만일 무슨 범죄한 일이 드러나거든 신령한 너희는 온유한 심령으로 그러한 자를 바로잡고 너 자신을 살펴보아 너도 시험(temptation)을 받을까 두려워하라 _갈 6:1

시험과 유혹의 차이점 중 하나는 하나님이 우리의 삶에 허락하신 시험은 결국 결론이 나지만, 사탄의 유혹은 우리가 육신을 입고 사는 한 결코 끝나지 않는다는 사실이다. 40일간 금식하신 예수님을 유혹했던 사탄은 "어느 때가 되기까지"만 떠나 있었다(눅 4:13, 새번역).

유혹에 대한 세 가지 주요 지침

유혹과 관련된 중요한 지침 세 가지는 다음과 같다.

1. 유혹에 맞서 깨어 기도하라.

시험(temptation)에 들지 않게 깨어 기도하라 마음에는 원이로되 육신이 약하도다
_마 26:41

깨어 있으라는 것은 경계하라는 의미이다. 잡히시기 전 겟세마네 동산에서 예수님은 (그분이 기도하시는 동안) 제자들에게 시험(temptation, 유혹)에 들지 않게 깨어 있으라고 경고하셨다. 주님이 고통 가운데 중보하시는 동안 그분과 함께 있던 베드로, 야고보, 요한 세 사람은 모두 자고 있었다(눅 22:45). 검과 횃불을 든 로마 군사들이 들이닥치자 베드로는 칼을 휘둘러 대제사장의 종의 귀를 잘랐다(50절). 그는 깨어 있지도(경계하지도), 기도하지도 않았다. 그는 잠들어 있었다. 그리스도께서 개입하셔서 말고의 귀를 고쳐 주시지 않았다면 베드로는 체포되었을 것이고, 그것으로 그의 사역은 끝이 났을 수도 있다!

유혹은 영적 성장 과정의 일부분이다. 따라서 우리는 유혹을 차단하기 위해서가 아니라 유혹에 빠지지 않게 깨어 있어야 한다(마 26:41). 즉 원수가 던져 주는 생각을 받아들여 행동으로 옮기지 않도록 깨어서 기도해야 한다. 당신이 깨어 있다면 그렇게 하지 않을 것이다. 그리고 기도하

는 가운데 원수가 문 앞에 이르기도 전에 그의 움직임을 간파할 것이다.

2. 유혹에 빠지지 않게 기도하라.

다음은 그리스도께서 우리에게 가르쳐 주신 기도 가운데 중요한 구절이다.

> 우리를 시험(temptation)에 들게 하지 마시옵고 다만 악에서 구하시옵소서 (나라와 권세와 영광이 아버지께 영원히 있사옵나이다 아멘) _마 6:13

"유혹에 빠지지 않게 하시고 악에서 구하소서"라고 마지막으로 기도한 것이 언제인가? 이 구절은 야고보서 1장 13절의 "하나님은 악에게 시험(temptation, 유혹)을 받지도 아니하시고 친히 아무도 시험(temptation)하지 않으신다"는 말씀과 상충되는 것처럼 보일 수도 있다. 하지만 성경은 "예수께서 성령에게 이끌리어 마귀에게 시험(temptation)을 받으러 광야로 가셨다"고 기록한다(마 4:1). 그리스도께서는 육체의 정욕, 안목의 정욕, 이 생의 자랑에 대한 시험을 받으시고, 말씀으로 사탄을 대적하여 승리하셔야 했다. 첫 번째 아담은 실패했지만 둘째 아담인 그리스도는 사탄의 공격에 맞서 승리하셨다.

주님은 우리가 유혹에 빠지게 내버려 두시는 분이 아니라 유혹에서 구원해 주시는 분이라는 관점에서 주기도문을 이해해야 한다. 모든 믿는 자들은 사탄의 유혹을 피하고 우리를 노리는 모든 악에서 자유를 얻도록 기도해야 한다. 우리는 다음과 같은 약속을 받았다.

> 사람이 감당할 시험(temptation)밖에는 너희가 당한 것이 없나니 오직 하나님은 미쁘사 너희가 감당하지 못할 시험당함을 허락하지 아니하시고 시험당할 즈음에 또한 피할 길을 내사 너희로 능히 감당하게 하시느니라 _고전 10:13

다른 남자의 아내가 요셉을 시험했을 때, 그는 침대 대신 달아날 문을 찾았다. 그래서 자신의 온전함을 지킬 수 있었다.

3. 영은 거부한다.

세 번째 중요한 진리 역시 깨어 기도하라고 하신 말씀 안에 있다.

> 시험에 들지 않게 깨어 있어 기도하라 마음(spirit, 영)에는 원이로되 육신이 약하도다 _막 14:38

주님은 우리 안에 있는 영(본문은 마음)은 깨어 기도하기 원하지만 우리의 육체가 약하다고 말씀하셨다. 당신의 영이 금식을 원할 때 육체는 먹고 싶어 한다. 육체는 일찍 일어나서 기도하기보다 더 자고 싶어 한다. 당신의 육체는 옷을 차려 입고 예배드리러 가기보다(히 10:25) 잠옷 바람으로 기독교 방송을 시청하고 싶어 한다. 또한 당신의 육체는 세상적인 것을 먹고 육적인 이미지를 떠올리며 세상의 말을 하고 싶어 하지만, 영은 당신이 생각과 말을 잘 다스리기 바란다(벧전 1:15-16).

믿는 자의 구속받은 영은 하나님의 말씀을 먹어야 힘을 얻을 수 있고 날마다 성령으로 민감해져야 한다. 당신의 육체가 강하면 영은 약해진다. 당신의 영이 강해지면 육신은 힘을 잃는다.

다음 구절에는 원수의 수많은 유혹을 이기는 법이 잘 요약되어 있다.

> 하나님 아는 것을 대적하여 높아진 것을 다 무너뜨리고 모든 생각을 사로잡아 그리스도에게 복종하게 하니 너희의 복종이 온전하게 될 때에 모든 복종하지 않는 것을 벌하려고 준비하는 중에 있노라 _고후 10:5-6

우리는 혈과 육의 세상 가운데 육신을 입고 살아가고 있으며, 원수는 우리의 강점과 약점 등 우리에 대한 정보를 가지고 있다. 그래서 우리는 때로 유혹을 경험하게 된다. 그러나 유혹을 받는 것은 죄가 아니다. 그리스도도 몸소 유혹을 받으셨지만 결코 원수의 소리에 굴복하지 않으셨다. 원수의 덫에 걸리지 않게 막아 주고, 원수의 함정에 빠졌을 때 건져 주며, 원수의 올무를 피할 수 있게 도와주는 수많은 말씀들이 있다. 최고의 전략은 전쟁이 일어나지 않게 미연에 방지하는 것이다. 유혹에 빠지지 않으면 전쟁을 피할 수 있다.

자신을 유혹에 던지지 말라

유혹과 관련하여 중요한 개념이 한 가지 또 있다. 다른 사람의 말이나 의견에 따라 허용해야 할 것과 허용하지 말아야 할 것 혹은 할 수 있는 것과 할 수 없는 것을 결정하지 말라는 것이다. 나는 구원받기 전에

라스베가스에서 거액의 도박꾼으로 살다가 지금은 교회 임원으로 섬기고 있는 사람을 알고 있다. 그는 심지어 사람들을 끌고 가서 원정 도박을 시키기도 했었다. 구원받은 후 그는 당구를 치거나 심지어 당구 큐를 잡을 수도 없었는데, 도박하던 시절이 생각나서 한탕 하겠다는 욕구가 치솟았기 때문이다. 또 다른 친구는 개인적인 이유로 자녀들이 쇼핑센터에서 게임을 하지 못하게 한다. 사람들이 웃으면서 쓸데없는 걱정이라고 말할 때마다 옆에서 나도 동의하곤 했는데, 사실 이것은 개인의 상황에 따라 달라지는 문제이다.

조금 더 분명히 해 두자. 성경에 기록되어 있는 구체적인 죄들은 타협의 여지가 없다. 하지만 실제적인 관점에서 우리는 "두렵고 떨림으로 구원을 이루어 가야" 한다(빌 2:12). 크리스천이 삶 가운데 겪는 문제들 중에는 성경이 이렇다 저렇다 말씀하지 않는 것들도 있다. 일례로 화장(火葬)을 들 수 있다. 화장해도 괜찮다고 생각하는 신자도 있는 반면, 사랑하는 사람을 화장하는 것을 결코 용납하지 못하는 사람도 있다. 이것은 각자의 신념에 따라 결정할 문제이다. 어떤 것에 대한 신념 혹은 확신을 갖고 있는 신자는, 비록 다른 사람들이 동의하지 않더라도, 그들의 의견 때문에 또는 그들의 동의를 얻기 위해 타협해서는 안 된다. 타협은 죄가 들어오게 만드는 유혹으로 발전할 가능성이 있다.

자신을 유혹에 빠뜨리지 않는 것이 중요하다. 우리는 사역에 함께할 멤버를 뽑을 때, 특히 여성인 경우에는 반드시 아내인 팸의 검증을 받게 한다. 우리는 또한 그들의 영적 수준과 직업윤리, 배우자와의 관계를 반드시 알아본다. 오래전 우리 지역으로 이사 온 동료 사역자가 그의 아내도 시간제로 같이 일해도 좋은지 물었다. 그들은 상냥하고 매력적인 부부였다. 하지만 나는 그의 아내에게 뭔가 불편한 느낌을 받았고, 팸에게 그 사실을 말했다. "이유는 모르겠지만 그 사모님이 여기에서 일하거나 내 주변에서 일하면 안 될 것 같아." 아내도 이미 같은 느낌을 받은 상태였다. 우리는 그 제안을 거절했다. 몇 년 후 우리는 그들에게 문제가 생겼다는 소식을 듣게 되었고, 왜 내 영에 경고 신호가 들어왔는지 깨닫게 되었다.

그리고 남편은 아내의 분별력을 신뢰하는 법을 배워야 한다. 그는 아내가 잘못된 의도를 가진 다른 여성들로부터 남편을 마음껏 보호할 수 있게 허용해야 한다. 이것은 직장, 특히 사역지에서도 마찬가지이다. 몇 년 전 한 대형 교회에서 사역할 때, 팸과 나는 모든 여성 사무원들이 미니스커트와 가슴이 깊게 파인 옷을 입고 있는 것을 발견하였다. 나는 그 교회 사모님에게 남편에게 유혹이 될 수도 있으니 여성 사무원들의 복장을 단속해야 한다고 경고해 주었다. 하지만 그녀는 내 충고를 묵살했다. 현재 그 부부는 헤어졌고 남편은 성적인 죄에 빠져 있다.

자신은 영성이 탁월해서 매혹적인 여성에게 아무런 영향도 받지 않을 것처럼 행동하는 남자들도 있을 것이다. 나는 그 사람에게 이렇게 묻고 싶다. 문제의 소지가 있는 사람과 어울리거나 그런 사람과 함께 일함으로써 왜 유혹을 자초하거나 끊임없이 내면의 싸움을 싸우고 있는가? 중독과 음란이 판을 치는 이 세상에서 유혹은 일상일 뿐 아니라 강력한 능력을 발휘하고 있다.

지금도 마약을 팔고 있는 옛 마약 친구와 교제하지 말라. 여전히 몸에 독한 술을 지니고 다니는 과거의 술 친구와 가까이 지내지 마라. 환경을 허락하여 유혹과 싸우는 것보다 환경을 통제함으로써 유혹을 차단하는 편이 훨씬 쉽다. 사탄은 유혹하는 자다. 하지만 우리에게는 피할 길이 있다. 전쟁터에 나가 싸우는 것보다 전쟁을 미연에 방지하는 것이 낫다.

Exposing Satan's Playbook
Chapter 18

사탄이 결코 들키고 싶어 하지 않는 세 가지 비밀

"모르는 게 약"이라고 말하는 사람은 인적이 없는 깊은 숲 속으로 들어가서 자급자족하며 단순한 삶을 살아가야 한다. 무지는 당신을 죽일 수도 있다. 만일 계속해서 녹색 불에 멈추고 빨간 불에 움직이고 있다면, 그 사람은 심각한 색맹이거나 완전히 무지한 사람인 것이다. 어떤 사람이 기차가 경적을 울리며 달려오고 있는 철길을 태연하게 건너고 있다면, 그는 소리를 듣지 못하는 사람이든지, 자살 충동에 빠진 사람일 것이다. 어느 쪽이든 무지는 좋은 것이 아니다. 무지는 치명적일 수 있다. 원수의 계책에 관해서도 마찬가지이다. 성경은 다음과 같이 말씀한다. "이는 우리로 사탄에게 속지 않게 하려 함이라 우리는 그 계책을 알지 못하는 바가 아니로라."(고후 2:11) '계책'이라는 말에는 원수가 어떤 상황에 대해 파악(이해)했다는 의미가 내포되어 있다. 원수가 상황을 지켜보고 파악했다면 무기고에서 어떤 무기를 꺼낼지 결정하는 데 도움이 되었을 것이다.

속임(미혹)은 마지막 때에 의인들까지도 대적할 주요 도구이다. 속임은 잘못 이해하는 것이라고 볼 수 있다. 진실과 명확한 그림을 알고 있는 사람은 보이는 그대로 말할 것이다. 하지만 현혹된 사람은 어떤 상황을 잘못 파악하고 왜곡된 이해에 따라 사실을 재구성한다. 속임에는 언제나 이해의 과정이 포함된다. 거짓을 이기기 위해서는 반드시 진리를 알아야 하고, 진리를 받아들이기 위해서는 사실을 알아야 한다.

원수에게는 당신이 결코 파악하지 못하기를 바라는 세 가지가 있는데, 이것을 아는 것은 대단히 중요하다. 다음 정보들은 원수에 대한 당신의 이해를 바꿔 줄 것이다.

속임 1:
사탄은 자신을 무제한적인 존재로 보이고 싶어 한다

여러 해 전 중요한 컨퍼런스에서 선포할 메시지를 준비하던 중 나는 대단히 흥미로운 성경 연구 자료를 발견하게 되었다. 그 자료에 따르면 하나님은 사탄을 창조하실 때부터 한계를 정해 주셨다고 한다. 하나님은 사탄이 천사들의 3분의 1을 이끌고 천상에서 반란을 일으킬 것을 처음부터 알고 계셨다. 뿐만 아니라 타락한 천사 대신 인간이 창조될 것도 아셨다. 그래서 하나님은 사탄을 창조하시면서 그의 한계를 정해 놓으셨다. 이것은 에스겔 28장을 자세히 살펴보면 알 수 있다.

사탄의 한계

나는 하나님이 천사들을 창조하실 때부터 가장 높은 천사인 "기름부음을 받은 그룹"(겔 28:14)의 구체적인 한계를 정해 놓으셨다고 믿는다. 하나님은 루시퍼(사 14:12, 계명성) 혹은 사탄(눅 10:18)이라 불리는 그룹이 하늘의 성전에서 우주적 반역을 일으킬 것을 예견하셨다. 그는 천사들의 3분의 1을 속여 반역에 가담시킴으로써 그들과 더불어 가장 높은 하늘에서 추방될 것이었다(눅 10:18; 계 12:4).

선지자 에스겔은 28장 13-14절에서 이 기름부음을 받은 그룹에 대해 다음과 같이 묘사한다.

> 네가 옛적에 하나님의 동산 에덴에 있어서 각종 보석 곧 홍보석과 황보석과 금강석과 황옥과 홍마노와 창옥과 청보석과 남보석과 홍옥과 황금으로 단장하였음이여 네가 지음을 받던 날에 너를 위하여 소고와 비파가 준비되었도다 너는 기름부음을 받고 지키는 그룹임이여 내가 너를 세우매 네가 하나님의 성산에 있어서 불타는 돌들 사이에 왕래하였도다

모세는 출애굽기 28장 17-20절에 대제사장의 네모반듯한 판결 흉패에 물린 12가지의 보석 이름을 정리해 놓았다. 이들 열두 보석은 네 줄로 물려 있었다.

* 첫째 줄: 홍보석, 황옥, 녹주옥
* 둘째 줄: 석류석, 남보석, 홍마노
* 셋째 줄: 호박, 백마노, 자수정
* 넷째 줄: 녹보석, 호마노, 벽옥

에스겔 28장의 그룹은 대제사장의 흉패에 물려 있는 것과 똑같은 보석 9개를 가지고 있었다. 대제사장에게는 12개의 보석이 주어졌는데 에스겔 28장의 그룹은 9개를 가지고 있었으므로, 기름부음을 받은 그룹에게는 나머지 3개의 보석이 없었던 것이다. 나는 여러 해 전 나머지 3개의 보석들과 그것들이 누락된 이유를 연구하다가 판결 흉패의 세 번째 줄에 물려 있는 보석들이 빠져 있다는 사실을 알게 되었다. 즉 호박, 백마노, 자수정이 빠져 있었다(비교. 출 28:17-20과 겔 28:13).

그 후 나는 열두 지파와 각 지파를 상징하는 보석들에 대해 연구하였다. 셋째 줄은 갓, 잇사갈, 아셀 지파였다. 이제 이 보석들이 빠진 이유를 알아내야 했다. 많은 연구 끝에 나는 답을 창세기 49장에서 발견했다. 야곱은 그의 아들들을 축복하면서 각각에게 예언을 해 주었다. 앞서 언급한 세 아들에 관해 성경은 다음과 같이 말씀한다.

아셀에게서 나는 먹을 것은 기름진 것이라 그가 왕의 수라상을 차리리로다 _창 49:20

갓은 군대의 추격을 받으나 도리어 그 뒤를 추격하리로다 _창 49:19

잇사갈은 양의 우리 사이에 꿇어앉은 건장한 나귀로다 그는 쉴 곳을 보고 좋게 여기

며 토지를 보고 아름답게 여기고 어깨를 내려 짐을 메고 압제 아래에서 섬기리로다

_창 49:14-15

이상의 세 예언을 살펴보면서 "기름부음을 받은 그룹"에게 셋째 줄의 보석이 없는 이유를 생각해 보자. 나는 하나님께서 그를 창초하실 때부터 제한을 두신 게 아닐까 생각한다. 먼저 아셀에 대한 예언에 따르면 원수에게서는 절대로 왕의 씨가 나올 수 없다. 제사장이자 왕이신 메시아는 바로 다윗의 씨로 오실 것이다! 두 번째로 갓에 대한 예언에 따르면 원수가 승리할 때도 있겠지만, 결국은 하나님의 백성(갓)이 승리하게 될 것이다! 잇사갈의 예언은 조금 더 복잡하지만, 그는 단순히 자신의 어깨를 내려 짐을 멜 뿐이다. 하지만 원수는 짐을 지우는 자이지 짐을 지는 자가 아니다. 그리스도는 우리를 위해, 우리와 함께, 우리의 짐을 지신다.

속임 2:
사탄은 자신의 때가 얼마 남지 않았다는
사실을 사람들이 모르기 바란다

이것은 정말 놀라운 진리이다! 보통 나이가 들수록 시간이 얼마 남지 않았으니 우리가 할 수 있는 일을 빨리 성취해야 한다고 말한다. 그러나 사실 우리에게는 결코 시간이 부족하지 않다. 단지 시간 밖으로 나와 영원으로 들어갈 뿐이다. 시간이 얼마 남지 않은 사람들은 구원받지

못한 영혼들이다. 그들의 인생은 영원한 멸망의 길로 째깍째깍 흘러가고 있고, 마귀 역시 그가 생각하는 것보다 시간이 얼마 남지 않았다. 사탄은 이 땅에서 영원할 것처럼 보이고 싶어 하지만, 사실 점점 종말을 향해 가고 있다.

사탄과 그의 사자들이 하늘에서 쫓겨나자마자 어떤 일이 벌어졌다. 그들은 시간이 없는 세계에서 해, 달, 별이 날과 달과 해를 정해 주는 시간의 질서 속으로 들어왔다. 이 세계의 현실 속으로 들어온 원수는 자신의 소망을 이룰 인간의 범위가 한정되어 있으며, 인간과 이 땅을 향한 하나님의 계획을 방해하기 위해 주어진 시간이 제한되어 있다는 사실을 깨달았다. 우리는 마지막 때를 살아가고 있고, 우리를 둘러싼 모든 예언적 징조들이 그것을 분명하게 보여 주고 있다. 사탄은 시간이 얼마 남지 않았음을 알고 있으며, 대환난 기간에 둘째 하늘에서 이 땅으로 쫓겨나게 되면 그 기간은 분명해질 것이다. 하나님께서 적그리스도 및 거짓 선지자와 더불어 마흔두 달을 더 활동할 수 있게 허락하셨기 때문이다. 그 후 사탄은 유황 못에 던져지게 될 것이다.

속임 3:
사탄은 믿는 자가 주어진 시간의 중요성을
깨닫지 못하기를 바란다

원수에게 주어진 시간이 제한되어 있다는 사실을 아는 것은 믿는 자의 삶에, 특히 전쟁이 진행 중이거나 원수의 거센 공격을 받고 있을 때 중요하다. 첫 번째 사실은 전쟁이 영원히 계속되지는 않는다는 것이다. 그것은 때가 되면 반드시 끝나게 되어 있다. 두 번째 사실은 모든 공격은 시간에 민감하다는 것이다. 즉 원수가 공격할 수 있는 시간은 한정되어 있다. 그래서 바울은 자신을 억누르는 상황에 대해 이야기하면서 우리가 받는 환난은 잠시일 뿐이라고 말했던 것이다(고후 4:17).

광야에서 40일간 금식하신 예수님을 유혹하던 사탄이 잠시 물러간 것은 그의 공격이 힘을 잃었기 때문이다. 그리스도께서 최고의 무기인 "성령의 검", 곧 하나님의 말씀을 사용하시자 원수는 떠날 수밖에 없었다. 그는 특정한 장소에서 자신을 향해 선포되는 많은 말씀들을 감당할 수가 없었다.

잊지 말아야 할 세 번째 사실은 싸움에 당신이 어떻게 반응하느냐에 따라 원수의 공격 기간이 단축될 수도, 연장될 수도 있다는 것이다. 만일 당신이 하나님께 복종하고 마귀를 대적하면 원수는 도망갈 것이다(약 4:7). 반대 상황도 마찬가지이다. 만일 당신이 하나님을 대적하고 마귀에게 복종한다면, 그는 당신 곁에 머물 것이다! 말씀과 기도로 원수와 맞서 싸우고자 하는 의지가 부족하다면, 사실상 원수에게 당신의 영혼을 공격할 시간을 벌어 주는 것이나 마찬가지이다. 면역체계가 강건해야 질병에 맞서 싸울 수 있다. 면역체계가 약해지면 바이러스나 감기, 질병에 걸리기 쉬워지는 것과 같은 이치이다.

"육체의 생명은 피에 있다."(레 17:11) 따라서 모든 질병은 사람의 피에서 시작된다. 그리스도의 보혈 안에 있는 능력은 믿는 자의 영적인 면역체계를 강화시켜 주는 힘이자 생명의 근원으로, 사탄의 맹공을 물리칠 수 있다!

네 번째이자 가장 중요한 사실은 당신은 영적인 적보다 탁월하게 생각할 수 없다는 것이다. 원수의 최대 강점은 공중의 권세를 잡고 있다는 것(엡 2:2)과 생각을 향해 불화살을 쏜다는 것이다(엡 6:16). 겨울을 나기 위해 남쪽으로 날아가는 철새 떼처럼 머릿속에 이상한 생각들이 맴돌기 시작하고, 한 가지 생각을 물리치면 어디선가 또 다른 생각의 화살이 날아든다.

생각으로 원수를 이길 수는 없지만, 보다 빨리 말할 수는 있다! 입술로 사탄을 꾸짖고 성경을 소리 내서 인용하는 것은 그리스도께서 광야에서 시험당하실 때 세우신 원리이다. 그리스도는 생각으로 사탄을 꾸짖지 않으셨다. 큰 소리로 외치셨다. "(성경에) 기록되었으되…"(마 4:10)

믿음과 인내의 중요성

예수님이 유다 광야에서 홀로 40일간 시험받으셨다는 사실을 기억하라(눅 4:2). 바위뿐인 이 황량하고 고독한 곳에는 하나님 외에 대화할 상대가 아무도 없었다. 그리스도께서 소리 내어 성경을 암송하시거나 힘을 얻기 위해 신령한 노래(엡 5:19)를 부르실 때면 희미한 메아리만 돌아왔다. 마태와 누가는 그리스도께서 원수를 대적하실 때 성경을 소리 내어 인용하셨다고 기록한다. 사탄의 유혹은 단순한 생각의 수준이 아니었다. 사탄은 직접 나타나서 실제적인 소리, 음성으로 공격했다. 사탄은 그리스도께 말을 걸었고, 그리스도는 토라의 계시를 사용하셔서 유혹하는 자를 꾸짖으셨다(눅 4:2-12).

광야에서 40일간 금식하려면 중요한 성경적 덕목 두 가지가 필요하다. 믿는 자의 삶을 든든히 지지해 주는 두 개의 능력은 바로 믿음과 인내이다. 믿음은 당신이 긴 여정을 시작할 수 있게 해 준다. 반면 인내는 당신이 구덩이를 지나거나 믿음의 여정이 지연될 때, 다양한 장애물들을 통과할 때 그 여정을 지속할 수 있게 해 준다. 믿음은 보이는 싸움에 집중할 수 있게 해 주지만, 인내는 당신이 실패하거나 상처받았을 때, 갑작스런 갈등을 겪을 때 굳건히 믿음을 지킬 수 있게 해 준다. 믿음은 당신을 치유의 길로 인도하지만, 인내는 치유가 가시적으로 나타날 때까지 소망을 잃지 않게 해 준다. 우리는 믿음에 관해서는 많이 배우지만, 믿음의 쌍둥이 형제인 인내에 관해서는 거의 듣지 못하고 있다.

"인내"의 헬라어는 '후포모네'(hupomone)로 "믿음 안에서 꾸준하고 지속적인 태도로 기뻐하며 소망을 가지고 견디는 것"을 뜻한다. 여기서 중요한 것은 지속적인 태도를 갖는 것, 즉 결단하고 불신으로 흔들리지 않는 것이다.

믿는 자들의 무기고와 전략에 인내가 필수 덕목인 이유는 여러 가지이다. 이전에 언급했듯이 모든 영적인 시험에는 정해진 기간이 있다. 믿는 자가 중요한 시험이나 유혹의 한가운데 있을 때, 우리는 위기와 갈등이 곧 끝나기를 바란다. 그것이 갑자기 나타났던 것처럼 최대한 빨리 우리를 떠나기를 소망한다. 하지만 시험이 몇 달간 지속되거나 심지어 몇 년간 지속될 때 인내가 없다면 우리는 그 싸움을 피하기 위해 지혜롭지 못한 결정을 내리게 될 수도 있다.

한 가지 특별한 예가 사무엘상 26장에 나타난다. 사울 왕과 그의 부하들이 잠이 든 사이 다윗에게 예상치 못하게 기회가 주어졌다. 하지만 다윗은 사울을 죽이는 대신 그의 진에 몰래 들어가 창과 물병만 가지고 나왔다. 다음 날 아침 다윗은 맞은편 언덕에서 사울을 지키지 못한 경호대장 아브넬을 큰 소리로 꾸짖었다(15절). 깜짝 놀란 사울은 겸손해졌고 자신에게 벌어질 수도 있었던 일 때문에 두려워했다. 그는 다윗을 쫓는 것이 어리석은 짓이었다고 하면서 더 이상 그를 해하지 않겠다고 약속했다(21절). 사울은 다윗을 그냥 내버려 두고 예루살렘으로 돌아가기로 마음먹었다. 다윗이 이겼고 사울은 패배했다. 사울은 집으로 돌아간 이후 결코 다시는 다윗을 추격하지 않았다(25절).

하지만 사무엘상 27장은 다음과 같이 시작된다.

> 다윗이 그 마음에 생각하기를 내가 후일에는 사울의 손에 붙잡히리니 블레셋 사람들의 땅으로 피하여 들어가는 것이 좋으리로다 사울이 이스라엘 온 영토 내에서 다시 나를 찾다가 단념하리니 내가 그의 손에서 벗어나리라 하고 다윗이 일어나 함께 있는 사람 육백 명과 더불어 가드 왕 마옥의 아들 아기스에게로 건너가니라 _삼상 27:1-2

사울은 사냥꾼처럼 여러 해 동안 다윗을 추격하며 광야 전역을 누볐다. 그러나 다윗은 영리한 여우처럼 계속 함정을 빠져나갔고, 사울은 미래 이스라엘 왕의 손가락 하나도 건드릴 수 없었다. 사울은 떠났지만, 다윗의 인내는 한계에 이른 듯하다. 그는 언제나처럼 사울이 돌아와서 결국 자신을 죽일 것이라고 생각했다! 원수와의 관계에서 가장 중요한 돌파를 경험한 순간, 다윗은 포기하고 블레셋 지역 중심부에 있는 하나님의 원수들과 어울리기로 선택한다. 이러한 선택 때문에 다윗은 결국 목숨을 잃을 뻔했다. 그것도 사울이 아닌 자신을 따르는 용사들에게 말이다(삼상 30장). 다윗은 하나님의 장래 계획에 대한 믿음을 잃었고 인내도 바닥났다. 그래서 잘못된 선택을 하고 말았다.

믿음은 볼 수 없는 것을 보게 만드는 영적인 힘이 있으며, 보기 전에 그것이 일어날 것이라는 확신을 준다(히 11:1). 소위 은사주의 진영에서는 이것을 다음과 같이 표현한다. "만일 당신에게 바로 지금 역사하는 믿음이 있다면 그것이 초자연적인 방패가 되어 문제와 어려움이 사라질 것입니다." 여기에는 우리가 충분히 금식하고 큰 소리로 기도하면서 확고한 믿음을 가지면, 우리의 문제들은 즉시 사라지고, 주님께 감사의 찬양을 부르며, 다음 단계의 성공과 번영을 누리게 될 것이라는 가정이 깔려 있다.

인내 역시 여러 가지 이유로 대단히 중요한 덕목이다. 기도 응답이 지연되거나(단 10장), 전쟁이 길어지고(삼하 3:1), 유혹도 즉시 사라지지 않고 한동안 계속될 때가 있다(눅 4:13). 인내는 어둠 가운데 소망의 불을 밝혀 주고, 연약함 가운데 새로운 생명의 소용돌이를 일으키며, 믿음의 시험을 통과하는 동안 보이지 않는 힘을 준다. 그리고 다음과 같이 속삭인다. "기다려. 하나님께서 다 잘되게 해 주실 거야."

영적인 원수와 싸울 때 인내는 아주 중요한 덕목이다. 사탄의 공격은 일정 기간에만 허용되어 있고, 믿는 자의 반응과 대처, 성경 지식에 따라 때가 되면 끝나게 된다. 시험받는 동안에 믿는 자가 인내를 발휘하면, 즉 시험을 잘 견뎌 내면, 원수의 공격을 잘 막아 낼 수 있다. 원수에게는 어떤 기간 이상을 견딜 만한 인내심이 없기 때문이다. 그래서 바울은 "우리가 잠시 받는 환난의 경한 것"이라 말한 것이다(고후 4:17). 원수는 치고 빠지는 전략으로 승리한다. 그는 우리가 완전히 지칠 때까지 치고 빠지고, 치고 빠지고, 치고 빠지고를 반복한다.

바울은 그의 사역을 대적하는 "육체의 가시", "사탄의 사자"에 대해 언급하면서 이 사탄의 대리인이 자신을 "쳤다"고 이야기한다(고후 12:7). '치다'의 헬라어는 '콜라피조'(kolaphizo)로 "주먹으로 계속 때리다, 한 대 때리고 또 때리다, 강타를 날린 후 또 강하게 치다"의 뜻이다. 이 단어에는 맞고 쓰러진 어떤 사람이 일어나면 또 맞고 쓰러지고, 다시 일어나면 또 쓰러지고를 반복한다는 의미가 내포되어 있다. 이 "육체의 가시", 곧 사탄의 사자는 바울이 사역하고 있는 도시의 사람들을 충동하여 그를 말로, 육체적으로, 공개적으로 대적하게 만들어 지역 사역과 아시아 여정에 어려움을 주었다. 바울은 그가 직면했던 난관들을 고린도후서 11장 23-27절에 정리해 놓았다.

> 그들이 그리스도의 일꾼이냐 정신없는 말을 하거니와 나는 더욱 그러하도다 내가 수고를 넘치도록 하고 옥에 갇히기도 더 많이 하고 매도 수없이 맞고 여러 번 죽을 뻔하였으니 유대인들에게 사십에서 하나 감한 매를 다섯 번 맞았으며 세 번 태장으로 맞고 한 번 돌로 맞고 세 번 파선하고 일주야를 깊은 바다에서 지냈으며 여러 번 여행하

면서 강의 위험과 강도의 위험과 동족의 위험과 이방인의 위험과 시내의 위험과 광야의 위험과 바다의 위험과 거짓 형제 중의 위험을 당하고 또 수고하며 애쓰고 여러 번 자지 못하고 주리며 목마르고 여러 번 굶고 춥고 헐벗었노라

바울은 이러한 시련과 환난을 통과하기 위해 인내 혹은 참을성을 발휘해야 했을 것이다. 그는 이러한 위기에도 약해지거나 포기하지 않았다.

내 형제들아 너희가 여러 가지 시험을 당하거든 온전히 기쁘게 여기라 이는 너희 믿음의 시련이 인내를 만들어 내는 줄 너희가 앎이라 _약 1:2-3

야고보는 그의 편지 후반부에서 극심한 시련 가운데 잘 참고 견뎌 마침내 시험을 통과한 사람으로 욥을 든다. 야고보서 5장 11절은 욥의 "인내"에 대해 언급한다. 욥은 믿음으로 굳건히 서기 위해 또한 입으로 범죄하지 않기 위해 내면에 있는 영적인 힘을 사용하여 잘 참고 견뎠다. 중압감이 떠나고 불화살이 소멸될 때까지 인내는 불 같은 시험의 압박을 견딜 수 있는 영적 에너지를 공급해 준다. 야고보는 다음과 같이 기록했다.

보라 인내하는 자를 우리가 복되다 하나니 너희가 욥의 인내를 들었고 주께서 주신 결말을 보았거니와 주는 가장 자비하시고 긍휼히 여기시는 이시니라 _약 5:11

믿는 자가 시험받는 동안 가장 주의해야 할 것은 시험이 끝나기 전

에 "포기"하려는 성향이다. 믿음이 흔들리고 약해지는 것을 느낄 때에는 영적, 감정적, 때로는 육체적으로 결단을 내려야 할 뿐 아니라, 시험을 통과하면 좋은 결과를 얻게 될 것이라는 생각과 믿음을 견고하게 지지해 줄 인내로 무장해야 한다. 이겨내야 할 시험이 없다면 승리의 간증도 없을 것이다.

히브리서 10장 35-36절은 인내와 관련하여 내가 가장 좋아하는 본문 중 하나이다.

> 그러므로 너희 담대함을 버리지 말라 이것이 큰 상을 얻게 하느니라 너희에게 인내가 필요함은 너희가 하나님의 뜻을 행한 후에 약속하신 것을 받기 위함이라

인내는 확신을 낳는다. 그리고 확신을 견고히 붙들면 "큰 상"을 받게 된다. "큰 상"의 헬라어는 '미스따포도시아'(misthapodosia)로 "값을 지불해서 변상하다"와 비슷한 말이다. 예를 들면 당신은 출장길에 기름 값과 식비, 숙박비를 지불했다. 일정을 마치고 돌아와 여행 경비 영수증을 회사에 제출하면 당신이 지출한 돈을 돌려받을 수 있다. 히브리서 10장 35-36절은 인내하며 확신(신뢰와 확증) 가운데 거하면 결국 당신의 신실함에 대한 큰 보상을 받게 된다고 말씀한다! 하나님은 그분을 부지런히 찾는 자에게 "상 주시는 분"이다(히 11:6). '상 주시는 분'의 헬라어 어근은 히브리서 10장 35절의 "큰 상"과 같은 어근에서 유래한 것이다. 믿음과 인내를 발휘하면 주님이 주시는 좋은 결과를 기대할 수 있다.

원수에게 한계가 있고 시간이 얼마 남지 않았다는 사실과 당신이

겪는 시험에 기한이 있고 반드시 끝이 난다는 것 그리고 믿음과 인내로 원수의 공격을 견뎌 낼 수 있다는 것을 이해했다면, 당신은 원수가 결코 들키고 싶어 하지 않는 영적 전쟁의 또 다른 측면을 발견한 것이다.

지속적으로 승리하는 삶을
살기 위해서는
반드시 하나님을 아는 지식과
믿음 안에서 행해야 한다

Exposing Satan's Playbook

사탄이 영향을 미칠 수 없는 하루

몇 년 전 어떤 사람이 이런 질문을 했다. "언제쯤 원수가 나를 가만히 내버려 둘까요?" 곁에 있던 사람이 대답했다. "당신이 천국에 이르는 날이요. 그때는 원수가 당신을 건드릴 수 없을 테니까요!" 죽어서 영혼이 떠나거나 그리스도의 재림 때 성도들이 함께 모이게 되면 믿는 자들이 원수의 더러운 손과 영향력에서 벗어나게 된다는 말은 분명한 사실이다. 하지만 우리가 반드시 알아야 할 놀라운 진리가 또 있다. 원수나 그의 추종자가 이 땅에서 우리의 삶에 영향을 미칠 수 없는 특별한 하루가 있다!

나는 히브리어 문자를 숫자로 바꾸는 연구를 하다가 흥미로운 사실을 발견하게 되었다. 게마트리아(gamatria: 수천 년간 히브리 학자와 성경학자들은 히브리 문자마다 숫자를 배정했고 이 숫자를 계산하여 히브리어로 표현된 단어, 개념, 문장 속 의미를 추출하기도 한다)라고 하는 이 체계는 주로 히브리어와 헬라어 알파벳에서 사용되는데, 바벨론 포로기 이후 주로 히브리인들 사이에서 상용되었고, 히브리어 본문 안에 숨겨진 놀라운 신비를 발견하기 위해 유대교 랍비들이 사용한 방법 중 하나였다.

이 개념에는 두 가지 측면이 있다. 첫째, 사탄의 이름이다. 성경은 사탄을 '하(Ha) 사탄' 혹은 '그(The) 사탄'으로 기록한다. 사탄을 지칭할 때 이러한 정관사를 사용하는 이유는 히브리어로 사탄은 단순히 '대적자'를 가리키는 것일 수도 있기 때문이다. 따라서 정관사를 붙여 사탄이라는 특정 인물을 지칭하는 것이다.

히브리어 문자마다 그에 상응하는 숫자가 있다. 예를 들어 첫 알파벳 알렙(aleph)은 1, 두 번째 베트(beit)는 숫자 2, 세 번째 김멜(gimmel)은 숫자 3을 뜻한다. 그리고 22번째 알파벳 토브(tav)는 숫자 400을 뜻한다.

사탄의 히브리어 철자를 숫자로 살펴보자.

```
헤 ה = 5
쉰 ש = 300
텔 ט = 9
눈 ן = 50
        ___
        364
```

이처럼 랍비들은 사탄이란 이름의 숫자 총계를 364로 본다. 태양력으로 1년은 365일을 약간 넘는다. 따라서 사탄의 이름은 365보다 하나가 부족한 것이다. 이것을 사탄이 영향을 미치지 못하거나 우리의 삶 가운데 하나님이 역사하시는 것을 방해할 수 없는 하루가 있다로 해석할 수도 있다. 그 하루가 바로 대속죄일이다.

대속죄일은 이스라엘의 7가지 절기들 중 가장 중요한 절기였다. 이스라엘 백성은 매년 유월절, 무교절, 오순절, 초막절을 지켰는데, 이들은 이스라엘 역사 가운데 일어난 주요 사건들을 기념하기 위한 것이었다. 그러나 대속죄일은 이스라엘이 지난 죄들을 돌아보고 용서받는 날로, 이듬해에 하나님이 은혜를 부어 주실지가 결정되었다.

이것은 신약의 관점에서도 마찬가지이다. 우리가 하나님 나라의 복음을 듣고 구속의 언약이 우리를 위한 것이라는 사실을 깨달은 후 죄에서 돌이켜 그리스도를 주로 고백하고 언약을 맺기로 결단한 바로 그 날, 어둠의 세력은 결코 우리를 향한 하나님의 능력을 막을 수 없다. 이것은 그리스도의 보혈의 신비한 능력 때문이다. 사탄은 이러한 보혈의 능력이 구속받은 백성들에 대한 자신의 권세를 무력화시켰다는 사실을 잘 알고 있다.

사탄은 분명 하나님이 에덴동산에서 두 짐승의 가죽으로 아담과 하와를 덮어 주시는 모습을 지켜보았을 것이다(창 3장). 여러 세대가 흐른 뒤에는 애굽에 있는 히브리인들의 집 문설주에 뿌린 어린 양의 피가 죽음의 천사가 집 안으로 들어가지 못하게 막는 놀라운 사건도 목도했다. 그는 광야에서 죄 사함을 위해 하나님께서 명령하신 피의 제물과 제사 제도가 정교하게 체계화되는 모습도 지켜보았다. 또 모리아 산에서 다윗이 드린 제사가 어떻게 예루살렘 백성들을 죽이러 온 멸망의 천사를 멈추게 했는지도 보았을 것이다. 마지막으로 그리스도의 보혈은 원수의 모든 권세를 이길 완벽한 권세이자 결정적 한 방이었다!

원수는 우리가 그리스도의 보혈의 권세를 고백하는 것을 막을 수 없다는 사실을 잘 알고 있다!

어떤 죄인이 자신의 죄에서 돌이켜 그리스도를 구원자로 모시면 아무것도 그 사람이 영원한 생명의 언약을 받는 것을 막을 수 없다. 바울은 이것을 다음과 같이 정리해 놓았다.

> 그러나 이 모든 일에 우리를 사랑하시는 이로 말미암아 우리가 넉넉히 이기느니라 내가 확신하노니 사망이나 생명이나 천사들이나 권세자들이나 현재 일이나 장래 일이나 능력이나 높음이나 깊음이나 다른 어떤 피조물이라도 우리를 우리 주 그리스도 예수 안에 있는 하나님의 사랑에서 끊을 수 없으리라 _롬 8:37-39

결론적으로 믿는 자는 예수 그리스도께서 주신 구속의 언약을 통해 자유와 영적인 권세를 값없이 받아 누리고 있다. 하나님의 말씀, 예수님의 보혈과 이름 그리고 하나님과 의롭게 서는 것(의로움)은 전쟁에서 승리고, 계략을 물리치며, 원수의 모든 권세를 무찌를 수 있는 내적인 무기들이다. 지속적으로 승리하는 삶을 살기 위해서는 반드시 하나님을 아는 지식과 믿음 안에서 행해야 한다. 원수의 계략을 안다면 전쟁에서 유리한 고지를 차지하게 된다! 당신은 우리가 폭로한 사탄의 계략에 대한 놀라운 영적 지식으로 무장되었다. 이제는 선한 싸움을 싸울 때이다!

각주

Chapter 1

1. 2011년 5월 28일, 플로리다 이스트포인트에서 킴벌링 목사를 위해 사역할 때 들은 이야기이다.

2. 성경프로그램 *New Exhaustive Strong's Numbers and Concordance With Expanded Greek-Hebrew Dictionary*, copyright © 1994, Biblesoft and International Bible Translators, Inc. "deilia"를 보라.

3. *Barnes' Notes*, electronic database, PCStudy Bible, copyright © 1997, Biblesoft, "딤후 1:6"을 보라.

4. Rick Renner, *Sparkling Gems From the Greek* (Tulsa, OK: Teach All Nations, 2003), 588

5. Ibid., 555.

Chapter 3

1. Flavius Josephus, *Antiquities of the Jews*, book 1, chapter 1, Christian Classics Ethereal Library, http://www.ccel.org/j/josephus/works/ant-1.htm (accessed May 11, 2012).

Chapter 4

1. 이 사건은 여러 해 전 테네시 낙스빌에서 열린 "대형 전도 대회"에서 실제로 일어났다. 이 이야기는 이 여성과 함께 그날 밤의 상황을 목격한 지인에게 들은 것이다.

Chapter 5

1. "Timeline of Houdini's Life," PBS.org, http://www.pbs.org/wgbh/amex/houdini/timeline/index.html (accessed May 16, 2012).

2. Ibid.

3. "Houdini's Jail Escapes," Houdini: His Life and Art, http://www.thegreatharryhoudini.com/jailescapes.html (accessed May 16, 2012).

4. 이 이야기는 이스라엘 관광 가이드인 기드온 쇼어에게 개인적으로 들은 내용이다. 1차 세계 대전 중 일어난 다른 유사한 사건들에 대한 정보는 다음을 참조하라. Scot Macdonald, *Propaganda and Information Warfare in the Twenty-first Century* (New York: Routledge, Taylor, and Francis Group, 2007), http://athens.indymedia.org/local/webcast/uploads/propaganda_and_information_warfare_in_the_twenty-first_century_altered_images_and_deception_operations.pdf (accessed May 16, 2012).

Chapter 7

1. Renner, *Sparkling Gems From the Greek*, 553.

Chapter 10

1. *Barnes' Notes*, electronic database, "히 12:1"을 보라.

2. Ibid.

Chapter 11

1. Barna Group, "Teens Evaluate the Church-Based Ministry. They Received as Children," July 8, 2003, and Barna Group, "Twenty-something Struggle to Find Their Place in Christian Churches," September 24, 2003, cited in "Transitioning to College," Baptist Campus Ministry at Northern Kentucky University, http://www.nkubcm.org/beprepared (accessed May 18, 2012).

Chapter 12

1. 사람들이 온라인을 통해 거짓 영에 사로잡힌 잘못된 사람들과 접촉하지 않도록 구체적인 프

로그램 정보는 제공하지 않는다.

2. Linda Lyons, "Paranormal Beliefs Come (Super) Naturally to Some," November 1, 2005, Gallup.com, http://www.gallup.com/poll/19558/paranormal-beliefs-come-supernatrually-some.aspx (accessed May 18, 2012).

Chapter 13

1. 성경프로그램 *New Exhaustive Strong's Numbers and Concordance With Expanded Greek-Hebrew Dictionary*, "paqad"를 보라.

2. Ibid., "episkope"를 보라.

Chapter 15

1. Wikipedia.org, "pornography"를 보라. http://en.wikipedia.org/wiki/Pornography (accessed May 22, 2012).

2. 축삭돌기와 수상돌기에 관한 상세한 내용과 이미지들이 뇌에 어떻게 새겨지는지에 관한 추가 정보는 다음을 참조하라. National Institutes of Health, "Information about the Brain," Teacher's Guide, http://science.education.nih.gov/supplements/nih4/self/guide/info-brain.htm (accessed May 22, 2012).

3. W. E. Vine, *Vine's Expository Dictionary of New Testament Words* (n.p.: Riverside Books, 1999), "poneros"를 보라.

4. Sandra Galeotti, "Dopamine Receptor Agonists," Healthline.com, http://www.healthline.com/galecontent/dopamine-receptor-agonists (accessed May 22, 2012).

5. 상세한 연구는 다음을 보라. Elaine M. Hull, John W. Muschamp, and Satoru Sato, "Dopamine and Serotonin: Influences on Male Sexual Behavior," *Physiology and Behavior* 83 (2004): 291-307, http://www.psy.fsu.edu/faculty/hull/DA%265HT_pdf.pdf (accessed May 22, 2012).

6. W. E. Vine, *Vine's Expository Dictionary of New Testament Words* (n.p.: Riverside Books, 1999), "harmartia"를 보라.

7. 성경프로그램 *New Exhaustive Strong's Numbers and Concordance With Expanded Greek-Hebrew Dictionary*, "anomia"를 보라.

8. Ryan Singel, "Internet Porn: Worse Than Crack?", Wired f.com, November 19, 2004, http://www.wired.com/science/discoveries/news/2004/11/65772 (accessed May 22, 2012). 이 주제와 관련된 논문과 자료들이 많이 있다.

Chapter 16

1. 성경프로그램 *New Exhaustive Strong's Numbers and Concordance With Expanded Greek-Hebrew Dictionary*, "apollumi"와 "phtheiro"를 보라.

2. Renner, *Sparkling Gems From the Greek*, 114.

3. American Cancer Society, "Secondhand Smoke," http://www.cancer.org/Cancer/Cancer-Causes/TobaccoCancer/secondhand-smoke (accessed May 23, 2012).

4. Centers For Disease Control and Prevention, "Health Effects of Cigarette Smoking," http://www.cdc.gov/tobacco/data_statistics/fact_sheets/health_effects/effects_cig_smoking/ (accessed May 23, 2012).

5. Tri-County Health Department (Colorado), "What You Should Know About Tobacco," fact sheet, Section 2: Health Effects, http://www.tchd.org/pdfs/02_health_effects.pdf (accessed May 23, 2012).

6. Terry Martin, "Understanding Nicotine Addiction," About.com, http://quitsmoking.about.com/od/nicotine/a/nicotineeffects.htm (accessed May 23, 2012).

7. Regional Transportation District (Denver), "Tobacco Cessation–Why Quit!", http://www3.rtd-denver.com/content/Wellness&Rehab/Content_Mgmt_Files/tobacco_cessation/Tobacco%20Cessation%20Quit.pdf (accessed May 23, 2012).

8. Martin, "Understanding Nicotine Addiction."

9. National Cancer Institute, "Secondhand Smoke and Cancer," fact sheet, January 12, 2011, http://www.cancer.gov/cancertopics/factsheet/Tobacco/ETS (accessed May 23, 2012).

Chapter 17

1. Middle Tennessee State University, "Differences Between Left and Right Hemisphere," http://frank.mtsu.edu/~studskl/hd/hemis.html (accessed May 23, 2012).

Exposing Satan's Playbook

by Perry Stone

Copyright ⓒ 2012 by Perry Stone
All rights reserved.

Originally published in English under the title of
Exposing Satan's Playbook by Charisma House

Charisma Media / Charisma House Book Group
600 Rinehart Road
Lake Mary, Florida 32746

Korean Translation Copyright ⓒ 2016 by PureNard Press
2F 16, Eonju-ro 69-gil, Gangnam-gu, Seoul

The Korean edition is published by Arrangement with Charisma House.
All rights reserved.

본 제작물의 한국어판 저작권은 Charisma House와의 독점 계약으로 한국어 판권은 '순전한 나드'가 소유합니다.
저작권자의 허락 없이 이 책의 일부 또는 전체를 무단 복제, 전재, 발췌하면 저작권법에 의해 처벌을 받습니다.

사탄의 전략

초판발행| 2016년 6월 15일

지 은 이| 페리 스톤
옮 긴 이| 박철수

펴 낸 이| 허철
편   집| 김선경
디 자 인| 이보다나
인 쇄 소| 예원프린팅

펴 낸 곳| 도서출판 순전한 나드
등록번호| 제2010-000128
주   소| 서울특별시 강남구 언주로69길 16, (역삼동) 2층
도서문의| 02) 574-6702 / 010-6214-9129
편 집 실| 02) 574-9702
팩   스| 02) 574-9704
홈페이지| www.purenard.co.kr

ISBN 978-89-6237-190-1 03230

(CIP제어번호 :2016013269)
이 도서의 국립중앙도서관 출판예정도서목록(CIP)은 서지정보유통지원시스템 홈페이지(http://seoji.nl.go.kr)와
국가자료공동목록시스템(http://www.nl.go.kr/kolisnet)에서 이용하실 수 있습니다.